山东省委党校（山东行政学院）基本知识培训系列教材

党的建设基本知识

主　编　张洪修

副主编　刘贵丰

山东大学出版社

·济南·

图书在版编目(CIP)数据

党的建设基本知识/张洪修主编.—济南:山东大学出版社,2020.9

山东省委党校(山东行政学院)基本知识培训系列教材/徐闻

ISBN 978-7-5607-6694-2

Ⅰ.①党…　Ⅱ.①张…　Ⅲ.①中国共产党—党的建设—学习参考资料　Ⅳ.①D26

中国版本图书馆 CIP 数据核字(2020)第 169936 号

策划编辑　刘　彤
责任编辑　刘森文
封面设计　牛　钧

出版发行　山东大学出版社
社　　址　山东省济南市山大南路 20 号
邮政编码　250100
发行热线　(0531)88363008
经　　销　新华书店
印　　刷　济南新科印务有限公司
规　　格　720 毫米×1000 毫米　1/16
　　　　　19.25 印张　240 千字
版　　次　2020 年 9 月第 1 版
印　　次　2020 年 9 月第 1 次印刷
定　　价　50.00 元

山东省委党校(山东行政学院)基本知识培训系列教材
编写委员会

出版说明

党的十八大以来，以习近平同志为主要代表的中国共产党人，继承和发展马克思主义党建理论，深刻总结我党 90 多年来自身建设的丰富经验，形成了习近平关于党的建设的重要论述，为推进党的建设新的伟大工程提供了科学理论指导。为了帮助党员干部加深对习近平关于党的建设的重要论述的理解，我们结合新时代党的建设的特点和要求，编写了《党的建设基本知识》一书。主要内容包括：全面从严治党永远在路上，党的政治建设应摆在首位，抓好思想建设这个基础，培养和选拔党和人民需要的好干部，具体化精准化抓好基层党组织建设，驰而不息抓作风建设，用铁的纪律维护党的团结统一，以零容忍态度惩治腐败，坚持用制度管权管事管人，全面落实管党治党责任。期望党员干部通过对《党的建设基本知识》的系统学习，能够更好领会和把握习近平关于党的建设的重要论述，把新时代党的建设提高到一个新水平。

目 录

第一章　全面从严治党永远在路上

坚持党要管党、全面从严治党，是马克思主义政党加强自身建设的根本方针。党的十八大以来，以习近平同志为核心的党中央着眼于实现“两个一百年”奋斗目标和中华民族伟大复兴的中国梦，坚定不移推进全面从严治党，着力解决人民群众反映最强烈、对党的执政基础威胁最大的突出问题，取得了反腐败斗争的压倒性胜利，党内政治生活气象更新，全党理想信念更加坚定、党性更加坚强，党自我净化、自我完善、自我革新、自我提高能力显著增强，党的执政基础和群众基础更加巩固，为党和国家各项事业发展提供了坚强政治保证。当前，我们党面临着新的形势、新的任务、新的挑战，对全面从严治党提出了新的更高的要求。同时，全面从严治党本身又是一项复杂、艰巨的系统工程，既不可能毕其功于一役，也不可能一劳永逸。因此，必须全面贯彻党的十九大提出的新时代党的建设的总要求，以永远在路上的执着把全面从严治党不断引向深入。

第一节　党的前途命运取决于人心向背

2012年11月17日，习近平同志在十八届中共中央政治局第一次集体学习时的讲话中深刻指出："一个政党，一个政权，其前途和命运最终取决于人心向背。如果我们脱离群众、失去人民拥护和支持，最终也会走向失败。"[①]习近平同志的这一重要论断既是对党与人民群众之间关系的科学阐释，也是对新时代转变作风、密切党与人民群众血肉联系的重要性、紧迫性的清醒认识。得人心者得天下，失人心者失天下。无论是革命、建设还是改革时期，人民群众的拥护和支持，永远都是我们党兴旺发达、立于不败之地的重要基础与保障。

一、人心是最大的政治

党的十八大以来，习近平同志先后在不同场合多次强调，人心是最大的政治。这一重大科学论断，既是对古今中外政权兴亡规律的科学总结，也是对现代政党政治理论的高度概括。

将人心作为最大的政治，是由马克思主义政党的性质决定的。马克思主义认为，政党是阶级斗争的产物，它是在阶级社会中，一定的阶级或阶层的政治上最积极的代表，为了共同的利益和共同的政治目的，特别是为了取得政权和保持政权，而在阶级斗争中形成的政治组织。很显然，任何一个政党要想取得政权、保持政权，人心向背都是一个至关重要的问题，特别是对马克思主义政党来说尤其如此。马克思、恩格斯在《共产党宣言》中指出，在无产阶级

---

① 《习近平谈治国理政》，外文出版社2014年版，第15页。

和资产阶级的斗争所经历的各个发展阶段上,共产党人始终代表整个运动的利益。他们没有任何同整个无产阶级的利益不同的利益,而是要为绝大多数人谋利益,为建设共产主义社会而奋斗。始终同人民在一起,为人民利益而奋斗,是马克思主义政党同其他政党的根本区别。中国共产党从诞生那天起,就始终坚持全心全意为人民服务的宗旨,明确宣布除了工人阶级和最广大人民群众的利益,没有自己特殊的利益。我们党是工人阶级的先锋队,同时是中国人民和中华民族的先锋队。党来自人民、植根人民、造福人民。十八大以来,习近平同志多次强调不要忘记中国共产党人的初心与使命,并且指出中国共产党人的初心和使命,就是为中国人民谋幸福,为中华民族谋复兴。他还强调指出,人民立场是中国共产党的根本政治立场,是马克思主义政党区别于其他政党的显著标志。离开人民,党不仅无法生存和发展,其一切奋斗和活动也将变得毫无意义。

将人心作为最大的政治,是由我们党所坚持的由人民群众是历史的创造者这一马克思主义唯物史观决定的。马克思主义认为,人民群众是历史的创造者,人民群众的行动是“构成历史的真正的最后动力的动力”,并且“不是短暂的爆发和转瞬即逝的火光,而是持久的、引起重大历史变迁的行动”[①],特别是随着历史活动的深入,必将是群众队伍的扩大。列宁也充分肯定人民群众在推动历史发展中的巨大作用,他指出:“在人民群众中,我们毕竟是沧海一粟,只有我们正确地表达人民的想法,我们才能管理。否则共产党就不能率领无产阶级,而无产阶级就不能率领群众,整个机器就

① 《马克思恩格斯文集》第1卷,人民出版社2009年版,第304页。

要散架。”[①]马克思主义经典作家的这些精辟论述，阐明了一个浅显的道理：无产阶级政党要完成自己的历史使命，就必须尊重人民群众的主体地位。对此，毛泽东同志总结中国革命的历史经验时，用中国化的通俗语言作出了著名的论断：“人民，只有人民，才是创造世界历史的动力。”[②]他还进一步阐明了党和人民群众的关系：“群众是真正的英雄，而我们自己则往往是幼稚可笑的，不了解这一点，就不能得到起码的知识。”[③]十八大以来，以习近平同志为核心的党中央在治国理政的实践中，始终贯穿和实践着以人民为中心的发展思想，尊重人民群众的主体地位和首创精神。习近平同志指出：“以人民为中心的发展思想，不是一个抽象的、玄奥的概念，不能只停留在口头上、止步于思想环节，而要体现在经济社会发展各个环节。要坚持人民主体地位，顺应人民群众对美好生活的向往，不断实现好、维护好、发展好最广大人民根本利益，做到发展为了人民、发展依靠人民、发展成果由人民共享。”[④]

二、得人心者得天下

习近平同志指出：“党与人民风雨同舟、生死与共，始终保持血肉联系，是党战胜一切困难和风险的根本保证，正所谓‘得众则得国，失众则失国’。”[⑤]回顾中国共产党近百年来波澜壮阔的历史进程可以看出，无论是革命、建设还是改革时期，正是因为有了人民

① 《列宁选集》第 4 卷，人民出版社 2012 年版，第 695 页。

② 《毛泽东选集》第 3 卷，人民出版社 1991 年版，第 1031 页。

③ 《毛泽东选集》第 3 卷，人民出版社 1991 年版，第 790 页。

④ 《习近平在省部级主要领导干部学习贯彻党的十八届五中全会精神专题研讨班上的讲话》，2016 年 5 月 10 日，http://www.xinhuanet.com/politics/2016-05/10/c_128972667_4.htm。

⑤ 习近平：《在庆祝中国共产党成立 95 周年大会上的讲话》，2016 年 7 月 1 日，http://www.xinhuanet.com/politics/2016-07/01/c_1119150660.htm。

群众的坚决支持和衷心拥护，我们党才最终跨过一道又一道沟坎，取得一个又一个胜利，为中华民族做出了伟大历史贡献。

民主革命时期，在敌强我弱、异常残酷的战争环境下，中国共产党领导全国人民经过28年艰苦卓绝的斗争，不仅自身由小到大、由弱到强，而且夺取了全国政权，建立了新中国。这其中一个关键原因就在于我们党“动员了全国的老百姓，就造成了陷敌于灭顶之灾的汪洋大海，造成了弥补武器等等缺陷的补救条件，造成了克服一切战争困难的前提。”①比如在土地革命时期，我们党深刻认识到：“要得到群众的拥护吗？要群众拿出他们的全力放到战线上去吗？那末，就得和群众在一起，就得去发动群众的积极性，就得关心群众的痛痒，就得真心实意地为群众谋利益……我们是这样做了么，广大群众就必定拥护我们，把革命当作他们的生命，把革命当作他们无上光荣的旗帜。”②所以在面对国民党反动派对中央苏区的疯狂围剿时，毛泽东同志才满怀信心地说：“真正的铜墙铁壁是什么？是群众，是千百万真心实意地拥护革命的群众。这是真正的铜墙铁壁，什么力量也打不破的，完全打不破的。”③解放战争时期，“解放军的装备虽已改善，但运输条件还极差。供应前方庞大部队的需要，全靠肩挑背负，小车推送。据统计，仅为支援淮海战役，动员起来的民工累计即达543万人，向前线运送1460多万斤弹药、9.6亿斤粮食等军需物资。陈毅曾深情并形象地说过，淮海战役的胜利是人民群众用小车推出来的”④。正是因为中国共

---

① 《毛泽东选集》第2卷，人民出版社1991年版，第480页。

② 《毛泽东选集》第1卷，人民出版社1991年版，第138页。

③ 《毛泽东年谱(1893～1949)》上卷，中央文献出版社2005年版，第423页。

④ 中共中央党史研究室：《中国共产党的九十年·新民主主义革命时期》，中共党史出版社、党建读物出版社2016年版，第329页。

产党汇聚了最广大的民心和民力,最终形成了毛泽东所描绘的局面:“在全国,我们是工人,农民(包括新富农),独立工商业者,被反动势力所压迫和损害的中小资本家,学生、教员、教授、一般知识分子,自由职业者,开明绅士,一般公务人员,被压迫的少数民族和海外华侨,联合一道,在工人阶级(经过共产党)的领导之下,打江山坐江山,而不是少数人打江山坐江山。”①对此,1949 年 7 月 30 日美国国务卿迪安·艾奇逊在给杜鲁门总统的信中也有所描述:国民党“貌似强大的力量是虚幻的”,他们在初期的胜利是“建立在沙上”的,他们的失败“不是美援的不充分造成的”,在具有决定性的 1948 年,国民党军队“没有一次战役的失败是由于缺乏武器或弹药”,“国民党的部队无需别人来击败他们”,他们是因腐败等原因而“自行瓦解”的,中国的人心掌握在共产党人手中。②

三、失人心者失天下

纵观历史,横看世界,各国执政者你方唱罢我登场,甚至一些曾经风光无限、连续执政几十年的大党老党,最终也黯然下台、失去执政地位。这其中一个最根本的、共同的原因就是失去了人民的信任,最终被本国人民所抛弃,正所谓“失人心者失天下”。和我们党同为马克思主义政党的苏共垮台虽然已经近 30 年了,但其丧失人心、最终被人民所抛弃的教训在今天对我们仍然具有振聋发聩的警示意义。

正所谓“成也人心,败也人心”。苏共也曾是一个代表了人民利益、深受人民爱戴的党,而且也正是在人民的支持、拥护下,才取

---

① 《毛泽东选集》第 4 卷,人民出版社 1991 年版,第 1268～1269 页。

② 参见谢春涛主编:《历史的轨迹:中国共产党为什么能?》,新世界出版社 2011 年版,第 8 页。

得了十月革命的胜利，在世界上建立了第一个社会主义制度的国家。“十月革命前夕，共产党曾骄傲地赢得了两个压倒多数：一个是人民用选票把 60% 的苏维埃代表席位交给了布尔什维克，另一个是在反动统治的支柱——旧军队中，布尔什维克党也赢得了绝大多数的支持。彼得格勒和莫斯科这两个全俄最大城市的每 5 名士兵中，就有 4 名拥护布尔什维克党，于是临时政府就到了众叛亲离的末日。据说，当时派出一支 500 人的精干队伍就可以攻占起义的大本营斯莫尔尼宫。然而，临时政府连这样一支军队也派不出来。我们在《列宁在十月》这部历史巨片中看到的场景，是历史的真实记录：当起义队伍像潮水一般地涌进冬宫大门时，只有为数寥寥的士官生做螳臂当车式的无效抵抗。还有中国观众熟悉的《列宁在一九一八》，也真实地再现了党的领袖同人民群众水乳交融的关系：列宁遇刺后，发疯的人群几乎要把刺客撕成碎片；忍饥挨饿的工人焦灼不安地等待着列宁病情公告……”[①]但是，在列宁逝世后，特别是随着执政时间的推移，苏共不但没有坚持执政初期形成的一些密切联系群众的好做法，反而逐步走上了极端化的路子，比如破坏民主集中制的原则，甚至对持不同意见者进行打击报复、肉体摧残，特别是还出现了对党群关系杀伤力极大的官僚特权阶层和日趋严重的腐败现象，等等。20 多年来，围绕着苏共垮台、苏联解体这一世纪之谜进行的原因分析是全方位、多角度、深层次的，但归根结底还是因为苏共被她曾经代表着的工人阶级和苏联人民所抛弃，那个世人皆知的“苏共究竟代表谁”的调查就很好地证明了这一点。在苏共垮台前不久，苏联科学院做的这次民意调查结果显示：认为苏共代表工人的占 4%，认为苏共代表全体党员

① 黄苇町：《苏共亡党十年祭》，《南方周末》2001 年 8 月 18 日。

的占11%,而认为苏共代表党的官僚的竟占到85%。[①] 当一个政党不再代表人民,甚至已经沦落为侵害人民利益、与人民渐行渐远的特权阶层、利益集团时,人民就不会再有任何理由支持她、捍卫她。这就不难理解,当苏联国旗从克里姆林宫的塔尖上徐徐落下时,人们眼里充满的是失望、悲愤、冷漠和迷茫。古今中外的历史反复证明,一个政党、一个政权兴亡的根本性规律在于人心向背。一旦脱离人民、丧失人心,最终的结局必然是走向灭亡。

四、党内影响人心的问题仍然存在

《中国共产党章程》总纲部分指出:我们党的最大政治优势是密切联系群众,党执政后的最大危险是脱离群众。这是我们党对自身执政规律的深刻把握和对长期执政面临风险挑战的清醒认识。为永远保持这个最大政治优势、预防这个最大危险,我们党始终注意密切党与人民群众的联系,特别是十八大以来,随着党中央以人民群众最为痛恨的作风问题为切入点拉开了全面从严治党的序幕,党群干群关系更加密切,人民群众对党的建设的满意度稳步提高。据国家统计局开展的全国党风廉政建设民意调查数据显示,党的十八大召开前,人民群众对党风廉政建设和反腐败工作的满意度是75%,2013年是81%,2014年是88.4%,2015年是91.5%,2016年是92.9%,逐年走高。[②]

但是,人心的凝聚绝非一朝一夕之功,人心的丧失却是瞬息之间。世界各国执政党,特别是一些社会主义国家执政党失败的教

---

① 参见李慎明:《苏联亡党亡国20年祭——俄罗斯人在诉说》,社会科学文献出版社2013年版,第119页。

② 参见中纪委:《2016年群众对党风廉政建设和反腐败工作满意度达92.9%》,2017年1月9日,http://politics.people.com.cn/n1/2017/0109/c1001-29009583.html。

训告诉我们，从“最大政治优势”到“最大危险”只有一步之遥，从“密切联系群众”到“脱离群众”只是一念之差。从目前来看，党内影响人心的一些问题依然存在，一些问题解决得还不彻底，一些问题还可能再冒出来，必须继续努力，不断从思想上、政治上、组织上、作风上、制度上防范和解决党内存在的突出矛盾和问题。比如习近平同志指出的“七个有之”的问题：搞任人唯亲、排斥异己的有之，搞团团伙伙、拉帮结派的有之，搞匿名诬告、制造谣言的有之，搞收买人心、拉动选票的有之，搞封官许愿、弹冠相庆的有之，搞自行其是、阳奉阴违的有之，搞尾大不掉、妄议中央的也有之，如此等等。有的人已经到了肆无忌惮、胆大妄为的地步！同时，作风问题非常顽固、极易复发，而且“四风”问题还出现了新形式，隐蔽性、欺骗性极强；反腐败斗争压倒性胜利虽然已经形成，但要巩固这个压倒性胜利任务仍然非常艰巨，尤其是发生在基层、侵害群众利益的一些腐败问题没有得到有效解决，因此必须常抓不懈、一抓到底。正如习近平同志所指出的：“在全面从严治党这个问题上，我们不能有差不多了，该松口气、歇歇脚的想法，不能有打好一仗就一劳永逸的想法，不能有初见成效就见好就收的想法。必须持之以恒、善作善成，把管党治党的螺丝拧得更紧，把全面从严治党的思路举措搞得更加科学、更加严密、更加有效，推动全面从严治党向纵深发展。”①

① 《习近平在参加党的十九大贵州省代表团讨论时强调：万众一心 开拓进取 把新时代中国特色社会主义推向前进》，2017 年 10 月 19 日，http://www.xinhuanet.com/politics/19cpcnc/2017-10/19/c_1121828266.htm。

第二节　党面临的执政环境

党的十九大报告指出："全党要清醒认识到，我们党面临的执政环境是复杂的，影响党的先进性、弱化党的纯洁性的因素也是复杂的，党内存在的思想不纯、组织不纯、作风不纯等突出问题尚未得到根本解决。要深刻认识党面临的执政考验、改革开放考验、市场经济考验、外部环境考验的长期性和复杂性，深刻认识党面临的精神懈怠危险、能力不足危险、脱离群众危险、消极腐败危险的尖锐性和严峻性，坚持问题导向，保持战略定力，推动全面从严治党向纵深发展。"①这一重要论述告诉我们，管党治党关系党和国家、民族的前途命运，必须以更大的决心、更大的气力、更大的勇气抓紧抓好。只有把党建设好，我们才能带领人民成功应对重大挑战、抵御重大风险、克服重大阻力、解决重大矛盾，不断从胜利走向新的胜利。

一、我们面对的是百年未有之大变局

2017 年 12 月 28 日，习近平同志在北京人民大会堂接见回国参加 2017 年度驻外使节工作会议的全体使节时发表的重要讲话中，对当今国际局势作出了科学判断。他指出：放眼世界，我们面对的是百年未有之大变局。百年未有之大变局，也意味着百年未有之大机遇，需要我们党正确认识和驾驭当今复杂多变的国际局势，准确把握历史交汇期我国外部环境的基本特征，积极应对各种

① 习近平：《决胜全面建成小康社会 夺取新时代中国特色社会主义伟大胜利——在中国共产党第十九次全国代表大会上的讲话》，人民出版社 2017 年版，第 61 页。

困难与挑战，创造一个有利于我国发展的国际环境，团结带领全国人民实现“两个一百年”奋斗目标和中华民族伟大复兴的中国梦。

党的十九大报告指出：当前，国内外形势正在发生深刻复杂变化，我国发展仍处于重要战略机遇期。这是习近平同志纵观过去、当下与未来的历史演进，通览国家、政党、民族的沉浮兴衰后，作出的重大战略判断。一方面，党团结带领中国人民顽强奋斗、发愤图强，中华民族迎来了从站起来、富起来到强起来的伟大飞跃，中华民族伟大复兴展现出前所未有的光明前景。另一方面，世界正处于大发展大变革大调整时期，和平与发展仍然是时代主题。世界多极化、经济全球化、社会信息化、文化多样化深入发展，全球治理体系和国际秩序变革加速推进，各国相互联系和依存日益加深，国际力量对比更趋平衡，和平发展大势不可逆转。在5000多年的历史长河中，中华民族曾有过很多机遇，但真正抓住机遇、开创盛世的时候却屈指可数。特别是近代以后，国家命运跌入谷底，民族危亡悬于一线，振兴中华成为全民族的呼号与梦想。当前，历史的机遇，再次向这个古老而青春的国家展开怀抱。这是中国特色社会主义事业乘风破浪的“飞跃期”，中国特色社会主义制度精进臻善的“成熟期”，中华民族迎来伟大复兴的“关键期”，世界格局剧烈变动的“重塑期”，也是中国共产党带领人民而今迈步从头越的又一个“创业期”。这就需要我们党未雨绸缪、科学决策，正确应对和驾驭国际国内大势，紧紧抓住大有可为的历史机遇期，团结带领全国人民奋力创造出无愧于历史、无愧于时代的新业绩，大踏步走向更加美好的未来。

我国国际地位提升与新旧挑战并存。改革开放以来特别是党的十八大以来，党领导全国人民在经济、政治、文化、社会等各个方面取得了巨大成就，我国国际地位实现前所未有的提升，党的面貌、国家的面貌、人民的面貌、军队的面貌、中华民族的面貌发生了前所未有的变化，中华民族正以崭新姿态屹立于世界的东方。当代中国已不再是国际秩序的被动接受者，而是积极的参与者、建设者、引领者。世界对中国的关注，从未像今天这样广泛、深切、聚焦；中国对世界的影响，也从未像今天这样全面、深刻、长远。但同时也要看到，前景十分光明，挑战也十分严峻。这种挑战，既有人类面临的许多挑战，如世界经济增长动能不足，贫富分化日益严重，地区热点问题此起彼伏，恐怖主义、网络安全、重大传染性疾病、气候变化等非传统安全威胁持续蔓延；更有我国国际地位提升和国际影响力、感召力、塑造力增强带来的新挑战。我国正处在从大国走向强国的关键时期，面对中国的快速发展和国际地位的不断提升，国际社会也出现一些曲解和误读、疑虑和猜忌，有些人担心中国的发展是一种“威胁”，是新的“霸权”，还有人认为中国会跌入所谓大国冲突对抗的“修昔底德陷阱”。可以说，“树大招风”效应日益显现，外部环境更加复杂，一些势力对我的阻遏、忧惧、施压不断增大。这就需要我们党从新的历史方位、新的时代坐标，科学认识、全面把握和正确应对国际局势和周边环境的新变化。

中国梦与世界各国人民的美好梦想相通。实现中国梦离不开和平的国际环境和稳定的国际秩序。在中国特色社会主义新时代，面对国际格局和国际关系的深度调整，面对局部冲突和动荡频发、人类需要应对许多共同挑战的外部环境，我们必须统筹国内国际两个大局，始终高举和平、发展、合作、共赢的旗帜，恪守维护世界和平、促进共同发展的外交政策宗旨，牢牢把握构建人类命运共同体的目标追求，始终不渝走和平发展道路、奉行互利共赢的开放战略，坚持正确义利观，树立共同、综合、合作、可持续的新安全观，谋求开放创新、包容互惠的发展前景，促进和而不同、兼收并蓄的文明交流，始终做世界和平的建设者、全球发展的贡献者、国际秩序的维护者。

二、中国特色社会主义事业是前所未有的伟大事业

党的十九大在综合分析国际国内形势和我国发展条件的基础上，提出从 2020 年到 21 世纪中叶分两个阶段来安排。第一个阶段，从 2020 年到 2035 年，在全面建成小康社会的基础上，基本实现社会主义现代化；第二个阶段，从 2035 年到 21 世纪中叶，把我国建成富强、民主、文明、和谐、美丽的社会主义现代化强国。一方面，我们比历史上任何时期都更接近、更有信心和能力实现中华民族伟大复兴的目标；另一方面，中华民族伟大复兴，绝不是轻轻松松、敲锣打鼓就能实现的。全党必须准备承担更为艰巨的任务、付出更为艰苦的努力。

中华民族伟大复兴中国梦凝聚了几代中国人的夙愿。只有创造了灿烂文明的民族，才会如此渴望再创辉煌；也只有历尽苦难沧桑的国家，才更珍惜来之不易的和平幸福。环顾世界，很少有民族，能像中华民族那样，历经苦难与辉煌；也很少有国家，在持续奋斗中，始终坚持"同一个梦想"。中国是一个有着 5000 多年文明史的大国，在历史上曾长期走在世界前列。近代以后，由于西方列强入侵和封建统治的腐败，中国逐渐成为半殖民地半封建社会，中华民族遭受了前所未有的苦难，也从此开始了追求民族复兴的艰辛探索之路。经过一次次的抗争，一次次的失败，大浪淘沙，历史最终选择了中国共产党。我们党一经成立，就把实现共产主义作为党的最高理想和最终目标，义无反顾地肩负起了实现中华民族伟大复兴的历史使命。没有一种使命比实现亿万人民的共同梦想更宏大，也没有一种奋斗比改变一个民族的历史命运更崇高。

当前，我国已进入全面建成小康社会决胜阶段，中华民族正处于走向伟大复兴的关键时期。一方面，必须清醒看到，我们的工作还存在许多不足，也面临不少困难和挑战。比如发展不平衡不充分、发展质量和效益还不高、创新能力不够强，脱贫攻坚任务依然艰巨，城乡区域发展和收入分配差距依然较大，群众就业、教育、医疗、居住、养老等方面难题亟待破解；社会文明水平尚需提高；社会矛盾和问题交织叠加，全面依法治国任务依然繁重，国家治理体系和治理能力有待加强；意识形态领域斗争依然复杂，国家安全面临新情况；一些改革部署和重大政策措施需要进一步落实；等等。另一方面，改革进入深水区，经济发展进入新常态，各种矛盾叠加，风险隐患集聚。特别是要看到，在新时代，我们党领导人民进行伟大社会革命，涵盖领域的广泛性、触及利益格局调整的深刻性、涉及矛盾和问题的尖锐性、突破体制机制障碍的艰巨性、进行伟大斗争形势的复杂性，都是前所未有的。我们必须增强忧患意识、责任意识，把党的伟大自我革命进行到底。只有这样，才能确保党保持先进性和纯洁性，始终走在时代前列，更好地肩负起历史赋予的使命。

三、中国共产党是世界上最大的政党

习近平同志指出："中国共产党是世界上最大的政党，大就要有大的样子。"[①]一句"大就要有大的样子"，既是豪迈的宣示，也是深沉的鞭策。90 多年前那个诞生于上海石库门、党员总数不足 60 人的新生政党，已发展壮大为一个拥有 9000 多万党员、领导 14 亿

---

① 《习近平同志在十九届中共中央政治局常委同中外记者见面时的讲话》，2017 年 10 月 25 日，http://www.xinhuanet.com/politics/19cpcnc/2017-10/25/c_129726443.htm。

多人口大国的世界第一大党。党的形象和威望，党的创造力、凝聚力、战斗力不仅直接关系党的命运，而且直接关系国家的命运、人民的命运、民族的命运。如果说，把世界上最大的发展中国家全面建成社会主义现代化强国，是人类史上从未有过的宏伟事业，那么，让一个党员人数比许多国家人口数量都多的大党不忘初心、牢记使命，更是世界级挑战。

当前，党的建设形势总体是好的，但党建工作面临的难题也不少。正如习近平同志指出的那样，这主要表现在四个方面：一是社会多样化发展使人们思想多元化、复杂化的特征越来越明显，这必然增加党内统一思想的难度，我们党是一个大党，统一思想历来不易。二是尽管每个党员都有一个党组织负责进行管理，另外我们党也有严明的组织纪律规定对之约束，但就全党来说，一些党组织软弱涣散，一些党员、干部难以受到监督，队伍管理缺位、不到位情况不是个别现象。三是党内存在大量思想问题和利益矛盾，某些矛盾涉及党员、干部多，并同其他社会矛盾错综交织，协调处理起来难度很大。四是党内生活政治性、原则性在下降，自由主义、好人主义有所滋长，制度执行不严情况大量存在，很多制度只是摆设。同时，我们也清醒认识到，我们党面临的执政环境是复杂的，党员队伍构成是复杂的，党内存在的一些深层次问题并没有得到根本解决，不但一些老问题反弹回潮的因素依然存在，还出现了一些新情况新问题。一些党员、干部对全面从严治党认识上不到位、思想上不适应、行动上不自觉。所有这些，都对推进新时代党的建设新的伟大工程提出了新挑战。

我们党要始终成为时代先锋、民族脊梁，始终成为马克思主义执政党，自身必须始终过硬。全党要更加自觉地坚定党性原则，勇于直面问题，敢于刮骨疗毒，消除一切损害党的先进性和纯洁性的因素，清除一切侵蚀党的健康肌体的病毒，不断增强党的政治领导力、思想引领力、群众组织力、社会号召力，确保我们党永葆旺盛生命力和强大战斗力。

第三节　正确认识和把握新时代党的建设总要求

党的十九大总结十八大以来全面从严治党的经验，立足新时代党面临的新形势新任务，提出了新时代党的建设总要求，即坚持和加强党的全面领导，坚持党要管党、全面从严治党，以加强党的长期执政能力建设、先进性和纯洁性建设为主线，以党的政治建设为统领，以坚定理想信念宗旨为根基，以调动全党积极性、主动性、创造性为着力点，全面推进党的政治建设、思想建设、组织建设、作风建设、纪律建设，把制度建设贯穿其中，深入推进反腐败斗争，不断提高党的建设质量，把党建设成为始终走在时代前列、人民衷心拥护、勇于自我革命、经得起各种风浪考验、朝气蓬勃的马克思主义执政党。这个总要求，对推进党的建设新的伟大工程作出了顶层设计和战略部署，丰富和发展了马克思主义建党学说，进一步回答了“建设什么样的党、怎样建设党”这一历史性课题，标志着我们党对执政党建设规律的认识达到新的高度，为新时代推进党的建设新的伟大工程，继续推进党的自我革命指明了前进路径和努力方向。

在党的十九届一中全会上，习近平同志对新时代党的建设总要求进行了深入阐释，他指出：“这个总要求不是空洞的、抽象的、说教的，而是来自加强党的建设、推进全面从严治党的现实需要，来自解决党内存在的突出矛盾和问题的现实需要，来自保持党的先进性和纯洁性、增强党的创造力凝聚力战斗力的现实需要，来自永葆党的性质和宗旨、保持党同人民群众的血肉联系的现实需要，来自坚持党的执政地位、提高党的执政能力、扩大党的执政基础的现实需要。”[①]习近平同志还要求，我们一定要深刻认识新时代中国特色社会主义对我们党自身建设提出的新要求，着眼于我们党更好担当使命，总结运用成功经验，正视解决突出问题，一刻不停歇地推动全面从严治党向纵深发展。在新时代的征程上，全党同志一定要按照新时代党的建设总要求，坚持和加强党的全面领导，坚持党要管党、全面从严治党，拿出恒心和韧劲，继续在常和长、严和实、深和细上下功夫，管出习惯、抓出成效。我们要按照习近平同志的指示精神，准确把握领会新时代党的建设总要求的深刻内涵，并落实到全面从严治党的实践中。

一、党的建设的目的与原则

总要求开宗明义地提出要坚持和加强党的全面领导，从而旗帜鲜明地指明了新时代党的建设的目的和原则。坚持和加强党的全面领导，是党的建设题中应有之义。中国共产党从来不是为了自身建设而进行自身建设，党的建设归根到底是为了提高党的执政能力和水平，发挥党的领导核心作用，最终完成党所肩负的伟大历史使命。在革命、建设和改革的不同时期，正是因为我们党一以贯之地把坚持和加强党的全面领导作为党自身建设的方向性、根本性问题抓紧抓实，才使我们党始终成为领导人民进行社会主义革命、建设和改革的坚强领导核心，并团结带领全国人民攻克了一个个难关、战胜了一个个挑战，党自身也在领导伟大社会革命、建

① 《习近平在党的十九届一中全会上的讲话》，2017 年 12 月 31 日，http://www.xinhuanet.com/politics/2017-12/31/c_1122191624.htm。

设和改革的实践中锻造得更加坚强有力。

党的领导是中国特色社会主义的最本质特征和最大优势。中国特色社会主义最本质的特征是中国共产党领导，中国特色社会主义制度的最大优势是中国共产党领导，党是最高政治领导力量。这是总结中国革命、建设和改革历史进程得出的根本结论。正是人民选择了中国共产党，中国这才彻底结束了半殖民地半封建社会的历史，完成了中华民族有史以来最为广泛而深刻的社会变革，开启了改革开放新的伟大革命，开辟了中国特色社会主义道路，取得了社会主义现代化建设的伟大成就。实践证明，只有始终坚持和加强党的全面领导，我们党才能不断增强政治领导力、思想引领力、群众组织力、社会号召力，为改革发展提供强大动力和可靠保证，才能凝聚起同心共筑中国梦的磅礴力量。这是坚持和加强党的全面领导的根本依据，也是新时代推进党的建设新的伟大工程的根本出发点。

党的建设在各个方面都要围绕坚持和加强党的全面领导这一目的来展开。要牢牢把握党的政治建设这一根本性建设，坚决维护习近平同志党中央的核心、全党的核心地位，坚决维护党中央权威和集中统一领导；牢牢把握党的思想建设这一基础性建设，切实用习近平新时代中国特色社会主义思想武装全党；牢牢把握中央关于新时代党的建设一系列战略部署，不断增强党的政治领导力、思想引领力、群众组织力和社会号召力，巩固党执政的阶级基础和群众基础，始终保持党同人民群众的血肉联系；等等。只有这样，才能确保我们党永远保持马克思主义政党的政治本色、永远走在时代前列、永远做中国人民和中华民族的主心骨。

二、党的建设的指导方针

总要求明确了“坚持党要管党、全面从严治党”这一党的建设指导方针。办好中国的事情，关键在党。全面从严治党不仅是党长期执政的根本要求，也是实现中华民族伟大复兴的根本保证。我们党要团结带领人民进行伟大斗争、推进伟大事业、实现伟大梦想，就必须毫不动摇把党建设得更加坚强有力。

党要管党、从严治党，是党的建设的一贯要求和根本方针。勇于自我革命，从严管党治党，是我们党最鲜明的品格。纵观我们党近百年辉煌历程，坚持党要管党、从严治党，是一脉相承、一以贯之的，也是党从小到大、由弱到强，不断从挫折中奋起、在苦难中铸就辉煌的根本保证。在新时代，坚持党要管党、全面从严治党，是进行许多具有新的历史特点的伟大斗争、推进中国特色社会主义伟大事业、实现民族复兴伟大梦想的根本保证，也是我们党紧跟时代前进步伐、始终保持先进性和纯洁性的必然要求。

全面从严治党是新时代党的建设的重大创新。十八大以来，习近平同志结合新的历史任务和时代特征，把这一要求和方针提升到新的高度，形成了“全面从严治党”的重大理论和实践创新，构成了新时代党的建设的鲜明特点和重要经验。2014 年 10 月，习近平同志在党的群众路线教育实践活动总结大会上的讲话中提出了“全面推进从严治党”的重大论断。同年 12 月，习近平同志在江苏调研时提出要“协调推进全面建成小康社会、全面深化改革、全面推进依法治国、全面从严治党”，把全面从严治党纳入“四个全面”战略布局之中，提升到中国特色社会主义发展战略高度。特别是党的十九大，把全面从严治党写入党章，纳入习近平新时代中国特色社会主义思想，纳入坚持和发展中国特色社会主义必须坚持的

“十四条”，写入新时代党的建设总要求，全面从严治党从而上升到党的根本大法层面、党的指导思想层面、党的基本方略层面、党的建设指导方针层面。这些重要举措，充分体现了全面从严治党的极端重要性，全面从严治党的提出不仅丰富和发展了中国化马克思主义的党建理论，也为新时代党的建设提供了思想指导。

全面从严治党，基础在全面，关键在严，要害在治。“全面”就是管全党、治全党，面向 9000 多万党员、460 多万个党组织（截至 2019 年底），覆盖党的建设各个领域、各个方面、各个部门，重点是抓住“关键少数”。“严”就是真管真严、敢管敢严、长管长严。“治”就是从党中央到省市县党委，从中央部委党组（党委）到基层党支部，都要肩负起主体责任，党委书记要把抓好党建当作分内之事、必须担当的职责；各级纪委要担负起监督责任，敢于瞪眼黑脸，勇于执纪问责。只有这样坚持不懈抓下去，才能使管党治党真正从“宽、松、软”，走向“严、紧、硬”。

三、党的建设的主线

总要求明确党的建设要“以加强党的长期执政能力建设、先进性和纯洁性建设为主线”①。这一主线揭示了马克思主义执政党建设的本质要求，深刻昭示长期执政条件下提高党的执政能力和领导水平、保持党的先进性和纯洁性永远在路上，必然伴随我们党执政的全过程、伴随中国特色社会主义的壮阔征程。

党的执政能力建设是党执政后的一项根本建设。十六届四中全会正式作出关于加强党的执政能力建设的决定，党的十九大提

① 习近平：《决胜全面建成小康社会 夺取新时代中国特色社会主义伟大胜利——在中国共产党第十九次全国代表大会上的报告》，人民出版社 2017 年版，第 61 页。

出加强党的长期执政能力建设。从“执政能力”到“长期执政能力”，虽然只有两字之差，但意义不同。长期执政，是我们党与很多其他性质的政党在执政要求上的一个本质区别。对于一个政党来讲，在处理党的自身建设问题上，在处理党的执政中各种实际问题上，从长期执政出发和从短期执政出发，要求是很不同的。长期执政，意味着我们在各个方面都要经受长期的考验，意味着我们在整个世情国情党情不断发生变化的现实社会条件下，要始终保持自身具有应对各种风险、处理各种复杂问题的能力，意味着我们必须始终保持不忘初心、牢记使命，不管在什么情况下都要走在时代前列。十九大提出加强党的长期执政能力建设，宣示了我们党不仅要执好政，而且要长期执好政，彰显了我们党强烈而鲜明的政治自信和使命担当。

先进性和纯洁性是马克思主义政党的本质属性。习近平同志指出：“先进性和纯洁性是马克思主义政党的本质属性，我们加强党的建设，就是要同一切弱化先进性、损害纯洁性的问题作斗争，祛病疗伤，激浊扬清。”[①]党的先进性是马克思主义政党的立党之本、生命所系和力量所在，是建设一个什么样的党和怎样建设党的核心问题。保持党的先进性，是马克思主义政党建设永恒的主题。加强党的先进性建设，是在长期执政条件下党的一项根本建设。马克思主义政党的纯洁性，是指党员和党组织在思想、政治、组织、作风、行为等方面与党的性质、宗旨的一致性。党的纯洁性同党的先进性相辅相成、密不可分。纯洁性是先进性的前提和基础，先进性是纯洁性的体现和保证，二者在本质上是一致的。

---

① 习近平：《在庆祝中国共产党成立 95 周年大会上的讲话》，2016 年 7 月 1 日，http://www.xinhuanet.com/politics/2016-07/01/c_1119150660.htm。

四、党的建设的总体布局

总要求提出要全面推进党的政治建设、思想建设、组织建设、作风建设、纪律建设，把制度建设贯穿其中，深入推进反腐败斗争。此即新时代党的建设“5＋2”总体布局。较之十八大提出的全面加强党的思想建设、组织建设、作风建设、反腐倡廉建设、制度建设的“五位一体”的党的建设总体布局，十九大确立的党的建设总体布局中，第一次明确把政治建设、纪律建设作为党的自身建设的重要方面提出来，强调将制度建设贯穿于党的各项建设之中，深入推进反腐败斗争。总体布局的调整和充实，使党的建设内容更加丰富、关系更加清晰、布局更加科学、体系更加完善。

在这个“5＋2”的总体布局中，政治建设是党的根本性建设，在党的各项建设中居于统领地位，被摆在首位以示突出；思想建设是党的基础性建设，没有全党的思想统一就没有党的行动一致；组织建设是党的建设的主体，党的领导力、执行力的产生都在于组织力量的发挥；作风建设是永葆党的性质宗旨的关键所在，关系到党的形象和影响力；纪律建设是各级组织和全体党员的行为规范建设，是维护党的团结统一、完成党的任务的根本保证；将制度建设贯穿到党的各项建设之中，准确把握了制度建设与其他建设水乳交融、有机结合、不可分割的关系，凸显了制度建设的重要地位；深入推进反腐败斗争，充分表明了我们党有腐必反的决心和决战决胜的勇气，反映了我们党对反腐败斗争这场大仗的激烈性、艰巨性、复杂性、长期性的深刻认识。

五、党的建设的目标

总要求明确了新时代党的建设的目标，即把党建设成为始终走在时代前列、人民衷心拥护、勇于自我革命、经得起各种风浪考验、朝气蓬勃的马克思主义执政党。这个目标集中体现了党的性质、宗旨、纲领，体现了新时代中国共产党人的价值取向、政治定力、使命担当，彰显了我们党作为马克思主义执政党的先进性、纯洁性，彰显了我们党引领时代潮流、与时俱进的鲜明品格，彰显了我们党为中国人民谋幸福、为中华民族谋复兴的立党初心。

在这个目标的表述中，每一句话都具有非常丰富深刻的内涵。始终走在时代前列，反映了党的先进性基因和时代性特质，作为中国特色社会主义事业的领导核心，党必须永远走在前列，带领中华民族奔向光明美好的未来；人民衷心拥护，是党长期执政的力量源泉，我们必须坚持以人民为中心的理念，把人民对美好生活的向往作为奋斗目标；勇于自我革命，是党的鲜明品格和重要优势，这预示着我们要不断增强自我净化、自我完善、自我革新、自我提高的能力，使党的肌体永远保持健康强壮；经得起各种风浪考验，是党必须具备的政治智慧和战略定力，这预示着我们要充分认识进行伟大斗争的长期性、艰巨性、复杂性，提高抗击风浪、应对挑战、化解矛盾的能力；朝气蓬勃，是党应当永远保持的进取状态和精神风貌，这预示着我们要从人民群众中吸收力量，从中华文化传统中汲取智慧，从不断创新中获得持久的发展动能，确保党永远保持年轻，永远富有昂扬向上的朝气。

总要求构成了新时代党的建设科学有机的整体。新时代党的建设目的、方针、主线、总体布局、目标，紧密联系、相互作用、相互促进。目的是依据、是根本点，党的建设要紧紧围绕这个目的来展开，时刻不能游离、偏离；方针是原则、是遵循，引领着党的建设沿着正确方向前进；主线是纲和魂，纲举目张，魂在本在；总体布局是重点、是路径，总体布局立起来了，党的建设就有了实体支撑、有力抓手；目标是指向和落脚点，党的建设的一切工作都要朝着这个目标来加强、按照这个目标来检验。我们要深刻理解把握总要求的基本内涵及相互关系，坚持协调推进、统筹推进、一体推进，不断提高党的建设质量，做到管党有方、治党有力、建党有效。

第四节　不断提高党的执政能力和领导水平

领导14亿多人口的社会主义大国，我们党既要政治过硬，也要本领高强。这是党的十九大立足于新时代、新形势、新任务向全党提出的新要求。执政本领，就是在执政活动中正确处理各种问题，推进党的自身建设和党的事业顺利发展的本领。十九大报告把这样的本领归纳概括为八个方面，即学习本领、政治领导本领、改革创新本领、科学发展本领、依法执政本领、群众工作本领、狠抓落实本领、驾驭风险本领，而且对每一项本领的具体要求都做了明确的阐述。这八大本领，是新时代党的执政能力和领导水平的具体体现，掌握这八大本领，是我们在新时代肩负伟大历史使命、实现伟大目标的迫切需要。

一、执政本领的提升是一个与时俱进的过程

中国共产党近百年的奋斗历程，就是一个不断提升自己的能力水平、不断从胜利走向新的胜利的过程。在我们党的历史上，每当进入一个新的历史发展阶段，踏上新的历史征程，我们党的领导核心都会对全党提出新的能力和本领要求。早在延安时期，我们党就注意到“本领恐慌”问题。毛泽东同志指出：“我们队伍里边有

一种恐慌，不是经济恐慌，也不是政治恐慌，而是本领恐慌。”①毛泽东把学习形象地比喻成“开铺子”，如存货不多，取一点、少一点，不久就要告罄；“不进货”甚至就要关门倒闭。在新中国成立前夕的七届二中全会上，毛泽东同志在向全党发出牢记“两个务必”警示的同时，再次要求全党学习新的本领，他根据党执政后面临的新形势新任务，提出党和军队的工作重心必须从农村移到城市，必须用极大的努力去学会管理和建设城市。在进入改革开放新的历史时期，邓小平也提醒全党要确立新的观念，掌握新的本领。过去的历史已经证明，正因为我们党在每一个新时代开启或重要历史转折点上，都能够根据时代要求和实践需要，未雨绸缪，把增强本领作为党的建设的重要要求，所以，我们党成功地肩负起并完成了每个历史时期的历史任务，领导中国实现了让人民站起来、富起来的伟大目标。今天，在我们走进新时代的重大历史节点上，增强执政本领的问题再次摆在中国共产党人面前。正如习近平同志所指出的：“我一直在思考一个问题，这就是：我们中国共产党人能不能打仗，新中国的成立已经说明了；我们中国共产党人能不能搞建设搞发展，改革开放的推进也已经说明了；但是，我们中国共产党人能不能在日益复杂的国际国内环境下坚持住党的领导、坚持和发展中国特色社会主义，这个还需要我们一代一代共产党人继续作出回答。”②

新时代、新征程、新使命，意味着党内外、国内外环境发生深刻变化，工作对象和工作条件发生深刻变化，知识更新周期大大缩短，这些都对我们的本领提出了新的更高的要求。这也是为什么

---

① 《毛泽东文集》第2卷，人民出版社1993年版，第178页。

② 中共中文文献研究室编：《习近平关于社会主义文化建设论述摘编》，中央文献出版社2017年版，第31～32页。

党的十九大特别强调我们党既要政治过硬也要本领高强，并就全面增强执政本领提出了具体要求的根本原因。从总体上看，与今天我们党和国家事业发展的要求相比，我们的本领有适应的一面，也有不适应的一面。特别是随着形势和任务不断发展，我们适应的一面正在下降，不适应的一面正在上升。如果不抓紧增强本领，久而久之，我们就难以胜任领导改革开放和社会主义现代化建设的繁重任务。习近平同志对此有过深刻的论述，他指出："很多同志有做好工作的真诚愿望，也有干劲，但缺乏新形势下做好工作的本领，面对新情况新问题，由于不懂规律、不懂门道、缺乏知识、缺乏本领，还是习惯于用老思路老套路来应对，蛮干盲干，结果是虽然做了工作，有时做得还很辛苦，但不是不对路子，就是事与愿违，甚至搞出一些南辕北辙的事情来。这就叫新办法不会用，老办法不管用，硬办法不敢用，软办法不顶用。我看这种状态，在党内相当一个范围、相当一个时期都是存在的。因此，全党同志特别是各级领导干部，都要有本领不够的危机感，都要努力增强本领，都要一刻不停地增强本领。只有全党本领不断增强了，'两个一百年'的奋斗目标才能实现，中华民族伟大复兴的'中国梦'才能梦想成真。"①

1949 年 3 月 23 日，七届二中全会结束后，党中央领导们动身前往北京。临行前毛泽东同志将这一天定为"进京赶考"的日子，从此开启了中国共产党人对"赶考"精神 70 多年的坚守和求索。2013 年 7 月 11～12 日，习近平同志再一次来到西柏坡，想起毛泽东同志当年对全党的谆谆告诫，不无感慨地说："当年党中央离开西柏坡时，毛泽东同志说是'进京赶考'。60 多年过去了，我们取得

① 《习近平谈治国理政》，外文出版社 2014 年版，第 402 页。

了巨大进步，中国人民站起来了，富起来了，但我们面临的挑战和问题依然严峻复杂，应该说，党面临的‘赶考’远未结束。”①时代是出卷人，我们是答卷人，人民是阅卷人。新时代我们又面临着新的答卷，能不能考出一个好成绩，关键就看执政本领的高低。

二、准确把握增强“八大本领”的内涵要求

在新时代，我们要适应党和国家工作的新进展，努力增强各方面本领，特别是党的十九大提出的学习本领、政治领导本领、改革创新本领、科学发展本领、依法执政本领、群众工作本领、狠抓落实本领、驾驭风险本领。这八大本领是新时代党的执政能力和领导水平的具体体现，具有丰富的内涵和具体的要求，必须深刻领会把握。

（一）增强学习本领

学习本领是前提、是基础，其他各项本领的提升都要通过学习本领的增强来实现。十九大报告指出，要在全党营造善于学习、勇于实践的浓厚氛围，建设马克思主义学习型政党，推动建设学习大国。面对日益复杂的形势和问题，唯有努力增强学习本领，才能避免“本领恐慌”。要把学习作为一种政治责任、一种精神追求、一种生活方式，不断接受马克思主义哲学智慧的滋养，自觉坚持和运用辩证唯物主义世界观和方法论，广泛学习各方面知识，做到学以益智、学以励志、学以立德、学以修身。我们正在从事的中国特色社会主义事业是伟大而波澜壮阔的，是前人没有做过的。因此，我们的学习应该是全面的、系统的、富有探索精神的，既要抓住学习重

① 《党面临的“赶考”远未结束——习近平再访西柏坡侧记》，2013 年 7 月 1 日，http://www.xinhuanet.com/politics/2013-07/13/c_116524927.htm。

点，也要注意拓展学习领域；既要向书本学习，也要向实践学习；既要向人民群众学习，向专家学者学习，也要向国外有益经验学习。经济、政治、历史、文化、社会、科技、军事、外交等方面的知识，领导干部要结合工作需要来学习，不断提高自己的知识化、专业化水平。当前，要认真学习习近平新时代中国特色社会主义思想，这是我们做好一切工作的看家本领，也是领导干部必须普遍掌握的工作制胜的看家本领。

（二）增强政治领导本领

政治领导本领是领导干部的立身之本，为政之要。十九大报告指出，要坚持战略思维、创新思维、辩证思维、法治思维、底线思维，科学制定和坚决执行党的路线方针政策，把党总揽全局、协调各方落到实处。党的政治建设落实到干部队伍建设上，就是要不断提高各级领导干部特别是高级干部把握方向、把握大势、把握全局的能力，辨别政治是非、保持政治定力、驾驭政治局面、防范政治风险的能力，使其善于从政治上分析问题、解决问题。这也是政治领导本领的核心能力。党员干部特别是领导干部要加强党性锻炼，不断提高政治觉悟和政治能力，把对党忠诚、为党分忧、为党尽职、为民造福作为根本政治担当，永葆共产党人政治本色。要坚持正确的政治立场和政治原则，遵守政治纪律和政治规矩，增强政治意识、大局意识、核心意识、看齐意识，坚决维护习近平同志党中央的核心、全党的核心地位，坚决维护党中央的权威和党的集中统一领导。

（三）增强改革创新本领

改革创新是党保持生机与活力的源泉，也是改革开放以来中国取得一切发展进步的根本动力和根本原因。十九大报告指出，要保持锐意进取的精神风貌，善于结合实际创造性推动工作，善于运用互联网技术和信息化手段开展工作。在新时代的征程上，党员干部一定要适应新时代中国特色社会主义事业发展进程，牢牢把握完善和发展中国特色社会主义制度、推进国家治理体系和治理能力现代化的总目标，统筹推进各领域各方面改革，不断推进理论创新、制度创新、科技创新、文化创新以及其他各方面创新，坚决破除一切不合时宜的思想观念和体制机制弊端，突破利益固化的藩篱，为决胜全面建成小康社会、开启全面建设社会主义现代化国家新征程提供强大动力。

（四）增强科学发展本领

发展是解决我国一切问题的基础和关键，发展必须是科学发展，必须坚定不移贯彻创新、协调、绿色、开放、共享的发展理念。十九大报告指出，要善于贯彻新发展理念，不断开创发展新局面。贯彻落实新发展理念，必须发挥改革的推动作用、法治的保障作用，中央关于全面深化改革的各项部署同贯彻落实新发展理念是贯通的，各级领导干部务必落实主体责任、抓好落实。要深入分析新发展理念对法治建设提出的新要求，深入分析在法治领域贯彻落实新发展理念遇到的突出问题，有针对性地采取对策措施，运用法治思维和法治方式贯彻落实新发展理念。新发展理念的提出，是对辩证法的运用；新发展理念的实施，离不开辩证法的指导，要用好辩证法，对贯彻落实新发展理念进行科学设计和施工。要把新发展理念贯穿领导活动全过程，落实到决策、执行、检查各项工作中，努力提高统筹贯彻新发展理念的能力和水平，不断开拓发展新境界。

（五）增强依法执政本领

依法执政是新的历史条件下党执政的基本方式。十九大报告指出，要加快形成覆盖党的领导和党的建设各方面的党内法规制度体系，加强和改善对国家政权机关的领导。加快形成党内法规制度体系，关键是要坚持依法治国与依规治党统筹推进、一体建设，坚持依法治国与依规治党有机统一，力争到建党100周年时形成比较完善的党内法规制度体系，不断提升制度执行力；加强和改善党对国家政权机关的领导，关键是要把党总揽全局、协调各方同人大、政府、政协、审判机关、检察机关依法依规履行职能、开展工作统一起来，善于通过国家政权机关实施党对国家和社会的领导。

（六）增强群众工作本领

做好群众工作，保持党同人民群众的血肉联系，是当前全党重大而紧迫的政治任务。十九大报告指出，要创新群众工作体制机制和方式方法，推动工会、共青团、妇联等群团组织增强政治性、先进性、群众性，发挥联系群众的桥梁纽带作用，组织动员广大人民群众坚定不移跟党走。为人民谋幸福，是中国共产党人的初心。我们要时刻不忘这个初心，永远把人民对美好生活的向往作为奋斗目标。要适应新形势下群众工作的新特点新要求，深入做好组织群众、宣传群众、凝聚群众、服务群众工作。要学会通过网络走群众路线。善于运用网络了解民意、开展工作，是新形势下领导干部做好工作的基本功。同时，遍布城乡的群团组织也要共同参与，为党的群众工作增添力量，各级党委和政府要为群团组织维权撑腰壮胆，加大对群团组织的支持力度，帮助群团组织在群众中树立威信。

（七）增强狠抓落实本领

抓落实，是党的政治路线、思想路线、群众路线的根本要求，也是衡量领导干部党性和政绩观的重要标志。十九大报告指出，要坚持说实话、谋实事、出实招、求实效，把雷厉风行和久久为功有机结合起来，勇于攻坚克难，以钉钉子精神做实做细做好各项工作。

贯彻落实党的十九大确定的目标任务，是各级党组织当前和今后一个时期抓落实的重点。要有真抓的实劲、敢抓的狠劲、善抓的巧劲、常抓的韧劲，要抓铁有痕、踏石留印地抓落实。要大兴调查研究之风，结合自身实际，把党中央提出的战略部署转化为本地区本部门的工作任务。要牢固树立全国一盘棋思想，以贯彻党中央决策部署为前提，确保党中央确定的目标任务和战略部署顺利实现。

（八）增强驾驭风险本领

“备豫不虞，为国常道。”十九大报告指出，要健全各方面风险防控机制，善于处理各种复杂矛盾，勇于战胜前进道路上的各种艰难险阻，牢牢把握工作主动权。面对波谲云诡的国际形势、复杂敏感的周边环境、艰巨繁重的改革发展稳定任务，我们既要有防范风险的先手，也要有应对和化解风险挑战的高招；既要打好防范和抵御风险的有准备之战，也要打好化险为夷、转危为机的战略主动战。对可能发生的各种风险，各级党委和政府要增强责任感和自觉性，把自己职责范围内的风险防控好，不能把防风险的责任都推给上面，也不能把防风险的责任都留给后面，更不能在工作中不负责任地制造风险。要加强对各种风险源的调查研判，提高动态监测、实时预警能力，推进风险防控工作科学化、精细化，对各种可能的风险及其原因都要做到心中有数、对症下药、综合施策，出手及时有力，力争把风险化解在源头，不让小风险演化为大风险，不让个别风险演化为综合风险，不让局部风险演化为区域性或系统性风险，不让经济风险演化为社会政治风险，不让国际风险演化为国内风险。

第二章　党的政治建设应摆在首位

旗帜鲜明讲政治是我们党作为马克思主义政党对自身的根本要求。党的十九大报告把党的政治建设纳入新时代党的建设总体布局，提出党的政治建设是党的根本性建设，强调把党的政治建设摆在首位，以政治建设统领新时代党的各项建设。这是党的建设思路和布局的重大创新，也是马克思主义党建理论的重大创新，对于坚持和加强党的全面领导、坚定不移推进全面从严治党，具有重大而深远的意义。

第一节　党的政治建设是党的根本性建设

政治建设是一个政党为了让自身变得更加坚强有力，而在政治方面所进行的一系列建设工作。具体来说，就是政党用一定的思想理论和方法，通过制定它在一定历史阶段的政治路线以及相应的方针政策来统一全党的思想和行动，确保全党沿着设定的政治方向前进，实现政党的纲领和目标的过程。对新时代的中国共产党来讲，政治建设就是要把准政治方向，坚持党的政治领导，夯实政治根基，涵养政治生态，防范政治风险，永葆政治本色，提高政治能力，为我们党不断发展壮大、从胜利走向胜利提供重要保证。

一、旗帜鲜明讲政治是对马克思主义政党的根本要求

政党是特定阶级利益的集中代表者，是有着共同政治纲领、政治路线、政治目标的政治组织。政治属性是政党的第一属性，政治建设是政党建设的根本性建设。任何政党都应重视政治、研究政治，都应按照政治规律进行政治活动。马克思主义政党作为无产阶级的政治代表，从产生到发展、从夺取政权到掌握政权、从组织形式到领导方式，其在各时期、各阶段、各环节、各方面的工作都带有鲜明的政治印记。从组建独立的无产阶级政党伊始，马克思主义创始人就将政治先进性作为马克思主义政党区别于其他政党的根本标志。恩格斯在《关于工人阶级的政治行动》中指出："应当从事的政治是工人的政治；工人的政党不应当成为某一个资产阶级政党的尾巴，而应当成为一个独立的政党，它有自己的目的和自己的政治。"①列宁也指出："一个阶级如果不从政治上正确地看问题，就不能维持它的统治，因而也就不能完成它的生产任务。"②

中国共产党作为马克思主义政党，从不讳言自己的政治属性和政治使命。《中国共产党章程》明确规定，中国共产党是中国工人阶级的先锋队，同时是中国人民和中华民族的先锋队，是中国社会主义事业的领导核心，党的最高理想和最终目标是实现共产主义。鲜明的政治属性和政治使命，昭示了我们党是一个具有崇高政治理想、高尚政治追求、严明政治纪律的马克思主义政党。可以

---

① 《马克思恩格斯全集》第 17 卷，人民出版社 1963 年版，第 449～450 页。

② 《列宁选集》第 4 卷，人民出版社 2012 年版，第 408 页。

说,我们党的先进性首先来源于政治上的先进性,体现在党的政治纲领、政治方向、政治立场、政治原则、政治纪律等各个方面。然而,党的先进性的建立不是一劳永逸的,它会受到各种风浪考验,受到各种错误思潮的侵袭。正如习近平同志所说:"马克思主义政党具有崇高政治理想、高尚政治追求、纯洁政治品质、严明政治纪律。如果马克思主义政党政治上的先进性丧失了,党的先进性和纯洁性就无从谈起。这就是我们把党的政治建设作为党的根本性建设的道理所在。"①

二、重视政治建设是我们党一以贯之的优良传统

从一定意义上说,中国共产党因政治而产生,为中国特色社会主义政治而发展,始终传承着讲政治的优良传统和优势。早在1929年古田会议上,毛泽东同志就提出思想建党、政治建军的重大政治原则,要求从思想上政治上把党的队伍组织起来、武装起来。他提出,"一个政党要引导革命到胜利,必须依靠自己政治路线的正确和组织上的巩固"②。"政治工作是一切经济工作的生命线"③,"没有正确的政治观点,就等于没有灵魂"④。改革开放以来,面对国际国内政治风云的变幻与挑战,我们党始终旗帜鲜明地讲政治。党中央多次强调讲政治的重要性,提出要坚持党在社会主义初级阶段"一个中心、两个基本点"的基本路线,强调这个基本路线是党和国家的生命线、人民的幸福线。邓小平同志反复告诫领导干部

---

① 习近平:《增强推进党的政治建设的自觉性和坚定性》,《求是》2019年第14期。
② 《毛泽东选集》第1卷,人民出版社1991年版,第303页。
③ 《毛泽东文集》第6卷,人民出版社1999年版,第449页。
④ 《毛泽东文集》第6卷,人民出版社1999年版,第226页。

要善于从政治上观察和处理问题，并强调“到什么时候都得讲政治”[①]。江泽民同志提出，领导干部一定要讲政治，并强调所说的政治，包括政治方向、政治立场、政治观点、政治纪律、政治鉴别力、政治敏锐性。在政治问题上，一定要头脑清醒。[②] 胡锦涛同志强调，要坚持正确政治方向、政治立场、政治观点，不断提高政治鉴别力和政治敏锐性。1995 年和 2005 年，党中央分别领导开展了以“讲学习、讲政治、讲正气”为主题的“三讲”教育活动和保持共产党员先进性教育活动，旨在使广大党员领导干部坚持正确的政治方向、政治立场、政治观点，不断提高政治鉴别力和政治敏锐性，始终保持共产党人的先进性。

党的十八大以来，以习近平同志为核心的党中央把党的政治建设摆在更加突出位置，我们党在坚定政治信仰、增强“四个意识”、维护党中央权威和集中统一领导、严明党的政治纪律和政治规矩、加强和规范新形势下党内政治生活、净化党内政治生态、正风肃纪、反腐惩恶等方面取得明显成效。习近平同志强调：“政治问题，任何时候都是根本性的大问题。”[③]“没有强有力的政治保证，党的团结统一就是一句空话。”[④]“政治纪律和政治规矩是党最根本、最重要的纪律，遵守政治纪律和政治规矩是遵守党的全部纪律的基础。”[⑤]这些重要思想和论述，既是对党的十八大以来党的建设成功经验的科学总结，又为党的政治建设注入了新时代的鲜明特色。中国特色社会主义进入新时代，面对错综复杂的国际形势和

---

① 《邓小平文选》第 3 卷，人民出版社 1993 年版，第 166 页。

② 参见《江泽民文选》第 1 卷，人民出版社 2006 年版，第 457 页。

③ 《习近平关于全面从严治党论述摘编》，中央文献出版社 2016 年版，第 87 页。

④ 《习近平关于全面从严治党论述摘编》，中央文献出版社 2016 年版，第 80 页。

⑤ 《习近平关于全面从严治党论述摘编》，中央文献出版社 2016 年版，第 80 页。

艰巨繁重的改革发展任务，我们党要以新气象新作为统揽推进伟大斗争、伟大工程、伟大事业、伟大梦想，就必须进一步凸显党的政治建设的根本性地位。

三、政治建设决定党的建设的方向和效果

新时代党的建设总体布局是一个有机整体。在党的十九大确定的新时代党的建设总要求中，强调把党建设成为始终走在时代前列、人民衷心拥护、勇于自我革命、经得起各种风浪考验、朝气蓬勃的马克思主义执政党。能否实现党的建设的目标，党的政治建设是关键。既要看政治建设的各项要求是不是真正落实到了思想建设、组织建设、作风建设、纪律建设、制度建设和反腐败斗争中，同时也要看党的其他建设的着眼点和落脚点是不是在政治建设上。

“党的政治建设是党的根本性建设，决定党的建设方向和效果。”[①]在党的建设总体布局中，政治建设是灵魂、是根基，是统领，对党的其他建设具有提纲挈领、纲举目张的作用。党的思想建设必须以坚定政治信仰为核心，党的组织建设必须以严格的政治标准为基础，党的作风建设必须以正确的政治价值为目标，党的纪律建设必须以严格政治纪律为底线，党的制度建设必须以构建制度体系为根本，反腐败斗争必须要以根治政治腐败为重点。党的政治建设是一个永恒课题。抓实抓好了党的政治建设，就把握住了政治立场、政治方向、政治原则、政治道路，党的建设就铸了魂、扎了根，对党的思想建设、组织建设、作风建设、纪律建设就可以起到

---

① 习近平：《决胜全面建成小康社会 夺取新时代中国特色社会主义伟大胜利——在中国共产党第十九次全国代表大会上的报告》，人民出版社2017年版，第62页。

纲举目张的作用。反之,忽视、弱化政治建设或者政治建设抓不好,党的其他建设就难以取得预期成效。实践证明,抓住了党的政治建设,就抓住了党的建设的灵魂和根本。

党的政治建设具有自身独立性,有其客观规律和内在逻辑。要搞好新时代党的政治建设,就要聚焦党的政治属性、政治使命、政治目标、政治追求,重点抓好四个方面任务:一是坚定政治信仰。这是党的政治建设的思想根基。坚持用党的科学理论武装头脑,最重要的就是用习近平新时代中国特色社会主义思想武装全党、教育人民。二是强化政治领导。这是党的政治建设的根本要求。要坚持和加强党的全面领导,完善党的领导体制,改进党的领导方式,承担起执政兴国的政治责任。三是提高政治能力。这是党的政治建设的关键。要提高各级各类组织和党员干部的政治能力,进一步增强党组织政治功能,彰显国家机关政治属性,发挥群团组织政治作用,强化国有企事业单位政治导向,不断提高党员干部特别是领导干部政治本领。四是净化政治生态。这是党的政治建设的基础性、经常性工作。要着力增强党内政治生活的政治性、时代性、原则性、战斗性,严明党的政治纪律和政治规矩,发展积极健康的党内政治文化,坚持选人用人要突出政治标准,永葆共产党人清正廉洁的政治本色,推动实现正气充盈、政治清明。

第二节　坚持党中央权威和集中统一领导

保证全党服从中央,坚持党中央权威和集中统一领导,是党的政治建设的首要任务。要管好我们这样一个大党、治理好我们这样一个大国,保证党的团结和集中统一至关重要,维护党中央权威至关重要。坚决维护以习近平同志为核心的党中央权威和集中统一领导，是新时代推进党和国家各项事业的根本保证。

一、坚持党中央权威和集中统一领导是马克思主义政党的一条基本原则

坚持党中央权威和集中统一领导，是一个成熟的马克思主义政党必须始终坚持的重大原则。马克思、恩格斯在领导工人运动和创立无产阶级政党的实践中，始终强调权威的必要性和重要性，反对不要任何权威的无政府主义。1873 年，恩格斯发表著名的《论权威》一文，认为权威和服从不是由人的主观愿望决定的，而是社会发展的客观要求。无产阶级无论是在革命时期还是在夺取政权以后，都必须维护无产阶级专政的权威。在总结巴黎公社失败教训时，马克思、恩格斯深刻指出："巴黎公社遭到灭亡，就是由于缺乏集中和权威。"①列宁也高度重视维护党的权威和革命领袖的权威。他严肃批评了俄国一些激进的知识分子提出的不要任何权威的主张，明确指出工人阶级要取得彻底解放，就必须有权威。正因为有布尔什维克党的集中统一领导，俄国才取得十月革命的胜利，创建了世界上第一个社会主义国家。而苏联解体的一个重要原因，就是苏共放弃了集中统一领导原则，致使这个大党老党轰然倒塌。

中国共产党是按照民主集中制原则组织起来的统一整体。早在革命战争年代，毛泽东同志就提出要把党建设成为"全国范围的、广大群众性的、思想上政治上组织上完全巩固的、布尔什维克化的中国共产党"②。新中国成立后，毛泽东同志指出："为了建设

① 《马克思恩格斯选集》第 4 卷，人民出版社 1995 年版，第 606 页。

② 《毛泽东选集》第 2 卷，人民出版社 1991 年版，第 652 页。

一个强大的社会主义国家，必须有中央的强有力的统一领导，必须有全国的统一计划和统一纪律，破坏这种必要的统一，是不允许的。"[①]在党的八大上，邓小平同志也鲜明指出，党是一个战斗的组织，没有集中统一的指挥，是不可能取得任何战斗胜利的，一切发展党内民主的措施都不是为了削弱党的必需的集中，而是为了给它以强大的生气勃勃的基础。党的历史和实践证明，坚决维护党中央权威、保证全党令行禁止，是党和国家前途命运所系，是全国各族人民根本利益所在。什么时候坚定维护党中央权威和集中统一领导，党的事业就不断取得胜利；离开了党中央权威和集中统一领导，党的领导就必然弱化，党的事业就必然遭受挫折。

党的十八大以来，面对严峻复杂的国内外形势，我们能战胜一系列重大风险挑战，推动党和国家事业取得历史性成就、发生历史性变革，根本原因就在于坚决维护习近平同志党中央的核心、全党的核心地位，坚决维护党中央权威和集中统一领导。新时代，我们要决胜全面建成小康社会，进而全面建设社会主义现代化强国，就必须进行具有许多新的历史特点的伟大斗争。只有保证全党服从中央、坚持党中央权威和集中统一领导，才能把全党的智慧和力量牢固凝聚起来，进而把全国各族人民紧密团结起来，形成万众一心、无坚不摧的力量。

二、坚决维护习近平同志党中央的核心、全党的核心地位

《中共中央关于加强党的政治建设的意见》指出，坚持和加强党的全面领导，最重要的是坚决维护党中央权威和集中统一领导；坚决维护党中央权威和集中统一领导，最关键的是坚决维护习近

① 《毛泽东文集》第7卷，人民出版社1999年版，第32页。

平总书记党中央的核心、全党的核心地位。一个国家、一个民族、一个政党，领导核心至关重要。对于领导核心，毛泽东同志指出："一个桃子剖开来有几个核心吗？只有一个核心。要建立领导核心，反对'一国三公'。"[①]邓小平同志指出："任何一个领导集体都要有一个核心，没有核心的领导是靠不住的。"[②]党的十八大以来，习近平同志带领全党全军全国各族人民开创了中国特色社会主义伟大事业和党的建设新的伟大工程新局面，在改革发展稳定、内政外交国防、治国治党治军等方面取得了一系列具有重大现实意义和深远历史意义的成就，实现了党和国家事业的继往开来。党的十八届六中全会明确习近平同志为党中央的核心、全党的核心，正式提出"以习近平同志为核心的党中央"，符合党、国家、人民的根本利益，是党心军心民心所向，也是中国共产党领导人民进行团结奋斗的现实战略选择。

党的十九大把习近平新时代中国特色社会主义思想写进党章，成为我们党的指导思想和行动指南。习近平新时代中国特色社会主义思想通过宪法修正案载入国家根本法，成为我国政治生活和社会生活的指导思想和行动指南。维护习近平同志党中央的核心、全党的核心地位，就要在思想上拥戴核心，在政治上维护核心，在行动上紧跟核心，更加自觉地在思想上、政治上、行动上与以习近平同志为核心的党中央保持高度一致。对习近平新时代中国特色社会主义思想要研机析理，深刻理解这个博大精深的思想体系所包含的科学思想方法，以全面增强执政本领，提升坚持和发展中国特色社会主义的能力。要通过学习，不断在解决改革发展稳

① 本书编写组编著:《十九大党章学习手册》，人民出版社 2017 年版，第 175 页。

② 《邓小平文选》第 3 卷，人民出版社 1993 年版，第 310 页。

定的重大问题、人民群众反映强烈的突出问题、党的建设面临的紧迫问题上取得新的突破，切实把学习成果转化为做好本职工作、推动事业发展的生动实践。

三、完善以民主集中制为核心的制度机制

坚决维护党中央权威和集中统一领导，需要全党同志高度的思想自觉和政治自觉，也需要有健全完善的制度机制作保障。我们党在不同历史时期，多次强调要以制度保证全党在重大问题上的统一行动，形成了一系列维护党中央权威和集中统一领导的制度和规矩。党的十八大以来，以习近平同志为核心的党中央坚持思想建党和制度治党同向发力，依法治国与制度治党、依规治党统筹推进、一体建设，在坚持党中央权威和集中统一领导方面，进一步完善以民主集中制为核心，衔接配套、运行有效的制度体系。陆续制定或修订了《中国共产党章程》《关于新形势下党内政治生活的若干准则》《中国共产党党内监督条例》《中共中央政治局关于加强和维护党中央集中统一领导的若干规定》《中国共产党重大事项请示报告条例》《中国共产党党组工作条例》等党内法规，从制度上保证党的领导全覆盖，保证党中央集中统一领导更加坚强有力。党中央还作出一系列重大制度性安排，如中央书记处和中央纪律检查委员会、全国人大常委会党组、国务院党组、全国政协党组、最高人民法院党组、最高人民检察院党组每年向中央政治局常委会、中央政治局报告工作，中央政治局同志每年向党中央和习近平总书记书面述职，健全一系列中央决策议事协调机构工作机制等，这些制度举措为全党在思想上、政治上、行动上同以习近平同志为核心的党中央保持高度一致提供了有力保证。

党的十九届四中全会是在世界发展面临百年未有之大变局、

我国正处于实现中华民族伟大复兴关键时期召开的一次重要会议。会议通过了《中共中央关于坚持和完善中国特色社会主义制度、推进国家治理体系和治理能力现代化若干重大问题的决定》,深刻回答了“坚持和巩固什么、完善和发展什么”这个重大政治问题。《决定》明确提出,要完善坚定维护党中央权威和集中统一领导的各项制度。健全党中央对重大工作的领导体制,强化党中央决策议事协调机构职能作用,完善推动党中央重大决策落实机制,严格执行向党中央请示报告制度,确保令行禁止。只要认真贯彻落实《决定》,健全维护党的集中统一的组织制度,形成党的中央组织、地方组织、基层组织上下贯通、执行有力的严密体系,就能为坚持党中央权威和集中统一领导提供重要制度保障。

四、发挥“关键少数”以上率下的示范带头作用

“人不率则不从,身不先则不信。”政治路线确定之后,干部就是决定的因素。在整个社会群体中,领导干部特别是高级领导干部是“关键少数”,虽然人数不多,但他们掌握着方方面面的权力,是党的路线方针政策的执行者、组织者、推动者,不仅对全党具有风向标作用,对全社会也是如此。坚持党中央权威和集中统一领导,必须从领导干部特别是高级领导干部做起。

抓“关键少数”,是党的十八大以来管党治党的重要经验。党的十八大以来,党中央反复强调领导干部特别是高级领导干部要自觉发挥表率作用。党的十八大召开不到一个月,2012 年 12 月 4 日,中央政治局会议就审议通过了《关于改进工作作风、密切联系群众的八项规定》。习近平同志说得非常明确,中央“八项规定”是一个切入口和动员令,是我们改进作风的第一步。在党的群众路线教育实践活动总结大会上,习近平同志强调:“正人必先正己,正

己才能正人。中央怎么做，上层怎么做，领导干部怎么做，全党都在看。首先从中央做起，各级主要领导亲自抓、作表率，是这次活动取得成效的关键。”①

全面从严治党之所以成效卓著，最重要的经验就是从上至下、以上率下。领导干部特别是高级领导干部以身作则、率先垂范，既是全面从严治党的经验启示，也是坚持党中央权威和集中统一领导的关键。维护党中央权威和集中统一领导，是党的领导的最高政治原则和根本政治规矩，是全党的共同责任。在当前复杂的国内外形势下，面对繁重的改革发展稳定任务，领导干部特别是高级领导干部，必须牢固树立政治意识、大局意识、核心意识、看齐意识，把维护党中央权威和集中统一领导作为最高政治原则和根本政治规矩来执行。要严守政治纪律，在政治方向、政治立场、政治言论、政治行为方面守好规矩，自觉坚持党的领导，自觉同党中央保持高度一致，自觉维护党中央权威。党中央提倡的坚决响应，党中央决定的坚决照办，党中央禁止的坚决杜绝，决不允许上有政策、下有对策，决不允许有令不行、有禁不止，决不允许在贯彻执行中央决策部署上打折扣。领导干部既有领导责任，还有示范责任。领导干部特别是高级领导干部，要清醒认识自己岗位的特殊重要性，切实增强自律意识、标杆意识、表率意识，以身作则、率先垂范。凡是要求党员、干部做到的，自己必须首先做到，凡是要求党员、干部不做的，自己必须首先不做，以形成一级做给一级看、一级带着一级干的良好氛围。

---

① 《习近平在党的群众路线教育实践活动总结大会上的讲话》，《人民日报》2014 年 10 月 9 日。

第三节　营造风清气正的良好政治生态

党的十九大报告指出："要尊崇党章，严格执行新形势下党内政治生活若干准则，增强党内政治生活的政治性、时代性、原则性、战斗性，自觉抵制商品交换原则对党内生活的侵蚀，营造风清气正的良好政治生态。"①加强党的政治建设，营造风清气正的政治生态是基础，要浚其源、涵其林，养正气、固根本，锲而不舍、久久为功，实现正气充盈、政治清明。

一、营造良好政治生态是党的建设的一项基础性、经常性工作

"蓬生麻中，不扶而直；白沙在涅，与之俱黑。"（《荀子·劝学》）政治生态是党风、政风、社会风气的综合反映，影响着党员干部的价值取向和从政行为。政治生态清明，从政环境就优良，人心就顺、正气就足，就能实现政通人和、安定有序；政治生态污浊，从政环境就恶劣，就会滋生权欲熏心、阳奉阴违、结党营私、团团伙伙、拉帮结派等一系列问题，侵蚀党的思想道德基础。2018 年 3 月，习近平同志在参加重庆代表团审议时指出："政治生态同自然生态一样，稍不注意就容易受到污染，一旦出现问题再想恢复就要付出很大代价。"②形成风清气正的政治生态，是旗帜鲜明讲政治、坚决维护党中央权威和集中统一领导的政治要求，是持之以恒正风肃纪、推动全面从严治党向纵深发展的迫切需要，是锻造优良党风政风、

---

① 习近平：《决胜全面建成小康社会 夺取新时代中国特色社会主义伟大胜利——在中国共产党第十九次全国代表大会上的报告》，人民出版社 2017 年版，第 62 页。

② 《坚定不移把全面从严治党引向深入——习近平总书记在参加重庆代表团审议时的重要讲话引起热烈反响》，2018 年 3 月 10 日，http://www.xinhuanet.com。

确保改革发展目标顺利实现的重要保障。

党的十八大以来,以习近平同志为核心的党中央坚定不移推进全面从严治党,集中整饬党风,严厉惩治腐败,党内政治生态明显好转。同时我们也要清醒认识到,“七个有之”等问题尚未从根本上得到解决,违背党的政治路线、破坏党内政治生态的问题依然存在,反腐败斗争形势依然严峻复杂,净化政治生态的任务依然艰巨繁重。我们党要团结带领人民进行伟大斗争、建设伟大工程、推进伟大事业、实现伟大梦想,就必须以风清气正的政治生态凝聚推动党和人民事业发展的强大能量。

二、严肃党内政治生活

严肃党内政治生活是营造良好政治生态的基础。习近平同志形象地指出:党内政治生活是锻炼党性、提高思想觉悟的熔炉。如果炉子长期不生火,或者生了火却没有足够的温度,那是炼不出钢来的。严肃党内政治生活,既是党的政治建设的重要任务,也是营造良好政治生态的基本途径、有力抓手。

首先,要尊崇党章,严格执行《关于新形势下党内政治生活若干准则》。党章是党的总章程,集中体现了党的性质和宗旨、党的理论和路线方针政策、党的重要主张,规定了党的重要制度和体制机制,是全党必须共同遵守的根本行为规范。没有规矩,不成方圆。党章是党的根本大法,是全党必须遵循的总规矩。严格执行《关于新形势下党内政治生活的若干准则》,对照《准则》的总体要求和十二项内容,逐一对照落实,着力提高党内政治生活质量,形成清清爽爽的同志间关系、规规矩矩的上下级关系、干干净净的政商关系,真正让党内政治生活严起来、实起来、活起来。

其次,要增强党内政治生活的政治性、时代性、原则性、战斗性。增强党内政治生活的政治性，就是党内政治生活要把握坚定正确的政治方向，引导党员、干部自觉维护党中央权威、维护党的团结和集中统一。增强党内政治生活的时代性，就是党内政治生活要紧跟时代步伐、聆听时代声音、回答时代课题，根据时代特点和党的队伍新变化，及时发现和解决党内出现的新问题，使党内政治生活始终充满活力。增强党内政治生活的原则性，就是党内政治生活要坚持党的政治原则、思想原则、组织原则、工作原则，按原则开展党的工作和活动，按原则处理党内各种关系，按原则解决党内矛盾和问题。增强党内政治生活的战斗性，就是党内政治生活要旗帜鲜明地坚持真理、修正错误，勇于开展批评和自我批评，使每个党组织都成为激浊扬清的战斗堡垒，使每个党员都成为扶正祛邪的战斗员。

最后，要用足用好批评和自我批评这个武器。批评和自我批评是进行“政治体检”、净化思想、解决矛盾的有效途径，也是加强和规范党内政治生活的重要手段。习近平同志在参加河北省委常委领导班子专题民主生活会时指出，我们党能够依靠自身力量解决自身问题，靠的是批评与自我批评。要处理好批评和自我批评的关系，不仅要敢于批评别人，更要敢于批评自己，对自身问题全面剖析，认真分析整改。要处理好批评和与人为善的关系，批评的重要目的是帮助同志改正缺点和错误，要实事求是、与人为善，切忌从个人恩怨、得失、利害、亲疏出发看事待人。正如习近平同志强调的，只要出于公心，态度诚恳，讲究方法，无论批评还是自我批评都是一剂良药，是对同志、对自己的真正爱护。

三、严明党的政治纪律和政治规矩

党的纪律是党的各级组织和全体党员必须遵守的行为规则，

是维护党的团结统一、完成党的任务的保证。党的规矩主要包括党章、党的纪律、国家法律以及党在长期实践中形成的优良传统和工作惯例。纪律是成文的规矩，一些未明文列入纪律的规矩是不成文的纪律。我们党长期形成的纪律和规矩，需要全党长期坚持并自觉遵守。

党的纪律是多方面的，政治纪律是党最根本、最重要的纪律，是净化政治生态的重要保证，是各级党组织和全体党员在政治方向、政治立场、政治言论、政治行为方面必须遵守的规矩。要把坚决做到"两个维护"作为首要政治纪律，教育督促党员干部始终对党忠诚老实，决不允许在重大政治原则问题上、大是大非问题上同党中央唱反调，搞自由主义。严格执行《中国共产党纪律处分条例》，严肃查处违反政治纪律的行为，通过严明政治纪律带动党的其他纪律严起来。坚持"五个必须"，即必须维护党中央权威，决不允许背离党中央要求另搞一套；必须维护党的团结，决不允许在党内培植个人势力；必须遵循组织程序，决不允许擅作主张、我行我素；必须服从组织决定，决不允许搞非组织活动；必须管好领导干部亲属和身边工作人员，决不允许他们擅权干政、谋取私利。严肃查处"七个有之"问题，把政治上蜕变的两面人及时辨别出来、清除出去，坚决防止党内形成利益集团攫取政治权力、改变党的性质，坚决防止山头主义和宗派主义危害党的团结、破坏党的集中统一。

四、发展积极健康的党内政治文化

营造良好政治生态，离不开党内政治文化的浸润滋养。党内政治文化就是一个政党在长期政治实践中形成的比较统一、稳定并被其成员自觉接受和践行的政治认知、政治信念、政治情感、政治态度、政治价值，主要表现在政治理想、政治立场、政治修养、政治象征、政治生活等方面。党内政治文化是政治生活的灵魂，对政治生态具有潜移默化的影响。党内政治文化积极健康，政治生态就会风清气正；党内政治文化出了问题，政治生态必然受到污染。

党内政治文化具有丰富的思想内涵，对此，习近平同志有过重要阐述，他指出："我们的党内政治文化，是以马克思主义为指导、以中华优秀传统文化为基础、以革命文化为源头、以社会主义先进文化为主体，充分体现中国共产党党性的文化。"[①]这些内涵相融相通、有机结合，既影响着全党同志的价值取向和行为方式，又从根本上影响着党内政治生态，构成了我们党独特的精神标识。党内政治文化建设是一个庞大而又复杂的系统工程，开展时不能"眉毛胡子一把抓"，必须综合施策、协作推进，开辟多措并举的实践路径。

首先，要倡导和弘扬忠诚老实、公道正派、实事求是、清正廉洁的共产党人价值观。共产党人价值观承载着共产党人的精神追求，体现着共产党人衡量是非曲直的价值标准。有了这个标准，人们就知道该追求什么、舍弃什么，遵循什么、反对什么。坚持共产党人价值观，就是要始终坚持马克思主义指导地位，坚持在党和人民伟大斗争中孕育形成的革命文化和社会主义先进文化。积极培养和践行社会主义核心价值观，让广大党员增强对党的政治文化认同。自觉廉洁自律、慎独慎微，正确对待公和私、义和利、是和非、苦和乐、亲和清等问题，不断涵养政治定力、纪律定力、道德定力、抵腐定力。

其次，要深入继承和发扬中华优秀传统文化。中华优秀传统文化，体现着中华民族的文化基因，是中国共产党人强大精神力量

---

① 本书编写组编著：《十九大党章学习手册》，人民出版社2017年版，第84页。

的“根”和“源”。要坚定文化自信,始终自觉学习、感悟、传承、弘扬中华文化,时常接受文化熏陶,善于运用中华优秀传统文化中凝结的哲学思想、人文精神、道德理念来明是非、辨善恶、知廉耻,做为政以德、正心修身的模范。

最后,要坚决抵制和反对庸俗腐朽的政治文化。加强党内政治文化建设,既要坚持正面引导,又要祛除沉疴毒瘤。坚决抵制和反对关系学、厚黑学、官场术、“潜规则”等庸俗腐朽的政治文化,反对当面一套、背后一套的两面人做派,反对拉帮结派的圈子文化、码头文化,反对明哲保身的“官场哲学”,自觉抵制商品交换原则对党内生活的侵蚀,不断涤荡歪风邪气。

五、突出政治标准选人用人

选人用人是政治生态的风向标。要坚持党管干部原则,贯彻新时期好干部标准,始终把政治标准放在第一位。什么是政治标准?习近平同志在十九届中央政治局第十次集体学习时强调:“选人用人必须把好政治关,把是否忠诚于党和人民,是否具有坚定理想信念,是否增强‘四个意识’、坚定‘四个自信’,是否坚决维护党中央权威和集中统一领导,是否全面贯彻执行党的理论和路线方针政策,作为衡量干部的第一标准。”[①]只有牢牢把握“五个是否”这个衡量干部的第一标准,才能把好政治关,建设好一支忠诚、干净、担当的高素质干部队伍。

《中共中央关于加强党的政治建设的意见》明确提出,选人用人要突出政治标准。注重选拔任用牢固树立“四个意识”、自觉坚

① 《习近平主持中共中央政治局第十次集体学习并讲话》,2018 年 11 月 26 日,http://www.gov.cn。

定“四个自信”、坚决做到“两个维护”、全面贯彻执行党的理论和路线方针政策、忠诚干净担当的干部，对政治不合格的干部实行“一票否决”，对已经在领导岗位的要坚决调整。严格执行《党政领导干部选拔任用工作条例》，在选人用人中进一步突出政治标准，强化政治把关。严格执行《党政领导干部考核工作条例》，优化领导干部政治素质识别和评价机制，强化对干部政治忠诚、政治定力、政治担当、政治能力、政治自律等方面的深入考察考核，坚决把政治上的两面人挡在门外。匡正选人用人风气，坚持不懈地整治选人用人上的不正之风，对任人唯亲、说情打招呼、跑官要官、买官卖官、拉票贿选等行为发现一起查处一起，对“带病提拔”的干部实行倒查，对政治标准把关不严的严肃处理。严格执行干部选拔任用工作纪实制度，对私自干预下级或者原任职地方和单位选人用人的，要记录在案并严肃追究责任。

六、永葆清正廉洁的政治本色

坚决反对腐败，建设廉洁政治，是营造良好政治生态的必要条件和重要任务。永葆清正廉洁的政治本色，需要强化不敢腐的震慑，扎牢不能腐的笼子，增强不想腐的自觉，通过不懈努力换来海晏河清、朗朗乾坤。

要强化不敢腐的震慑，就要坚持反腐败无禁区、全覆盖、零容忍，坚持重遏制、强高压、长震慑，运用监督执纪“四种形态”，重点查处党的十八大以来不收敛、不收手，问题线索反映集中、群众反映强烈，政治问题和经济问题交织的腐败案件，严肃查处违反中央“八项规定”精神的问题，持续保持反腐败高压态势。

要扎紧不能腐的笼子，就要健全党和国家监督体系，加强对权力运行的制约和监督，通过改革和制度创新切断利益输送链条。

特别要针对管人管钱管物管项目的单位和岗位，查找廉政风险点，通过科学管理、严格监督和发挥巡视利剑作用，切实管住权力，坚决反对特权行为和特权现象，让人民群众真正感受到清正干部、清廉政府、清明政治就在身边。

要增强不想腐的自觉，领导干部特别是高级干部就要带头加强党性修养，知敬畏、存戒惧、守底线，坚决防范被利益集团“围猎”，持之以恒锤炼政德，明大德、守公德、严私德，带头遵守《中国共产党廉洁自律准则》，注重家庭家教家风，自觉做廉洁自律、廉洁用权、廉洁齐家的模范。

第四节 不断提高政治能力

《中共中央关于加强党的政治建设的意见》指出：“加强党的政治建设，关键是要提高各级各类组织和党员干部的政治能力。”[①]提高政治能力是党的政治建设的关键所在，是党员干部必须忠实践行的政治要求。党员干部的政治能力如何，不仅仅是个人的事情，而是关系到党的事业发展、国家长治久安的重要问题。

一、政治能力是领导干部的第一能力

我们党对领导干部的要求，首先是政治上的要求，政治标准是衡量领导干部的首要标准。党组织选拔任用干部，首先要看干部政治上清醒不清醒、坚定不坚定，说到底就是要看其政治能力强不强。所以，讲干部素质，最重要的是政治素质；讲领导能力，第一位的是政治能力。我们党作为马克思主义政党，有着鲜明的政治理

① 《中共中央关于加强党的政治建设的意见》，《人民日报》2019年2月28日。

想和政治立场，有着严格的政治纪律和政治规矩，讲政治是我们党最本质的特征。讲政治不仅要有鲜明的政治态度，而且要有很强的政治能力。要把党建设得坚强有力、巩固党的执政地位，就必须有一大批政治能力很强的领导干部，有一支具有铁一般信仰、铁一般信念、铁一般纪律、铁一般担当的干部队伍。我们党强调党的中央委员会要成为马克思主义政治家集团，强调领导干部要政治强、业务精、作风正，忠诚、干净、担当，根本出发点就是为了提高党员干部队伍的政治能力，使其能够更好团结带领人民群众为实现党的目标任务而奋斗。

二、政治能力的丰富内涵

习近平同志明确指出："党的政治建设落实到干部队伍建设上，就要不断提高各级领导干部特别是高级干部把握方向、把握大势、把握全局的能力，辨别政治是非、保持政治定力、驾驭政治局面、防范政治风险的能力。提高政治能力，很重要的一条就是要善于从政治上分析问题、解决问题。"①这一重要论述，集中阐明了政治能力的本质内涵，是党员领导干部加强政治锻造、提高政治能力的重要遵循。

首先，要不断提高把握方向、把握大势、把握大局的能力。提高把握方向的能力，就是要坚守共产主义远大理想和中国特色社会主义共同理想、"两个一百年"奋斗目标，坚守党的基本理论、基本路线、基本方略，在谋划重大战略、制定重大政策、部署重大任务、推进重大工作时，自觉同党中央对表对标，校准自己的思想和行动，确保各项事业始终沿着正确政治方向前进。提高把握大势

① 习近平：《增强推进党的政治建设的自觉性和坚定性》，《求是》2019年第14期。

的能力，就是要深入学习马克思主义基本原理，掌握马克思主义世界观和方法论，善于从纷繁复杂的矛盾中把握规律，科学预见形势发展走势和隐藏其中的风险挑战；坚持把党和人民的事业放到历史长河和全球视野中来谋划，因势而谋、应势而动、顺势而为、因势利导，更好地推动事业发展。提高把握全局的能力，就是要坚持马克思主义唯物辩证法，以全面、系统、联系的观点来认识问题、分析问题、处理问题，通盘考虑、统筹谋划推进各项工作。特别是要自觉站在党和国家的政治大局上想问题、办事情，科学认识大局、全面把握大局、坚决服从大局，不折不扣地、创造性地贯彻执行党中央的路线方针政策和重大工作部署，确保局部服从全局。

其次，要不断提高辨别政治是非、保持政治定力、驾驭政治局面、防范政治风险的能力。提高辨别政治是非的能力，就是要时刻绷紧政治这根弦，不断增强政治警觉性和政治鉴别力，在政治是非面前时刻保持清醒的政治头脑和正确的政治方向，在大是大非面前旗帜鲜明，在错误言行面前敢于亮剑，在政治立场上坚如磐石。提高保持政治定力的能力，就是要在政治上站得稳、靠得住，对党忠诚老实，牢记政治信仰，坚定政治方向，时时处处听党指挥、为党尽责；特别是要把“两个维护”作为明确政治准则和根本政治要求，在政治立场、政治方向、政治原则、政治道路上同以习近平同志为核心的党中央保持高度一致。提高驾驭政治局面的能力，就是要强化守土有责、守土负责、守土尽责的意识，始终把维护党的政治纪律和政治规矩放在首位，贯彻总体国家安全观，落实党中央关于维护政治安全的各项要求，善于把控突发事件，将各种政治隐患化解在萌芽状态，维护安定团结的政治局面。提高防范政治风险的能力，就是要提高政治站位，增强忧患意识，科学预见形势发展走势和隐藏其中的风险挑战，在进行具有许多新的历史特点的伟大斗争中经受政治风浪考验，下好防范政治风险的先手棋，打好应对和化解政治风险的主动仗，不断开创事业发展新局面。

三、提高政治能力的重要途径

党员干部的政治觉悟和政治能力不是与生俱来的，也不是一劳永逸的。广大党员干部特别是党的高级干部必须把提高政治能力作为终身课题，更加自觉地在进行伟大斗争的实践中不断锤炼和提高政治能力。

（一）要不断锤炼对党忠诚的政治品格

不断锤炼对党忠诚的政治品格是对党员干部的基本政治要求，也是衡量党员干部政治能力的重要标尺。对马克思主义的信仰，对社会主义和共产主义的信念，是我们党的崇高政治理想，是中国共产党人的精神支柱。提高党员干部政治能力，补精神之“钙”尤为紧要，坚定理想信念一刻也不能放松。要增强政治意识、大局意识、核心意识、看齐意识，坚持党中央权威和集中统一领导，坚定执行党的政治路线，严格遵守政治纪律和政治规矩，在政治立场、政治方向、政治原则、政治道路上同党中央保持高度一致。

（二）要着力提升马克思主义理论素养

理论上成熟是政治上坚定的基础。领导干部提高政治能力，就要坚持把理论武装作为基础任务，把系统掌握马克思主义基本理论作为必修课，加强对马克思列宁主义、毛泽东思想的学习，加强对中国特色社会主义理论体系的学习，特别是要把深入学习贯彻习近平新时代中国特色社会主义思想作为重中之重。要深刻把握习近平新时代中国特色社会主义思想的核心要义和创新观点，深刻把握其重大政治意义、理论意义、实践意义，深刻把握蕴含其中的治国理政新理念新思想新战略，深刻把握贯穿其中的坚定信仰信念、鲜明人民立场、强烈历史担当、求真务实作风、勇于创新精神和科学方法论，提高运用新思想分析解决实际问题的水平。

（三）要自觉接受党内政治生活锻炼

党内政治生活是党员干部历练政治能力的大熔炉。只有炉火烧旺了，才能锻造出过硬的政治素质。党员干部要自觉接受党内政治生活锻炼，增强党内政治生活的政治性、时代性、原则性、战斗性。要严守党的政治纪律和政治规矩，认真执行民主集中制，把民主基础上的集中和集中指导下的民主有机结合起来，严格按程序办事、按规则办事、按集体意志办事，提高科学决策、民主决策、依法决策水平。要把批评和自我批评看作是进行"政治体检"，用足用好这个利器，以提高解决自身矛盾和问题的能力。要推动建设良好的党内政治文化，大力倡导和弘扬忠诚老实、光明坦荡、公道正派、实事求是、艰苦奋斗、清正廉洁等价值观，自觉同形形色色的特权思想和特权现象做斗争，自觉抵制权钱交易等各种不正之风，推动形成清清爽爽的同志间关系，形成规规矩矩的上下级关系，形成干干净净的政商关系。

（四）要增强做好群众工作的本领

民心是最大的政治，全心全意为人民服务是我们党的根本宗旨。党员干部提高政治能力，重要的是提高为人民服务的能力。习近平同志曾经深情讲过，当年在梁家河 7 年的插队生活，"让我懂得了什么叫实际，什么叫实事求是，什么叫群众，这是让我受益终生的东西"①。党员干部特别是领导干部，要切实解决好"为了谁、依靠谁、我是谁"的问题，站稳群众立场、增进群众感情，牢固树立以人民为中心的发展思想和工作导向，在联系服务群众中汲取

① 人民日报评论部:《习近平讲故事》，人民出版社 2017 年版，第 51～52 页。

智慧力量、增长政治才干。

（五）要在复杂斗争实践中积累政治经验

政治能力是在实践中砥砺磨炼出来的，只有经受风浪考验、经受急事难事锻炼，才能在历练中逐步变“老练”。党员干部尤其是领导干部要强化忧患意识、风险意识，增强政治敏锐性和政治鉴别力，对容易诱发政治问题特别是重大突发事件的敏感因素、苗头性倾向性问题，对意识形态领域各种错误思潮、模糊认识、不良现象，保持高度警惕，做到眼睛亮、见事早、行动快。要提高风险处置能力，及时阻断不同领域风险转换通道，防止非公共性风险扩大为公共性风险、非政治性风险演变为政治风险。要增强斗争精神，强化政治担当，敢于亮剑、善于斗争，在关键时刻要能站出来，面对各种急难险重任务要率先垂范、冲锋在前，以自己的实际行动向党和人民交出合格答卷。

第三章　抓好思想建设这个基础

思想建设是党的基础性建设。中国共产党自成立以来一直高度重视思想建设，把思想教育作为保持党员先进性、纯洁性的中心环节。进入新时代，我们党要团结带领人民赢得优势、赢得主动、赢得未来，始终成为时代先锋、民族脊梁，始终成为马克思主义执政党，自身就必须始终过硬，就必须用习近平新时代中国特色社会主义思想武装全党，教育引导全党不忘初心使命，勇于责任担当，以时不我待、只争朝夕的精神，奋力走好新时代的长征路。

第一节　思想建设是党的基础性建设

思想是行动的先导，理论是实践的指南。只有思想入脑、信念驻心，党员干部才会有高度的政治定力和明确的奋斗方向。回顾党的奋斗历程，习近平同志指出："我们党之所以能够不断历经艰难困苦创造新的辉煌，很重要的一条就是我们党始终重视思想建党、理论强党，坚持用科学理论武装广大党员、干部的头脑，使全党始终保持统一的思想、坚定的意志、强大的战斗力。”①

坚持思想建党，理论强党，持之以恒推动中国革命、建设和改革大发展，是我们党的建设的宝贵历史经验。

一、思想建党是马克思主义党建理论的基本原则

从马克思、恩格斯到列宁，都十分重视工人阶级政党的思想建设。马克思、恩格斯在创建无产阶级政党时尽管没有明确提出“思想建党”的问题，却强调“理论一经掌握群众，也会变成物质力量”②，指出只有掌握先进理论的无产阶级政党，才能带领广大群众为人类解放事业和共产主义奋斗。1847年，马克思、恩格斯指导创立了世界上第一个无产阶级政党——共产主义者同盟，受同盟的委托起草了同盟纲领《共产党宣言》。《共产党宣言》成为全世界工人阶级公认的共同纲领，也是马克思、恩格斯重视无产阶级政党理论武装的标志。马克思、恩格斯尤其注重从理论创新与理论批判角度来加强党的思想建设。一方面，他们反复强调理论创新的必要性。马克思、恩格斯指出：“我们的理论是发展着的理论，而不是必须背得烂熟并机械地加以重复的教条。”③他们总是随着形势变化不断修正自己过时的结论和观点，保证自己的思想理论始终是无产阶级政党行动的科学指南。另一方面，他们注重用科学理论来提高盟员思想水平。对工人运动中出现的错误思潮，诸如蒲鲁东为代表的小资产阶级改良主义、魏特林的空想共产主义进行彻底批判，帮助工人阶级政党划清思想界限。

列宁进一步丰富发展了马克思、恩格斯的思想建党理论。针

① 《习近平谈治国理政》第2卷，外文出版社2017年版，第67页。

② 《马克思恩格斯选集》第1卷，人民出版社2012年版，第9页。

③ 《马克思恩格斯选集》第4卷，人民出版社2012年版，第588页。

对当时经济派轻视思想理论的不良倾向，列宁强调了革命理论对党的建设的重要意义，他指出："没有革命理论，就不会有坚强的社会党，因为革命理论能使一切社会党人团结起来，他们从革命理论中能取得一切信念，他们能运用革命理论来确定斗争方法和活动方式。"①"只有以先进理论为指南的党，才能实现先进战士的作用。"②这种先进理论就是马克思主义。马克思主义为什么是先进理论？列宁给出的答案是："因为它第一次把社会主义从空想变成科学，给这个科学奠定了巩固的基础，指出了继续发展和详细研究这个科学所应遵循的道路。"③革命理论是革命行动的前提，列宁同时指出，从无产阶级运动的历史进程来看，革命理论与革命行动不会自然地结合在一起，客观存在着"两个不会自发"的现象。一是革命理论不会在工人运动中自发产生。自发的工人运动只会形成工联主义意识，社会主义思想学说是由先进的知识分子从经济、历史和哲学理论中创造出来的。二是社会主义觉悟不会在工人头脑中自发地形成。社会主义觉悟有赖于无产阶级政党对工人进行宣传、引导和外部灌输，只有这样才能把工人运动和社会主义有机结合起来。

二、思想建党是我们党的政治优势和光荣传统

指导思想是一个政党的精神旗帜。我们党从诞生之日起，就把马克思主义写在自己的旗帜上，把实现共产主义确立为最高理想，并在马克思主义政党建设理论的指导下，把思想建设作为党的基础性建设，增强了党的生命力和战斗力。中国共产党思想建党

① 《列宁选集》第1卷，人民出版社2012年版，第274页。
② 《列宁选集》第1卷，人民出版社2012年版，第312页。
③ 《列宁选集》第1卷，人民出版社2012年版，第273页。

的进程与救国、兴国、强国、复兴的历史进程相协调，与中国革命、建设、改革的辉煌成就相一致。

毛泽东同志基于对中国国情和党内本质矛盾的分析，高度重视思想建党。他有一个著名论断："掌握思想教育，是团结全党进行伟大政治斗争的中心环节。如果这个任务不解决，党的一切政治任务是不能完成的。"①由于当时中国的特殊国情，农民和小资产阶级出身的党员占了绝大多数，建设思想上政治上组织上完全巩固的、布尔什维克化的先进政党困难重重。毛泽东在《井冈山的斗争》中曾经这样说过："党在村落中的组织，因居住关系，许多是一姓的党员为一个支部，支部会议简直同时就是家族会议。在这种情形下，'斗争的布尔什维克党'的建设，真是难得很。"②在如此的历史条件下建设党，就决定了必须抓住党内无产阶级思想与非无产阶级思想，特别是与小资产阶级思想之间的矛盾，用无产阶级面貌去改造党，这样才能建设全国范围的、广大群众性的党。以毛泽东同志为主要代表的中国共产党人在古田会议上开辟了一条思想建党、政治建军的成功之路。古田会议科学分析了农民党员占多数的事实，依据马克思主义关于农民二重性的论断，提出了党内教育的内容方法，解决了从思想上保证党的先进性的根本问题，是中国共产党人思想建党的源头活水。抗日战争时期，又有大批的新党员入党，毛泽东指出："他们有很可爱的革命积极性，并愿意接受马克思主义的训练；但是，他们是带来了他们原来的不符合或不大符合于马克思主义的思想入党的。"③有鉴于此，毛泽东创造了马列主义思想教育的新形式即整风运动，延安整风成为我们党思想建

---

① 《毛泽东选集》第3卷，人民出版社1991年版，第1094页。

② 《毛泽东选集》第1卷，人民出版社1991年版，第74页。

③ 《毛泽东选集》第3卷，人民出版社1991年版，第1108页。

党的光辉范例。毛泽东著述了关于整风的系列著作，如《整顿党的作风》《反对党八股》《改造我们的学习》等，对建立马克思主义建党学说作出了卓越贡献。邓小平同志指出："正是因为毛泽东同志在延安整风中建立了完整的建党学说，并且用这个学说来教育我们全党、全军和人民，使我们建立了这么一个好的党，所以才取得抗日战争、解放战争的彻底胜利。"①

新中国成立后特别是改革开放后，中国共产党理论创新和理论武装紧密结合的思想建党模式愈加完善。社会主义建设时期的经验教训启示我们，对于马克思主义的坚持与发展、继承与创新是统一的，僵化、教条地看待马克思主义，会贻误甚至葬送我们的事业。邓小平同志指出："不以新的思想、观点去继承、发展马克思主义，不是真正的马克思主义者。"②我们党坚持把马克思主义基本原理同中国具体实际相结合，不断推进马克思主义中国化、时代化，形成了包括邓小平理论、"三个代表"重要思想、科学发展观和习近平新时代中国特色社会主义思想在内的中国特色社会主义理论体系。理论创新前进一步，理论武装跟进一步，党的事业就会前进一大步。改革开放以来，中国共产党不断丰富发展思想建党的具体实践，1983～1987 年开展了整党运动，1998～2000 年开展了"三讲"学习教育，2005～2006 年开展了保持共产党员先进性教育，2008～2010 年开展了深入贯彻落实科学发展观教育实践活动。中国共产党既善于理论创新，又善于运用理论创新成果教育全党，统一了全党思想，凝聚了全党力量，为党和国家事业发展提供了强大精神动力。

---

① 《邓小平文选》第 2 卷，人民出版社 1994 年版，第 44 页。

② 《邓小平文选》第 3 卷，人民出版社 1993 年版，第 292 页。

三、思想建党是新时代党的事业夺取新的伟大胜利的根本要求

党的十八大以来，以习近平同志为核心的党中央对思想建党理论有了新发展，提出了一系列新思想新观点，为新时代思想建党提供了根本遵循。习近平同志强调思想上的滑坡是最严重的病变，思想上如果松一寸，那么行动上就会散一尺，“思想教育要突出重点，加强党性和道德教育，引导党员、干部坚定理想信念，坚守共产党人精神追求”①。他同时强调思想建党有其内在规律性，思想认识问题一时解决了，不等于永远解决，就如房间需要经常打扫一样，“思想政治建设不可能毕其功于一役”②。需要持之以恒、坚持不懈，要有一股韧劲，要有一种恒心。党中央适时开展了一系列思想教育活动，推动全面从严治党向纵深发展。2013～2014 年，开展了党的群众路线教育实践活动，增强了全党的宗旨观念。2015 年，紧紧抓住领导干部这个关键少数，在县处级以上领导干部中开展了“三严三实”专题教育。2016 年，在全体党员中开展了“两学一做”学习教育。2017 年，推进“两学一做”学习教育常态化制度化，推动党内教育从“关键少数”向广大党员拓展，从集中性教育向经常性教育延伸。这些学习教育活动，突出问题导向，要求带着问题学，针对问题改，划出党员干部做人做事底线，树立合格标尺。全党的“四个意识”不断增强，“四个自信”进一步坚定，“四个服从”成为普遍自觉，思想行动高度统一。

只有筑牢全面从严治党的精神根基，才能推动全党更加自觉地为实现新时代党的历史使命不懈奋斗。要实现伟大梦想，进行

---

① 中共中央纪律检查委员会、中共中央文献研究室编：《习近平关于党风廉政建设和反腐败斗争论述摘编》，中央文献出版社、中国方正出版社 2015 年版，第 147 页。

② 《习近平谈治国理政》第 2 卷，外文出版社 2017 年版，第 172 页。

伟大斗争，推进伟大事业，就必须深刻认识和解决党的建设这一新的伟大工程面临的挑战。从国际方面看，世界多极化、经济全球化、文化多样化、社会信息化浪潮此起彼伏，西方敌对势力的思想文化、意识形态渗透花样翻新，试图通过“没有硝烟的战争”瓦解党执政的思想根基。习近平同志警示我们：“我们有些人甚至党内有的同志却没有看清这里面暗藏的玄机，认为西方‘普世价值’经过了几百年，为什么不能认同？西方一些政治话语为什么不能借用？接受了我们也不会有什么大的损失，为什么非要拧着来？有的人奉西方理论、西方话语为金科玉律，不知不觉成了西方资本主义意识形态的吹鼓手。”[①]党的思想根基一旦动摇了，其结果只能是被西化、分化与和平演变。从国内方面看，市场经济是一把“双刃剑”，商品交换原则对党内生活的侵蚀不可避免。社会发展带来的日益多样化的价值取向，正在影响着部分党员的行为方式。党员队伍新陈代谢加快，党员民主平等意识不断增强，使传统组织方式和组织权威受到冲击。习近平同志严肃指出：“现实生活中，一些党员、干部出这样那样的问题，说到底是信仰迷茫、精神迷失。”[②]思想是行动的先导，是一切实践活动的灵魂。思想的田野，真理不去占领，就会杂草丛生；心灵的家园，阳光不去播撒，就会霉菌疯长。因此，思想建党没有完成时，只有进行时，要不断对党员进行思想洗礼，使全党始终保持统一的思想、高昂的斗志，朝着实现中华民族伟大复兴的宏伟目标奋勇前进。

---

① 《习近平谈治国理政》第 2 卷，外文出版社 2017 年版，第 327 页。

② 《习近平谈治国理政》，外文出版社 2014 年版，第 15 页。

第二节　把坚定理想信念作为思想建设的首要任务

习近平同志指出："坚定理想信念，坚守共产党人精神追求，始终是共产党人安身立命的根本。"[①]无数事实表明，理想信念动摇是最危险的动摇，理想信念滑坡是最危险的滑坡。全党同志必须把对马克思主义的信仰、对社会主义和共产主义的信念作为毕生追求，积极改造主观世界，坚定"四个自信"，永远为了真理而奋斗，永远为了理想而奋斗。

一、坚定对马克思主义的信仰

马克思主义指明了人类探索历史规律与寻求自身解放的道路。习近平同志指出："在人类思想史上，就科学性、真理性、影响力、传播面而言，没有一种思想理论能达到马克思主义的高度，也没有一种学说能像马克思主义那样对世界产生了如此巨大的影响。这体现了马克思主义的巨大真理威力和强大生命力，表明马克思主义对人类认识世界、改造世界、推动社会进步仍然具有不可替代的作用。"[②]马克思和恩格斯以深刻的思想力量对所处时代进行考察，在付出了常人不可想象的艰辛后，最终达到了光辉顶点，创立了马克思主义科学理论体系。马克思和恩格斯博大精深的思想是人类思想史上难以逾越的高峰，马克思主义源于那个时代又超越了那个时代，既是那个时代精神的精华又是整个人类精神的精华。列宁指出："凡是人类社会所创造的一切，他都有批判地重

---

① 《习近平谈治国理政》，外文出版社 2014 年版，第 15 页。

② 《习近平谈治国理政》第 2 卷，外文出版社 2017 年版，第 65 页。

新加以探讨,任何一点也没有忽略过去。凡是人类思想所建树的一切,他都放在工人运动中检验过,重新加以探讨,加以批判,从而得出了那些被资产阶级狭隘性所限制或被资产阶级偏见束缚住的人所不能得出的结论。”[①]马克思主义是科学的理论,指明了人类从必然王国向自由王国飞跃的途径;马克思主义是人民的理论,指明了依靠人民推动历史前进的人间正道;马克思主义是实践的理论,指引着人民改造世界的行动;马克思主义是发展开放的理论,它并没有结束真理,而是开辟了在实践中不断探求真理的道路。在马克思主义影响下,工人运动风起云涌,各国无产阶级和劳动人民为了求得自身解放不懈斗争,极大改变了整个世界历史格局。在西方资本主义世界,正是由于马克思和恩格斯对资本主义不屈不挠的批判与斗争,资本主义国家的阶级矛盾才在某种程度上得到缓和,无产阶级与普通民众才有今天的生活。德国作家海因里希·伯尔在《假如没有马克思》中指出,没有马克思的理论,没有马克思为未来斗争所制定的路线,几乎不可能取得任何的社会进步。[②]

马克思主义推动了中华民族伟大复兴的历史进程。马克思、恩格斯在他们的研究中,充分肯定中华文明对人类文明进步的伟大贡献,甚至科学预见了“中国社会主义”的出现。没有马克思主义,就没有中国共产党,就没有中国今天的巨大进步。中国共产党为什么要高举马克思主义伟大旗帜?就是因为从1840年鸦片战争到1919年五四运动70多年间,中国人没有什么思想武器可以推翻“三座大山”,毛泽东同志指出:“不得已,中国人被迫从帝国主义的老家即西方资产阶级革命时代的武器库中学来了进化论、天

---

① 《列宁选集》第4卷,人民出版社2012年版,第284～285页。

② 参见[德]海因里希·伯尔:《假如没有马克思》,袁志英等编:《伯尔文论》,三联书店1996年版,第60页。

赋人权论和资产阶级共和国等项思想武器和政治方案，组织过政党，举行过革命，以为可以外御列强，内建民国。但是这些东西也和封建主义的思想武器一样，软弱得很，又是抵不住，败下阵来，宣告破产了。”[①]俄国十月革命后中国人学得了马克思列宁主义，“我们的党从它一开始，就是一个以马克思列宁主义的理论为基础的党，这是因为这个主义是全世界无产阶级的最正确最革命的科学思想的结晶”[②]。从此中国人在精神上就由被动转入主动，中国开始了真正意义上民族复兴的历史巨变，“伟大的胜利的中国人民解放战争和人民大革命，已经复兴了并正在复兴着伟大的中国人民的文化”[③]。90多年来，马克思主义使中华民族迎来了从站起来到富起来到强起来的伟大飞跃，创造了人类社会发展史上的奇迹。在纪念马克思诞辰200周年大会上，习近平同志强调中国共产党的命运、中国人民的命运、中华民族的命运已经同马克思主义紧紧联系在一起，他指出：“历史和人民选择马克思主义是完全正确的，中国共产党把马克思主义写在自己的旗帜上是完全正确的，坚持马克思主义基本原理同中国具体实际相结合、不断推进马克思主义中国化时代化是完全正确的！”[④]马克思主义是中国共产党人理想信念的灵魂，任何时候任何情况下都不能动摇，全体党员必须自觉做马克思主义的忠诚信奉者、坚定实践者。

二、坚定对共产主义的信念

马克思科学揭示了人类社会最终走向共产主义的必然趋势。

① 《毛泽东选集》第4卷，人民出版社1991年版，第1514页。
② 《毛泽东选集》第3卷，人民出版社1991年版，第1093页。
③ 《毛泽东选集》第4卷，人民出版社1991年版，第1516页。
④ 习近平：《在纪念马克思诞辰200周年大会上的讲话》，《人民日报》2018年5月5日。

马克思、恩格斯坚信,未来的社会将是这样的社会,“代替那存在着阶级和阶级对立的资产阶级旧社会的,将是这样一个联合体,在那里,每个人的自由发展是一切人的自由发展的条件”①。共产主义社会是人类社会发展的最理想状态,是在高度发达社会生产力和最广泛共识基础上,实行各尽所能、各取所需原则的社会形态。共产主义社会在现实中发生,在现实中进行,在现实中实现。只要人民成为自己的主人、社会的主人、人类社会发展的主人,共产主义理想就一定能够在不断改变现存状况的现实运动中一步一步实现。中国共产党人相信共产主义社会是人类有史以来最进步、最合理、最美好的社会制度,就如毛泽东同志期待的那样:“正以排山倒海之势,雷霆万钧之力,磅礴于全世界,而葆其美妙之青春。中国自有科学的共产主义以来,人们的眼界是提高了,中国革命也改变了面目。”②理想之光不灭,信念之光就不会灭,共产主义理想是共产党人的精神之基、力量之源。邓小平同志指出:“为什么我们过去能在非常困难的情况下奋斗出来,战胜千难万险使革命胜利呢?就是因为我们有理想,有马克思主义信念,有共产主义信念。我们干的是社会主义事业,最终目的是实现共产主义。”③共产党的先进性、纯洁性,就在于要认清人类社会最终走向共产主义的历史潮流,为实现共产主义努力奋斗。

要始终坚持共产主义远大理想和中国特色社会主义共同理想的有机统一。共产主义远大理想是我们的最终目标,中国特色社会主义共同理想是我们的阶段性目标,中国共产党是阶段性理想和最终理想的统一论者。早在 1940 年写的《新民主主义论》中,在

---

① 《马克思恩格斯选集》第 1 卷,人民出版社 2012 年版,第 422 页。

② 《毛泽东选集》第 2 卷,人民出版社 1991 年版,第 686 页。

③ 《邓小平文选》第 3 卷,人民出版社 1993 年版,第 110 页。

论述新民主主义革命所要建立的新社会制度时，毛泽东同志就指出："谁人不知，关于社会制度的主张，共产党是有现在的纲领和将来的纲领，或最低纲领和最高纲领两部分的。在现在，新民主主义，在将来，社会主义，这是有机构成的两部分，而为整个共产主义思想体系所指导的。"①我国各族人民在社会主义初级阶段的共同理想，就是把我国建设成为富强、民主、文明、和谐、美丽的社会主义现代化强国。共同理想是一个具体的阶段性理想，实现共同理想是实现共产主义理想的必要准备。实现最高理想，是实现共同理想的最终趋势，共同理想的实现，始终离不开共产主义这个远大目标的导航。在现阶段，我们坚持和发展中国特色社会主义，就是向着共产主义远大理想进行的实实在在的努力。习近平同志从辩证唯物主义和历史唯物主义的高度严厉批评了在对待共产主义崇高理想上的"一蹴而就论"和"虚无缥缈论"。他深刻指出："共产主义决不是'土豆烧牛肉'那么简单，不可能唾手可得、一蹴而就，但我们不能因为实现共产主义理想是一个漫长的过程，就认为那是虚无缥缈的海市蜃楼，就不去做一个忠诚的共产党员。革命理想高于天。实现共产主义是我们共产党人的最高理想，而这个最高理想是需要一代又一代人接力奋斗的。"②理想高于天，工作重于地。缺乏远大理想，算不上合格的共产党员，而离开眼前工作空谈远大理想，同样不是合格的共产党员。习近平同志强调："衡量一名共产党员、一名领导干部是否具有共产主义远大理想，是有客观标准的，那就要看他能否坚持全心全意为人民服务的根本宗旨，能否吃苦在前、享受在后，能否勤奋工作、廉洁奉公，能否为理想而奋

---

① 《毛泽东选集》第2卷，人民出版社1991年版，第686页。

② 《习近平谈治国理政》第2卷，外文出版社2017年版，第142～143页。

不顾身去拼搏、去奋斗、去献出自己的全部精力乃至生命。”[①]全体共产党员要时刻保持建党时的奋斗精神，把远大理想和本职工作结合起来，在顺境中不骄傲不自满，在逆境中不动摇不消沉，永葆共产党人的初心使命。

三、坚定中国特色社会主义“四个自信”

历史和现实一再表明，只有社会主义才能救中国，只有中国特色社会主义才能发展中国。习近平同志指出：“中国特色社会主义是改革开放以来党的全部理论和实践的主题，全党必须高举中国特色社会主义伟大旗帜，牢固树立中国特色社会主义道路自信、理论自信、制度自信、文化自信，确保党和国家事业始终沿着正确方向胜利前进。”[②]自信是开拓奋进的强大动力，是通往光明的精神支撑。

（一）要坚定中国特色社会主义道路自信

中国特色社会主义道路是深厚历史渊源与广泛现实基础的结晶，习近平同志强调：“这条道路来之不易，它是在改革开放 30 多年的伟大实践中走出来的，是在中华人民共和国成立 60 多年的持续探索中走出来的，是在对近代以来 170 多年中华民族发展历程的深刻总结中走出来的，是在对中华民族 5000 多年悠久文明的传承中走出来的。”[③]中国特色社会主义道路是中国共产党在遵循科学社会主义基本原则的前提下，从中国基本国情出发，深刻吸取社会主义建设正反两方面经验教训，领导全国人民经过长期探索开辟出来的。从国家发展道路的选择上来看，这条道路既不是“传统

① 《习近平谈治国理政》，外文出版社 2014 年版，第 23～24 页。

② 《习近平谈治国理政》第 2 卷，外文出版社 2017 年版，第 59 页。

③ 《习近平谈治国理政》，外文出版社 2014 年版，第 39～40 页。

的”,也不是“外来的”,更不是“西化的”,而是我们“独创的”。这条道路,既牢牢坚持社会主义性质,体现了社会主义的共性,又能有效解决今天中国面临的问题,体现了区别于其他社会主义国家的中国特色。道路决定命运,信心凝聚力量。习近平同志指出:“我们走自己的路,具有无比广阔的舞台,具有无比深厚的历史底蕴,具有无比强大的前进定力。中国人民应该有这个信心,每一个中国人都应该有这个信心。”①当代中国的发展进步使我们有充分的理由坚信,中国特色社会主义道路是适合中国的国家富强之路、民族振兴之路、人民幸福之路。

(二)要坚定中国特色社会主义理论自信

中国特色社会主义理论体系是指导党和人民实现中华民族伟大复兴的正确理论,是一脉相承又与时俱进的理论体系。一方面,这个理论体系是“一脉相承”的。马克思列宁主义、毛泽东思想是其共同的理论源泉,凝结了几代中国共产党人不懈探索实践的智慧。习近平同志指出:“坚持和发展中国特色社会主义是一篇大文章,邓小平同志为它确定了基本思路和基本原则,以江泽民同志为核心的党的第三代中央领导集体、以胡锦涛同志为总书记的党中央在这篇大文章上都写下了精彩的篇章。现在,我们这一代共产党人的任务,就是继续把这篇大文章写下去。”②另一方面,这个理论体系又是“与时俱进”的。它着眼于改革发展的不同阶段,侧重探索不同重大问题,邓小平理论提出并初步回答了“什么是社会主义、怎样建设社会主义”;“三个代表”重要思想,创造性地回答了“建设什么样的党、怎样建设党”;科学发展观则正确回答了“实现

---

① 《习近平谈治国理政》,外文出版社2014年版,第29页。

② 《习近平谈治国理政》,外文出版社2014年版,第23页。

什么样的发展、怎样发展”。习近平新时代中国特色社会主义思想实现了马克思主义中国化的新飞跃，有针对性地回答了“新时代坚持和发展什么样的中国特色社会主义、怎样坚持和发展中国特色社会主义”。中国特色社会主义理论体系是中国化的科学社会主义，是科学社会主义理论在中国的创造性应用和发展。实践无止境，理论创新就无止境，我们要更加深入地推动马克思主义同当代中国具体实际相结合。毛泽东同志在《实践论》中说过：“客观现实世界的变化运动永远没有完结，人们在实践中对于真理的认识也就永远没有完结。”[①]我们应有高度理论自觉和理论自信，不断提高马克思主义理论水平和思想觉悟，坚持问题导向，坚持以我们正在做的事情为研究对象，不断开辟马克思主义在中国发展的新境界。

（三）要坚定中国特色社会主义制度自信

习近平同志在庆祝中国共产党成立 95 周年大会上强调：“中国特色社会主义制度是当代中国发展进步的根本制度保障，是具有鲜明中国特色、明显制度优势、强大自我完善能力的先进制度。”[②]这一制度体现了人民当家作主的本质要求，使中国完成了从封建专制向人民民主的伟大转变，赢得了人民的支持认可。这一制度顺应时代发展潮流，具有强大的包容性和自我完善能力，实现了比以往阶级社会更高的社会和谐。邓小平同志曾充满信心地展望：“我们的制度将一天天完善起来，它将吸收我们可以从世界各国吸收的进步因素，成为世界上最好的制度。”[③]适合的才是最好的，中国特色社会主义制度形成发展的历史证明，这一制度是在中国社会土壤中生长起来的，具有强大生命力。我们必须坚定制度

① 《毛泽东选集》第 1 卷，人民出版社 1991 年版，第 296 页。
② 《习近平谈治国理政》第 2 卷，外文出版社 2017 年版，第 36 页。
③ 《邓小平文选》第 2 卷，人民出版社 1994 年版，第 337 页。

自信,不照抄照搬别国的制度模式,不接受任何西方势力的说教。习近平同志深刻指出:“制度自信不是自视清高、自我满足,更不是裹足不前、固步自封,而是要把坚定制度自信和不断改革创新统一起来,在坚持根本政治制度、基本政治制度的基础上,不断推进制度体系完善和发展。”[①]要不断完善中国特色社会主义制度,让制度更加成熟定型,让治理更有水平,充分彰显中国特色社会主义制度优势。

(四)要坚定中国特色社会主义文化自信

文化是一个国家最深厚的软实力,是凝聚民族精神的血脉灵魂。习近平同志认为坚定中国特色社会主义道路自信、理论自信、制度自信,说到底是要坚定文化自信。文化自信为道路自信、理论自信、制度自信提供智力支持和价值支撑,是根基和源泉。习近平同志对文化自信进行了深刻阐释:“文化自信,是更基础、更广泛、更深厚的自信。在5000多年文明发展中孕育的中华优秀传统文化,在党和人民伟大斗争中孕育的革命文化和社会主义先进文化,积淀着中华民族最深层的精神追求,代表着中华民族独特的精神标识。”[②]文化自信成为继道路自信、理论自信和制度自信之后,中国特色社会主义的“第四个自信”。中国特色社会主义文化既包含近现代革命文化和社会主义先进文化,还包含中华优秀传统文化。中华优秀传统文化是中华文明共同的精神记忆和文化基因,是民族凝聚力的精神纽带。革命文化和社会主义先进文化是中华民族新文化的代表,是中华优秀传统文化的创造性转化和创新性发展,代表了当代中国文化发展的最高成就。中国特色社会主义文化是

① 《习近平谈治国理政》第2卷,外文出版社2017年版,第289页。
② 《习近平谈治国理政》第2卷,外文出版社2017年版,第36页。

推动中国发展进步的内生动力，是凝神聚气的兴国之魂和强国之魂。没有高度的文化自信，没有文化的繁荣兴盛，就没有中华民族伟大复兴。坚定文化自信，要不忘本来、吸收外来、面向未来，建设社会主义文化强国，不断铸就中华文化新辉煌，让中华民族以更加坚定的“四个自信”屹立于世界民族之林。

第三节 用习近平新时代中国特色社会主义思想武装全党

习近平新时代中国特色社会主义思想是划时代的思想火炬，是当代中国马克思主义、21 世纪马克思主义，是我们党高举中国特色社会主义伟大旗帜最重要的昭示，反映了全党共同意志和全社会共同意愿。坚持用习近平新时代中国特色社会主义思想武装全党，是一项重大的战略任务。

一、深刻认识用习近平新时代中国特色社会主义思想武装全党的重大意义

习近平新时代中国特色社会主义思想是新时代坚持和发展中国特色社会主义的强大思想武器。这一思想提出于党的十九大，其科学内涵形成于十八大以来党的创造性实践经验的升华；把握了党所处历史方位发生的深刻变化，从理论和实践的结合上系统回答了新时代坚持和发展什么样的中国特色社会主义、怎样坚持和发展中国特色社会主义这个重大时代课题，为我们坚持和发展中国特色社会主义提供了科学指引。习近平新时代中国特色社会主义思想实现了马克思主义基本原理同中国实际相结合的又一次历史性飞跃，具有鲜明的创新性、时代性、科学性，成功开辟了中国特色社会主义新境界、开辟了治国理政新境界、开辟了管党治党新

境界。只有长期坚持并不断发展习近平新时代中国特色社会主义思想,才能在纷繁复杂的形势下保持正确前进方向,才能带领人民走对路,以永不懈怠的精神状态把中国特色社会主义推向新境界。

习近平新时代中国特色社会主义思想,是实现"两个一百年"奋斗目标、实现中华民族伟大复兴中国梦的强大精神力量。我们正处在即将实现第一个百年奋斗目标并向第二个百年奋斗目标迈进的关键节点,比历史上任何时期都更接近实现中华民族伟大复兴的目标。但是,中华民族伟大复兴,绝不是轻轻松松、敲锣打鼓就能实现的,必须进行伟大斗争、建设伟大工程、推进伟大事业。习近平新时代中国特色社会主义思想,把握中华民族传承发展的历史逻辑,鲜明提出了中国梦这个重大命题,深刻阐述了民族复兴的基本内涵,科学规划了民族复兴的实现路径和战略步骤,承载着中华文明再创辉煌的历史责任。在十三届全国人大一次会议闭幕会上的重要讲话中,习近平同志论述了中国人民在长期奋斗中培育、继承、发展起来的伟大民族精神,强调要始终发扬伟大创造精神、伟大奋斗精神、伟大团结精神、伟大梦想精神。伟大复兴的光明前景需要伟大民族精神的支撑,习近平新时代中国特色社会主义思想是中国伟大民族精神的时代精华,它吹响了全党全国各族人民向民族复兴进军的号角。全党只有用习近平新时代中国特色社会主义思想武装起来,才能更加坚定实现宏伟蓝图的决心,统筹推进社会革命和自我革命,保持政治定力、战略定力,走好自己的路,办好中国的事,迈向民族复兴的伟大征程。

习近平新时代中国特色社会主义思想,是推动全面从严治党向纵深发展的强大行动指南。进行具有许多新的历史特点的伟大斗争,实现党的十九大确定的各项目标任务,关键在党,关键在领导干部,邓小平同志告诉我们:"中国的事情能不能办好,社会主义和改革开放能不能坚持，经济能不能快一点发展起来，国家能不能长治久安，从一定意义上说，关键在人。”[①]习近平同志尖锐地指出，我们大多数干部理想信念是坚定的，政治上是可靠的，同时在我们的干部队伍中，“有的是非观念淡薄、原则性不强、正义感退化，糊里糊涂当官，浑浑噩噩过日子；有的甚至向往西方社会制度和价值观念，对社会主义前途命运丧失信心；有的在涉及党的领导和中国特色社会主义道路等原则性问题的政治挑衅面前态度暧昧、消极躲避、不敢亮剑，甚至故意模糊立场、耍滑头，等等”[②]。一个时期以来，一些地方和单位治党不严、管党不力，严重损害党的形象，侵蚀党的执政基础。历史和现实都一再证明，一个执政党进行社会革命不容易，进行自我革命更不容易，而不进行自我革命就必然被历史所淘汰。彻底解决党内存在的各种问题绝非朝夕之功，全面从严治党永远在路上。深入学习实践习近平新时代中国特色社会主义思想，才能为实现管党有方、治党有力、建党有效提供科学指南，展现新时代马克思主义执政党强大的战斗力，确保党始终成为中国特色社会主义事业的坚强领导核心。

二、全面准确把握习近平新时代中国特色社会主义思想的科学体系

准确把握习近平新时代中国特色社会主义思想的核心要义，即坚持和发展中国特色社会主义。江河万里总有源，树高千尺总有根。中国特色社会主义，是党和人民历尽千辛万苦、付出巨大代价取得的根本成就。坚持和发展中国特色社会主义是一项长期艰

---

① 《邓小平文选》第 3 卷，人民出版社 1993 年版，第 380 页。

② 《习近平谈治国理政》，外文出版社 2014 年版，第 414 页。

巨的历史任务,邓小平同志强调:“我们搞社会主义才几十年,还处在初级阶段。巩固和发展社会主义制度,还需要一个很长的历史阶段,需要我们几代人、十几代人,甚至几十代人坚持不懈地努力奋斗,决不能掉以轻心。”[①]历史是不断向前发展的,要达到理想的彼岸,就要沿着我们的既定道路继续前进。党的十八大以来,习近平同志不断深化对中国特色社会主义的思考,提出了许多原创性的思想。比如,从历史维度阐明社会主义在中国建设发展的连续性完整性时,强调要正确认识改革开放前后“两个历史时期”的关系;从认识论维度阐明中国共产党领导是中国特色社会主义最本质特征时,强调这是坚持和发展中国特色社会主义最根本的规律总结;将“三个自信”扩展为“四个自信”,强调中国有坚定的道路自信、理论自信、制度自信,其本质是建立在5000多年文明传承基础上的文化自信;等等。这些重要思想从实践广度、现实深度、历史厚度全方位拓展了中国特色社会主义内涵,为我们凝神聚力走好新时代的长征路提供了坚实的思想理论支撑。我们要牢牢把握坚持和发展中国特色社会主义这个核心要义来学习理解这一思想。习近平同志指出:“我们要永远记住,我们所进行的一切完善和改进,都是在既定方向上的继续前进,而不是改变方向,更不是要丢掉我们党、国家、人民安身立命的根本。”[②]

要准确把握习近平新时代中国特色社会主义思想的核心内容,即“八个明确”和“十四个坚持”[③]。“八个明确”是这一思想的关

① 《邓小平文选》第3卷,人民出版社1993年版,第379~380页。

② 《习近平谈治国理政》第2卷,外文出版社2017年版,第52页。

③ “八个明确”和“十四个坚持”的具体内容详见习近平:《决胜全面建成小康社会 夺取新时代中国特色社会主义伟大胜利——在中国共产党第十九次全国代表大会上的报告》,人民出版社2017年版,第19~26页。

键组成部分，是支撑这一思想的四梁八柱。“八个明确”偏重于理论层面的高度概括，每一个“明确”都是具有原创性的新思想，集中反映着我们党对当今时代科学社会主义发展的理论贡献。“十四个坚持”基本方略，偏重于实践层面的展开，涵盖坚持党的领导和“五位一体”总体布局、“四个全面”战略布局，涵盖国防和军队建设，是治国理政重大原则方针的最新凝练。从结构和逻辑看，“八个明确”和“十四个坚持”，贯穿着以自我革命引领社会革命逻辑的内在统一，两者有机融合，构成了完整的实现“两个一百年”奋斗目标、实现中华民族伟大复兴中国梦的“路线图”和“方法论”。“八个明确”和“十四个坚持”是我们党坚持和发展中国特色社会主义经验总结的深化，是对中国特色社会主义规律性认识的拓展升华，体现了理论与实际相结合、战略和战术相一致、认识论和方法论相统一的理论品格。

要准确把握习近平新时代中国特色社会主义思想的价值追求，即为人民谋幸福。人民中心，是马克思主义价值观的准确表达。人民立场，是我们党的根本政治立场，是中国共产党人毫不动摇的初心。毛泽东同志曾形象地指出：“为什么人的问题，是一个根本的问题，原则的问题。”[①]改革开放后，邓小平同志更是多次强调，要把人民拥护不拥护、赞成不赞成、高兴不高兴、答应不答应作为制定方针政策的出发点。站在新的历史起点上，习近平同志明确提出以人民为中心的发展思想。在十八届中共中央政治局常委同中外记者见面时，习近平同志饱含深情地说：“人民对美好生活的向往，就是我们的奋斗目标。”[②]在庆祝中国共产党成立 95 周年

① 《毛泽东选集》第 3 卷，人民出版社 1991 年版，第 857 页。

② 《习近平谈治国理政》，外文出版社 2014 年版，第 4 页。

大会的讲话中，他再次强调："坚持不忘初心、继续前进，就要坚信党的根基在人民、党的力量在人民，坚持一切为了人民、一切依靠人民，充分发挥广大人民群众积极性、主动性、创造性，不断把为人民造福事业推向前进。"①党的十九大报告重申坚持以人民为中心的发展思想，让人民群众得到实实在在的获得感、幸福感和安全感。习近平同志指出："以人民为中心的发展思想，不是一个抽象的、玄奥的概念，不能只停留在口头上、止步于思想环节，而要体现在经济社会发展各个环节。"②要始终同人民想在一起、干在一起，多解民生之忧，多谋民生之利。人民至上，是习近平新时代中国特色社会主义思想的出发点和落脚点。要通过深入学习，切实解决好"我是谁、为了谁、依靠谁"这个宗旨问题，努力实现好、维护好、发展好最广大人民根本利益。

三、切实学深悟透用好习近平新时代中国特色社会主义思想

要学好习近平新时代中国特色社会主义思想，就必须潜心研读原著原文。原著原文是最权威的，要坚持原原本本地学，精准把握这一思想的真谛要义，全面领会蕴含其中的重要观点和重大判断，避免简单化和片面化。1939年，毛泽东同志在延安在职干部教育动员大会上，要求全党学习一定要学到底，学习的最大敌人是不到"底"。要想学习到底，就要读原著原文。习近平同志强调："领导干部特别是高级干部要带头学习，原原本本学习和研读马克思主义经典著作。"③追溯无产阶级政党先进性的理论源头，才能不断提高马克思主义理论素养。一是要仔细研读党的十九大报告。十

① 《习近平谈治国理政》第2卷，外文出版社2017年版，第40页。

② 《习近平谈治国理政》第2卷，外文出版社2017年版，第213～214页。

③ 《习近平谈治国理政》第2卷，外文出版社2017年版，第68页。

九大报告对习近平新时代中国特色社会主义思想进行了全面权威的阐释，是我们深刻掌握这一思想科学内涵和精神实质的最重要遵循。二是要仔细研读《习近平谈治国理政》。习近平谈治国理政的一系列论述形成了系统丰富的思想理论体系，生动记录了以习近平同志为核心的党中央坚持和发展中国特色社会主义的实践历程，是闪耀着马克思主义真理之光的纲领性文献，是用习近平新时代中国特色社会主义思想建造精神殿堂的生动教材。三是要仔细研读习近平系列工作文集。习近平同志从政经历丰富，在村、县、地、市、省直至中央等多层级领导岗位经受了艰苦的历练，在总结思考的基础上形成了系列工作文稿。《知之深，爱之切》《摆脱贫困》《之江新语》《干在实处，走在前列》等全面展示了习近平的从政实践和成长历程。潜心研读这些工作文集，有助于我们更好领悟习近平新时代中国特色社会主义思想的萌芽成熟过程，更好地理解这一思想的理论渊源。

要学好习近平新时代中国特色社会主义思想，就要掌握贯穿其中的马克思主义立场观点方法。习近平新时代中国特色社会主义思想源于对历史规律的洞察，深植于全面深化改革的实践，蕴含着丰富的马克思主义思想方法和工作方法。学习理解习近平新时代中国特色社会主义思想，要善于领悟这些智慧的方法，在指导实践中充分展现思想魅力与实践力量。要坚持实事求是，基础在于搞清楚“实事”，关键在于“求是”，在把握规律的基础上解放思想，不断创新；要坚持战略定力，增强“四个自信”，冷静观察，谋定后动，稳中求进；要坚持问题导向，利用矛盾倒逼改革，增强问题意识，瞄着问题去，追着问题走，敢于正视问题，善于发现问题，科学分析问题，长于解决问题；要坚持全面协调，以矛盾思维做到两点论与重点论统一，牢固树立大局意识和全局观念；要坚持底线思维，做好应付最坏局面的思想准备，千方百计做好“保底”“守底”“托底”的工作；要坚持调查研究，没有调查，就没有发言权，更没有决策权。要有的放矢，深入实际，深入群众，做到制度化和经常化。要坚持抓铁有痕，习近平同志强调：“很多时候，有没有新面貌，有没有新气象，并不在于制定一打一打的新规划，喊出一个一个的新口号，而在于结合新的实际，用新的思路、新的举措，脚踏实地把既定的科学目标、好的工作蓝图变为现实。”①要反对高谈阔论，发扬钉钉子精神，做到一张蓝图绘到底；要坚持历史担当，习近平同志说：“我的执政理念，概括起来说就是：为人民服务，担当起该担当的责任。”②要增强责任意识、使命意识，先之劳之，率先垂范，不负人民期盼。

要学好习近平新时代中国特色社会主义思想，就要在理论和实践的结合上见到实效。理论的价值全在于指导实践，学习的目的全在于运用。邓小平同志强调：“马克思主义的思想理论工作是不能离开现实政治的。我这里说的政治，是国内外阶级斗争的大局，是中国人民和世界人民在现实斗争中的根本利害。不能设想，离开政治的大局，不研究政治的大局，不估计革命斗争的实际发展，能成为一个马克思主义的思想家、理论家。”③要大力弘扬理论联系实际的马克思主义学风，真正转化为指导实践、推动工作、改造主客观世界的行动自觉。第一，要把学习实效体现在对这一思想的高度政治认同上。坚决维护以习近平同志为核心的党中央权威和集中统一领导，情感上衷心爱戴核心，组织上自觉维护核心，行动上坚决追随核心。第二，要把学习实效体现在对这一思想的

---

① 《习近平谈治国理政》，外文出版社 2014 年版，第 400 页。

② 《习近平谈治国理政》，外文出版社 2014 年版，第 101 页。

③ 《邓小平文选》第 2 卷，人民出版社 1994 年版，第 179 页。

高度思想认同上。以习近平新时代中国特色社会主义思想为标杆，对照检视思想言行，铭记党的宗旨，做到忠诚干净担当。第三，要把学习实效体现在提高长期执政能力水平上。紧紧围绕统筹推进“五位一体”总体布局、协调推进“四个全面”战略布局，提高战略思维、创新思维、辩证思维、法治思维、底线思维能力。第四，要把学习实效体现在做好本职工作破解发展难题上。积极贯彻新发展理念，推动高质量发展和建设现代化经济体系，实施“七大战略”和打好“三大攻坚战”。

第四节　把思想建党提高到一个新水平

思想建党是中国共产党 90 多年来不断发展壮大的重要法宝，是贯穿于党的建设全过程的灵魂所在，是党的十八大以来党中央管党治党的鲜明特征。习近平同志指出：“理论上清醒，政治上才能坚定。坚定的理想信念，必须建立在对马克思主义的深刻理解之上，建立在对历史规律的深刻把握之上。”[①]进入新时代，要切实用好思想建党这个传家宝，把思想建党提高到一个新水平。

一、完善党员干部思想教育的内容体系

（一）要加强党的基本理论教育

在党员思想教育中，理论教育是根本，如果对党的基本理论理解不深、学习不够，就会陷入少知而迷、无知而乱的境地。不断深化习近平新时代中国特色社会主义思想学习教育，把学习贯彻这一思想摆在党员教育最突出的位置，不分心、不走神、不偏离，长期

① 《习近平谈治国理政》第 2 卷，外文出版社 2017 年版，第 35 页。

坚持、持续发力。同时，组织广大党员深入学习马克思列宁主义、毛泽东思想、邓小平理论、“三个代表”重要思想、科学发展观、习近平新时代中国特色社会主义思想。全面掌握马克思主义哲学、政治经济学、科学社会主义，掌握中国特色社会主义理论体系，不断深化对共产党执政规律、社会主义建设规律、人类社会发展规律的认识。聚焦现实问题，引导党员干部坚持和运用辩证唯物主义和历史唯物主义世界观、方法论分析解决问题，真正做到指导思想先进、理论武装先行，真正做到学而信、学而用、学而行。

（二）要突出抓好党性教育

党性教育是共产党人正心修身的必修课，是广大党员的“心学”。习近平同志指出，党性是党员干部立身、立业、立言、立德的基石。党性教育是内省和他律的有机统一，是自觉与坚持的有机统一。第一，加强党的宗旨和群众路线教育。马克思主义政党的党性和人民性是一致的，邓小平同志强调：“群众是我们力量的源泉，群众路线和群众观点是我们的传家宝。党的组织、党员和党的干部，必须同群众打成一片，绝对不能同群众相对立。如果哪个党组织严重脱离群众而不能坚决改正，那就丧失了力量的源泉，就一定要失败，就会被人民抛弃。”[①]要引导党员干部贯彻以人民为中心的发展思想，善于听取群众呼声，感受群众境况，汲取群众智慧，凝聚群众力量。第二，加强党章党规党纪教育。教育引导党员干部自觉尊崇党章、模范践行党章、忠诚捍卫党章，认真履行党员义务，正确行使党员权利。切实遵守政治纪律和政治规矩，党中央提倡的坚决响应，党中央决定的坚决执行，党中央禁止的坚决不做。第三，加强党内政治文化教育。引导党员干部弘扬忠诚老实、公道正

① 《邓小平文选》第2卷，人民出版社1994年版，第368页。

派、实事求是、清正廉洁的价值观，增强党内政治生活的政治性、时代性、原则性、战斗性。第四，加强党史国史教育，引导党员干部继承党的优良传统，知党、爱党、护党、兴党，永葆政治本色。

(三)要切实抓好道德教育

人无德不立，业无德不兴，国无德不强。习近平同志指出："从思想道德抓起具有基础性作用，思想纯洁是马克思主义政党保持纯洁性的根本，道德高尚是领导干部做到清正廉洁的基础。"①第一，开展政德教育。以"不忘初心牢记使命"专题教育为核心，引导广大党员尤其是领导干部明大德、守公德、严私德，自觉追求高尚情操，远离低级趣味，面对歪风邪气敢于挺身而出。第二，开展社会主义核心价值观教育。加强社会公德、职业道德、家庭美德、个人品德教育，引导党员干部坚守道德底线，树立道德表率，彰显共产党人的人格力量，做社会主义道德风尚的示范者引领者。第三，开展中华优秀传统文化、革命文化和社会主义先进文化教育。引导广大党员干部树立正确的历史观、民族观、国家观、文化观，大力弘扬传统美德，弘扬民族精神，树立坚定的文化自信，不做西方道德价值的追随者。道德建设是一个从认识到实践不断反复的过程，既要靠他律，又要靠自律。习近平同志多次要求党员干部要时时处处严于律己，"要心存敬畏、手握戒尺，慎独慎微、勤于自省，遵守党纪国法"②。广大党员干部要以严格标准加强自律，自觉接受纪律规矩的他律，努力以道德的力量去赢得民心和事业成功。

---

① 《习近平谈治国理政》，外文出版社 2014 年版，第 391 页。

② 中共中央纪律检查委员会、中共中央文献研究室编：《习近平关于党风廉政建设和反腐败斗争论述摘编》，中央文献出版社、中国方正出版社 2015 年版，第 143 页。

二、优化党员干部教育培训的体系方式

(一)要优化面向全体党员的教育培训体系

当前党员教育培训面临全员覆盖难和集中组织难的严峻形势,教育存在大量空白点,大规模的集体学习不易组织。针对以上情况,要充分发挥各级党校(行政学院)、干部学院主渠道主阵地作用,特别是深化县级党校(行政学校)办学体制改革,实施“县级党校(行政学校)分类建设计划”,建立面向全体党员的培训体系。第一,扩展培训对象覆盖面。尽力使所有党员都能够参加教育培训,让广大党员感受到党的理论的力量。要搞好需求调研,全面了解党员队伍的结构层次知识水平,全面把握党员教育培训规律,科学制定好中长短期规划计划。第二,坚持开展党内集中学习教育。实践证明,集中学习教育是提升全党的马克思主义理论水平和政治素养的有效方式。各级党组织要定期开展集体学习,党员干部每年要完成规定的学习任务,领导干部要定期参加党校(行政学院)学习。第三,完善党员网络培训体系。推动党员教育培训和互联网融合发展,实现各类各级党员网络培训平台资源共建共享、数据互联互通,探索适应信息化发展趋势的网络培训有效方式,推行线上线下相结合的培训模式。

(二)要优化面向领导干部的教育培训体系

着眼于实际情况,对领导干部开展高质量的分级分类培训,高水平服务党和国家事业发展。第一,加强对各级领导班子成员的培训。以提高政治素质、增强党性修养为根本,以提升专业能力为重点,突出党的群众路线教育,培养造就信念过硬、政治过硬、责任过硬、能力过硬、作风过硬的执政骨干队伍。第二,加强对年轻干部的培训。突出理想信念宗旨教育、思想道德教育,培养造就忠诚

干净担当、数量充足、充满活力的高素质专业化年轻干部队伍。第三，加强对基层干部的培训。以提高发展经济、改革创新、化解矛盾、做群众工作等能力为重点，加强基层干部特别是乡镇（街道）党政正职、村（社区）党组织书记的培训。培养守信念、讲奉献、有本领、重品行的高素质专业化基层干部队伍。第四，加强对事业单位领导人员的培训。突出事业单位公益性、服务性、专业性、技术性特点，以提高政治觉悟、管理能力、专业水平和职业素养为重点，建设一支高素质专业化事业单位领导人员队伍，更好适应新时代中国特色社会主义公益事业发展要求。

（三）要优化党员干部教育培训的方式

毛泽东同志指出："代表先进阶级的正确思想，一旦被群众掌握，就会变成改造社会、改造世界的物质力量。"①要想让党员干部彻底掌握正确的思想理论，还有一个改进教育传达方式的问题。理论是灰色的，唯有生活之树长青。要使培训效果有花有果，有形有实，习近平同志认为："关键是要提高质量和水平，把握好时、度、效，增强吸引力和感染力。"②要准确把握"三贴近"原则，用事实说话，用典型说话，使党的创新理论真正成为武装全党的思想武器。第一，优化多样化的党员教育培训方式。集中辅导与个人自学相结合，课堂讲座与交流研讨相结合，参观学习与社会调研相结合，变以往的灌输式为主导式和启发式教学。针对基层党员的知识水平，采用喜闻乐见的民间语言和群众语言，通俗易懂的解释科学理论，传达中央精神，改变入脑入心难的现象。第二，优化党员教育培训的载体手段。充分利用手机、互联网等大众传媒，增强培训的

① 毛泽东：《人的正确思想从哪里来？》（1963 年 5 月），《毛泽东著作选读》下册，人民出版社 1986 年版，第 839 页。

② 《习近平谈治国理政》，外文出版社 2014 年版，第 155 页。

直观性生动性，满足党员干部差异化、多样化、互动式的学习需要。针对网络社会对思想建党的挑战，习近平同志指出："互联网是当前宣传思想工作的主阵地。这个阵地我们不去占领，人家就会去占领；这部分人我们不去团结，人家就会去拉拢。"[①]要强化互联网思想理论引导，把深层次思想理论问题讲清楚，帮助党员干部坚决抵制错误思想侵蚀。第三，促进党员教育培训资源开放共享。推动各级党组织有序联动，组织部门、宣传部门、党校（行政学院）、干部学院分工协作，实现党员教育和社会教育有机互动，由"独角戏"变为"大合唱"，推动党员教育由封闭型向开放型转化。

三、切实打好意识形态领域的主动仗

提高思想建党水平必须充分估计当前意识形态领域挑战的艰巨性复杂性。习近平同志指出："经济工作是党的中心工作，意识形态工作是党的一项极端重要的工作。"[②]意识形态的方向性质，事关党和国家的前途命运。在过去一段时期内，有人"吃着共产党的饭，却砸着共产党的锅"，有的所谓网络"公知""大V"大肆诋毁党的历史，公然散布反党思想，某些党组织和相关部门却无动于衷，这是很值得我们反思的危险问题。国际反华势力西化、分化中国最主要的手段，就是通过意识形态渗透搞乱人们的思想，动摇党和人民团结奋斗的共同思想基础。苏共亡党亡国不过20多年，前车可鉴，苏共失败的原因固然是多方面的，但最主要的原因是其主动放弃了意识形态领域的领导权。习近平同志告诫全党，一个政权的瓦解往往是从思想领域开始的，"在事关大是大非和政治原则问

① 《习近平谈治国理政》第2卷，外文出版社2017年版，第325页。

② 《习近平谈治国理政》，外文出版社2014年版，第153页。

题上，必须增强主动性、掌握主动权、打好主动仗，帮助干部群众划清是非界限、澄清错误认识”①。全党要清醒地认识到意识形态斗争是一场输不起的斗争，树立爱党、兴党、护党的忧患意识。

要注重从红色文化中汲取精神动力进行正面宣传引导。中国共产党是中华民族精神的集大成者，是红色文化的积极倡导者和践行者。在长期艰苦卓绝的奋斗历程中，我们党形成了井冈山精神、长征精神、延安精神、西柏坡精神以及雷锋精神、焦裕禄精神等宝贵财富。红色文化既植根于中华优秀传统文化，又是中国共产党经历一次又一次血与火的磨难和考验而形成的不容忘却的革命传统，蕴含着中华民族精神基因。中国共产党历来重视传承和弘扬红色文化，重视通过弘扬红色文化来洗礼思想、陶冶情操、鼓舞斗志，以确保党员不忘初心、坚守正道。我们要加强红色文化资源的整理研究，把红色血脉与地方文化结合起来，精心打造红色教育基地，组织全媒体、全方位、立体化集中宣传。要把握文艺创作正确方向，打造弘扬红色文化的文艺精品，习近平同志强调："祖国是人民最坚实的依靠，英雄是民族最闪亮的坐标。歌唱祖国、礼赞英雄从来都是文艺创作的永恒主题。也是最动人的篇章。"②忘记历史意味着背叛，我们要着力讲好中国共产党的奋斗故事，讲好革命先烈的感人故事，为党领导各族人民团结奋斗注入精神营养。

要开展积极的舆论斗争重点反击历史虚无主义。新形势下，国际国内舆论斗争凶险多变，危害最为严重的莫过于历史虚无主义。历史虚无主义盲目否定人类社会历史进程，全盘否定民族文化、民族精神。早在20世纪80年代初，邓小平同志就针对否定毛

---

① 《习近平谈治国理政》，外文出版社2014年版，第155页。

② 《习近平谈治国理政》第2卷，外文出版社2017年版，第351页。

泽东同志历史地位与毛泽东思想的错误观点强调:“毛泽东思想这个旗帜丢不得。丢掉了这个旗帜,实际上就否定了我们党的光辉历史。总的来说,我们党的历史还是光辉的历史。”①习近平同志指出,历史虚无主义的要害,是要从根本上否定中国共产党的领导。尽管历史虚无主义打着历史学的旗号,但违背了实事求是的历史研究根本原则,扰乱了党心、军心,民心,我们必须旗帜鲜明地坚持唯物史观,同历史虚无主义进行坚决彻底的斗争。2018 年新修订的《中国共产党纪律处分条例》,把“诋毁、诬蔑党和国家领导人、英雄模范,或者歪曲党的历史、中华人民共和国历史、人民军队历史”列为“违反政治纪律行为”,这是我们抵制历史虚无主义的有力武器。2017 年 10 月 1 日起正式施行的《中华人民共和国民法总则》中特别明确,侵害英雄烈士的姓名、肖像、名誉、荣誉,损害社会公共利益的,应当承担民事责任。2018 年 5 月 1 日生效的《中华人民共和国英雄烈士保护法》,以立法回击了历史虚无主义丑化英雄烈士的恶劣行为,具有深远意义。

四、坚持思想建党和制度治党同向发力

思想建党与制度治党紧密结合,是中国共产党长期管党治党的规律总结。从两者相互作用来看,一方面,思想理论建设是基石。思想建党解决党员理想信念与价值取向问题,为制度建设提供思想保证。解决好思想教育这一源头问题,才能真正调动党员释放出持久的内在驱动力。邓小平同志指出:“我们共产党有一条,就是要把工作做好,必须先从思想上解决问题。”②思想教育直

① 《邓小平文选》第 2 卷,人民出版社 1994 年版,第 298～299 页。
② 《邓小平文选》第 1 卷,人民出版社 1994 年版,第 184 页。

接影响着制度执行的成效，没有巩固的思想基础，制度执行的力度和效果会大打折扣。习近平同志指出，不要以为有了规章制度就万事大吉，轻视思想政治工作会使一些本来可以落实的制度得不到落实。另一方面，思想建党需要仰仗健全的制度保障。制度要带有根本性、全局性、长期性、稳定性，制度治党解决的是行为规制和监督评价问题，是重要的他律力量，思想建党水平的每一步提升都需要制度来支持。习近平同志强调："思想教育要结合落实制度规定来进行，抓住主要矛盾，不搞空对空。要使加强制度治党的过程成为加强思想建党的过程，也要使加强思想建党的过程成为加强制度治党的过程。"①思想建党与制度治党相互促进，相得益彰，90多年来我们党不断建立并完善以民主集中制为核心的制度体系，为思想理论建设提供了完善的制度支撑。

要以制度治党永葆思想建党的生机活力。思想建党成效如何，取决于制度安排和制度执行。要扎实抓好制度建设，树立制度之威，以制度刚性管住思想的任性。一是要完善党内法规制度体系，扎牢党纪党规笼子。习近平同志强调："制度不在多，而在于精，在于务实管用，突出针对性和指导性。如果空洞乏力，起不到应有的作用，再多的制度也会流于形式。"②要着眼于形势任务发展变化，尽快改变党内法规制度存在的不适应、不衔接、不协调问题，该修订的修订，该补充的补充，该新建的新建。逐步构建起以党章为根本，配套呼应，功能有机整合的党内法规制度框架。2016年12月中共中央印发的《关于加强党内法规制度建设的意见》提出到

---

① 习近平：《在党的群众路线教育实践活动总结大会上的讲话》，《人民日报》2014年10月9日。

② 中共中央纪律检查委员会、中共中央文献研究室编：《习近平关于党风廉政建设和反腐败斗争论述摘编》，中央文献出版社、中国方正出版社2015年版，第130页。

建党100周年时，形成比较完善的党内法规制度体系、高效的党内法规制度实施体系、有力的党内法规制度建设保障体系，这将为我们思想建党提供更加可靠的制度保证。二是要强化制度执行力，执行制度没有例外。习近平同志告诫全党："有了好的制度如果不抓落实，只是写在纸上、贴在墙上、锁在抽屉里，制度就会成为稻草人、纸老虎。"[①]要坚持制度面前党员干部人人平等，真正做到有令必行，有禁必止。加强监督检查，让各项制度规矩成为"带电的高压线"，避免出现"破窗效应"。只有健全精细化、制度化、程序化的问责机制，以制度约束人、管理人、考核人，让制度的力量在思想建党中得以充分释放，才能营造风清气正的政治生态。三是要注重培养党员干部的制度意识，形成尊崇制度和遵守制度的良好氛围。习近平同志强调："党规党纪是对党章的延伸和具体化，学好了党规党纪，就能弄清楚自己该做什么、不该做什么，能做什么、不能做什么。"[②]要将党规党纪列入党员干部教育培训的范围，通过各种生动典型的教育将外在规矩转化为党员的内在约束，使党员的行为从"自发性"向"自觉性"转变。

---

① 中共中央纪律检查委员会、中共中央文献研究室编：《习近平关于严明党的纪律和规矩论述摘编》，中央文献出版社，中国方正出版社2015年版，第82页。

② 中共中央文献研究室编：《习近平关于全面从严治党论述摘编》，中央文献出版社2016年版，第112页。

第四章　培养选拔党和人民需要的好干部

中国特色社会主义进入新时代，迫切要求培养选拔一大批党和人民需要的好干部。这是党团结带领全国人民进行伟大斗争、建设伟大工程、推进伟大事业、实现伟大梦想的必然要求。党的干部是党和国家事业的中坚力量。培养选拔党和人民需要的好干部，必须认真贯彻新时代党的组织路线，把好干部标准真正落实到位，选优配强各级领导班子，切实增强干部队伍适应新时代发展要求的能力，从而为决胜全面建成小康社会、实现中华民族伟大复兴的中国梦提供坚实而持久的组织保证和干部支撑。

第一节　党的干部是党和国家事业的中坚力量

“为政之要，惟在得人。”政治路线确定之后，干部就是决定的因素。党的十八大以来，在以习近平同志为核心的党中央坚强领导下，全党全军全国各族人民高举中国特色社会主义伟大旗帜，砥砺前行，奋发拼搏，推动中国特色社会主义进入新时代，取得了举世瞩目的伟大成就。所有这些成就的取得，关键在党，关键在人。

一、高度重视干部作用是我们党的优良传统

“尚贤者，政之本也。”中国共产党作为无产阶级政党，历来对干部作用的重要性有着充分的认识。早在抗日战争时期，毛泽东同志就明确提出了“政治路线确定之后，干部就是决定的因素”[①]这一经典论断。在1956年世界社会主义运动出现风波时，他在党的八届二中全会上又从党的历史的角度着重谈到了干部的重要性，指出：“我们有这么一套干部：有建党时期的，有北伐战争时期的，有抗日战争时期的，有解放战争时期的。他们都是我们国家的宝贵财产。我们有在不同革命时期经过考验的这样一套干部，就可以‘任凭风浪起，稳坐钓鱼船’。”[②]

进入改革开放新的历史时期，邓小平同志多次强调：“思想路线政治路线的实现要靠组织路线来保证。”[③]“政治路线确立了，要由人来具体地贯彻执行。”[④]在1992年南方谈话中，他进一步指出：“中国的事情能不能办好，社会主义和改革开放能不能坚持，经济能不能快一点发展起来，国家能不能长治久安，从一定意义上说，关键在人。”[⑤]江泽民同志从总结党的历史经验角度指出高素质干部队伍的极端重要性，他说：“我们有一条基本的经验，这就是：党领导的事业要取得胜利，不但必须有正确的理论和路线，还必须有一支能够坚决贯彻执行党的理论和路线的高素质干部队伍。”[⑥]他

---

① 《毛泽东选集》第2卷，人民出版社1991年版，第526页。

② 《毛泽东著作专题摘编》(下)，中央文献出版社2003年版，第2043～2044页。

③ 《邓小平文选》第2卷，人民出版社1994年版，第190页。

④ 《邓小平文选》第2卷，人民出版社1994年版，第191页。

⑤ 《邓小平文选》第3卷，人民出版社1993年版，第380页。

⑥ 江泽民：《论党的建设》，中央文献出版社2001年版，第217页。

同时着重强调："中国的社会主义事业能不能巩固和发展下去，中国能不能在未来激烈的国际竞争中始终强盛不衰，关键就是看我们党能不能培养造就一大批高素质领导人才。"①胡锦涛同志则多次强调领导班子和领导干部的重要性，指出："做好改革发展稳定的各项工作，关键在各级领导班子和领导干部"②，"党的执政能力强不强，关键在领导班子……改革发展要上新台阶，领导班子建设必须上新水平"③。

党的十八大以来，以习近平同志为核心的党中央继承并发扬了我们党高度重视干部作用的优良传统。面对新形势新任务，习近平同志围绕加强新时代干部队伍建设发表了一系列重要讲话，明确要求全党落实新时代党的组织路线，坚持党管干部原则，坚持好干部标准，坚持德才兼备、以德为先，坚持五湖四海、任人唯贤，坚持事业为上、公道正派，不拘一格选人用人，真情实意关爱干部，完善考核评价机制，强化干部管理监督，激发干部队伍生机活力，领导全党在干部队伍建设方面做了大量打基础、强根本、抓关键的艰苦工作，取得了开创性历史成就，赢得了各方面的衷心拥护和广泛赞誉。

二、新时代党的干部队伍建设全面加强

决胜全面建成小康社会，实现中华民族伟大复兴的中国梦，离不开千千万万党的优秀干部。中国特色社会主义进入新时代，在

---

① 《江泽民文选》第3卷，人民出版社2006年版，第44页。

② 中共中央文献研究室编：《十六大以来重要文献选编》（中），中央文献出版社2006年版，第73页。

③ 中共中央文献研究室编：《十六大以来重要文献选编》（中），中央文献出版社2006年版，第320页。

以习近平同志为核心的党中央坚强领导下，全党不断焕发出崭新气象，党的干部队伍建设全面加强。

（一）党管干部原则更加明确

党管干部的原则，是我们党长期坚持的一项重要原则，是巩固党的执政地位、履行党的执政使命的重要保证，也是实现党的组织路线为政治路线服务的有力保障。2016年12月26～27日，习近平同志在中央政治局民主生活会上指出："我们党之所以坚强有力，党管干部原则是很重要的原因，要自觉坚持党管干部原则。"① 纵观十八大以来我们党加强组织建设的历程，不难发现，党管干部这一原则较之以前更加明确，而且在实践中得到了坚决贯彻。

党管干部，主要是党在干部工作中通过"管方向、管政策、管制度、管选任"来体现党的意志，反映党的主张。在这里，"管方向"，是指要切实按照党章规定，"按照德才兼备、以德为先的原则选拔干部，坚持五湖四海、任人唯贤，坚持事业为上、公道正派，反对任人唯亲，努力实现干部队伍的革命化、年轻化、知识化、专业化"②，建设一支高举中国特色社会主义伟大旗帜，具有高度共产主义觉悟，牢固树立"四个意识"，坚定"四个自信"，坚决做到"两个维护"，对党忠诚、能力出众的新时代高素质专业化干部队伍，确保党的路线方针政策得到全面贯彻执行，推动中国特色社会主义事业朝着更高目标迈进。"管政策"，是指党要根据新时代形势和任务的需要，制定、调整和完善干部选拔使用和管理监督政策，充分发挥政策的指导作用，使干部队伍建设更加适应新时代发展要求和中国特色社会主义事业发展需要。"管制度"，是指要按照新时代党的

① 《习近平谈治国理政》第2卷，外文出版社2017年版，第190页。

② 《中国共产党章程》，人民出版社2017年版，第48页。

组织路线要求，加快建立“五个体系”[1]，形成科学系统的干部培养、选拔、管理、使用制度，明确干部工作纪律，切实把选人用人权关进制度的笼子，把授予干部的权力关进笼子，切实提高干部工作科学化、制度化、透明化、程序化水平，确保干部培养、选拔、任用等各项工作规范有序、公平公正，干部用权合规合法。“管选任”，是指党组织要在干部选拔任用过程中发挥主导作用，根据干部管理权限选好、用好和管好每一位干部。同时，要强化党委（党组）、分管领导和组织部门在干部选拔任用中的权重，着力培养选拔党和人民需要的好干部，努力建设一支宏大的高素质专业化干部队伍，为决胜全面建成小康社会和实现中华民族伟大复兴的中国梦提供坚强组织保证。

（二）选人用人导向更加鲜明

选人用人问题是党和人民事业兴衰成败的关键问题。选好人用好人，首要的问题是坚持正确选人用人导向。在党的十九大报告中，习近平同志明确指出：“坚持正确选人用人导向，匡正选人用人风气，突出政治标准，提拔重用牢固树立‘四个意识’和‘四个自信’，坚定维护党中央权威，全面贯彻执行党的理论和路线方针政策、忠诚干净担当的干部。”[2]这一重要论述为做好新时代干部选拔任用工作指明了方向、提供了遵循。

选人用人导向是党风政风的风向标。有什么样的导向引领，就会有什么样的干部作风，就会形成什么样的干部队伍。为此，习

---

① “五个体系”，即“源头培养、跟踪培养、全程培养的素质培养体系；日常考核、分类考核、近距离考核的知事识人体系；以德为先、任人唯贤、人事相宜的选拔任用体系；管思想、管工作、管作风、管纪律的从严管理体系；崇尚实干、带动担当、加油鼓劲的正向激励体系”（习近平：《在全国组织工作会议上的讲话》，人民出版社 2018 年版，第 16 页）。

② 习近平：《决胜全面建成小康社会 夺取新时代中国特色社会主义伟大胜利——在中国共产党第十九次全国代表大会上的报告》，人民出版社 2017 年版，第 64 页。

近平同志明确要求:“各级党委及组织部门要坚持党管干部原则,坚持正确用人导向,坚持德才兼备、以德为先,努力做到选贤任能、用当其时,知人善任、人尽其才,把好干部及时发现出来、合理使用起来。”[①]根据这一要求,各级组织部门认真加以贯彻落实,一大批敢扛事、愿做事、能干事的优秀干部脱颖而出,一大批对群众感情真挚、深得群众拥护的干部,说话办事有灼见、有效率的干部,对上对下都实实在在、不玩虚招的干部,清正廉洁、公众形象好的干部,得到褒奖和重用;那些享乐思想严重、热衷于形式主义、严重脱离群众的干部,受到警醒和惩戒。经过各级党组织不懈努力,选人用人的沉疴旧疾得到有效祛除,新时代好干部标准深入人心并得到贯彻落实,一整套选人用人制度体系出台并实施,一大批适应新时代发展要求的优秀干部脱颖而出,党的干部队伍整体呈现出积极有为、蓬勃向上的崭新景象。

(三)干部队伍素质能力进一步增强

党的干部是党和国家事业的中坚力量,是党和国家开展各项工作的领导者、组织者和执行者。没有高素质、能力强的干部队伍,就不能确保党的路线方针政策得到切实贯彻执行,党的组织也会丧失凝聚力和战斗力,必将严重影响到党和国家事业的顺利发展。

党的十八大以来,习近平同志在多个重要场合全面深刻论述了干部队伍素质能力建设的相关问题。在中央党校建校 80 周年庆祝大会暨 2013 年春季学期开学典礼上,他明确要求:“经济、政治、历史、文化、社会、科技、军事、外交等方面的知识,领导干部要结合工作需要来学习,不断提高自己的知识化、专业化水平。要坚

① 《习近平谈治国理政》,外文出版社 2014 年版,第 418 页。

持干什么学什么、缺什么补什么，有针对性地学习掌握做好领导工作、履行岗位职责所必备的各种知识，努力使自己真正成为行家里手、内行领导。”[①]在庆祝中国共产党成立95周年大会上，他又进一步强调：“各级领导干部要加快知识更新、加强实践锻炼，使专业素养和工作能力跟上时代节拍，避免少知而迷、无知而乱，努力成为做好工作的行家里手。”[②]在党的十九大报告中，习近平同志明确提出全党要全面增强学习本领、政治领导本领、改革创新本领、科学发展本领、依法执政本领、群众工作本领、狠抓落实本领和驾驭风险本领。在新进中央委员会的委员、候补委员和省部级主要领导干部学习贯彻习近平新时代中国特色社会主义思想和党的十九大精神研讨班开班式上，他着重强调中央委员会成员和省部级主要领导干部必须努力做到信念过硬、政治过硬、责任过硬、能力过硬、作风过硬。“八大本领”和“五个过硬”的提出，指引着党的干部队伍稳步朝着高素质专业化方向不断迈进，是新时代干部队伍强筋骨、提素质、长本领的根本遵循。中国特色社会主义进入新时代，必然要求我们党的干部队伍展现新气象，具备新素质，增长新本领。在习近平新时代中国特色社会主义思想的指引下，一大批能够适应国家治理体系和治理能力现代化要求，具有专业能力、专业精神的高素质优秀干部正在成长起来。

（四）干部考核评价机制更加完善

从党和国家事业整体发展的角度来讲，无论干什么事情都必须要有健全而有效的制度来发挥根本性作用，都必须建立与制度相配套的各项体制机制。党的十八大以来，以习近平同志为核心

---

① 习近平：《在中央党校建校80周年庆祝大会暨2013年春季学期开学典礼上的讲话》，《人民日报》2013年3月3日。

② 习近平：《在庆祝中国共产党成立95周年大会上的讲话》，《人民日报》2016年7月2日。

的党中央注重从制度层面加强干部队伍建设，坚持严管和厚爱相结合、激励和约束并重，不断完善干部考核评价机制，健全激励机制和容错纠错机制，为新时代好干部的茁壮成长和脱颖而出提供了制度保障。

在考核评价导向上，坚持干什么考什么，把政治标准放在首位，注重了解干部在树立“四个意识”、坚定理想信念、遵守政治纪律和政治规矩等方面的情况。对各级党组织书记进行考核，重点看其抓党建工作的成效，全方位了解其履行管党治党主体责任的情况。同时，客观评价工作实绩，兼顾考核内容的全面性和个性化。实施分级分类考核，增强了考核评价的客观性和针对性。在发挥考核评价基础性作用上，普遍建立干部日常考评档案，进一步健全干部考核数据库，更加注重对干部平时考核的综合分析与研判，干部考核结果的精准度和公信度显著提高，全面性和系统性明显增强。在考核评价结果运用上，发挥考核指挥棒作用，把求真务实的导向立起来，把真抓实干的规矩严起来，让真干假干不一样、干多干少不一样、干好干坏不一样。一大批求真务实、踏实肯干、廉洁奉公的干部受到褒奖、获得荣誉，对一些群众意见较大、不胜任现职岗位的干部进行了组织调整，对一些因工作失职而造成不良后果的干部依法依规进行了处理，风清气正、能上能下的良好氛围正在干部队伍中形成并逐渐巩固下来。

第二节　认真落实新时代党的组织路线

2018 年 7 月，在全国组织工作会议上，习近平同志创造性地提出了新时代党的组织路线。我们必须深刻认识新时代党的组织路线的重大意义，准确把握新时代党的组织路线的科学内涵，确保新时代党的组织路线更加科学、更加精准、更加有效地为党的政治路线服务。

一、深刻认识新时代党的组织路线的开创性意义

新时代党的组织路线的提出，在我们党的历史上是第一次，是对马克思主义党建学说的开创性贡献，具有里程碑意义。新时代党的组织路线融汇了历史与现实、贯通了理论与实践，联结了治党和治国，为新时代党的建设和组织工作指明了前进方向，提供了根本遵循。

新时代党的组织路线与我们党坚持组织路线为政治路线服务的历史传统是一脉相承的。我们党历来高度重视组织路线问题，始终坚持不懈探究组织工作规律。回顾党的历史，我们可以发现，早在一大党纲中，我们党就规定了党的组织建设的基本原则。在党的六大上，"组织路线"的概念被首次提出。1938 年，在党的六届六中全会上，毛泽东同志提出了"政治路线确定之后，干部就是决定的因素"①这一经典论断，并提出"才德兼备"的干部标准和"任人唯贤"的干部路线。新中国成立后，我们党着眼社会主义革命和建设的需要，强调各行各业的干部要又红又专。党的十一届三中全会以后，邓小平同志明确指出，"中国的稳定，四个现代化的实现，要有正确的组织路线来保证"②，并提出了干部队伍革命化、年轻化、知识化、专业化的"四化"方针。江泽民同志在党的十四大报告中深刻论述了组织路线对于思想路线和政治路线的重要作用，指出："我们党强调必须以正确的组织路线来保证正确的思想路线和

---

① 《毛泽东选集》第 2 卷，人民出版社 1991 年版，第 526 页。

② 《邓小平文选》第 2 卷，人民出版社 1994 年版，第 193 页。

政治路线的实现。”[①]胡锦涛同志则站在历史的角度深刻指出:“历史经验反复告诉我们,马克思主义执政党不仅要有正确的政治路线,而且要有正确的组织路线,要有一大批高素质的善于治党治国治军的领导干部。”[②]

新时代党的组织路线直接产生于十八大以来党进行伟大自我革命的实践,是在以党的自我革命推动伟大社会革命的具体实践中提炼形成的。党的十八大以来,习近平同志对全面推进党的建设和坚持正确组织路线提出了一系列新理念新思想新战略。在此指引下,我们党在加强党的建设、推进中国特色社会主义伟大事业的征程中,不断深化对党的组织路线的认识,实现了党的组织路线的与时俱进。

二、准确把握新时代党的组织路线的科学内涵

准确把握新时代党的组织路线的科学内涵,是贯彻落实新时代党的组织路线的基础和前提。新时代党的组织路线的具体内容是:全面贯彻习近平新时代中国特色社会主义思想,以组织体系建设为重点,着力培养忠诚干净担当的高素质干部,着力集聚爱国奉献的各方面优秀人才,坚持德才兼备、以德为先、任人唯贤,为坚持和加强党的全面领导、坚持和发展中国特色社会主义提供坚强组织保证。这一组织路线内涵丰富、意蕴深厚,是一个内容完整、结构清晰、逻辑严密的有机整体,必须努力做到准确把握、融会贯通。

新时代党的组织路线,就其内涵构成来讲,可以概括为“11211”,即一个重要思想、一个“重点”、两个“着力”、一个“坚持”、

---

① 《江泽民文选》第1卷,人民出版社2006年版,第213页。

② 中共中央文献研究室编:《十七大以来重要文献选编》(上),中央文献出版社2013年版,第116页。

一个“为”。

“一个重要思想”，即全面贯彻习近平新时代中国特色社会主义思想。“举什么旗、走什么路”，这是组织建设的首要问题。习近平新时代中国特色社会主义思想是马克思主义中国化的最新成果，是全党全国人民为实现中华民族伟大复兴而奋斗的行动指南，从理论和实践结合上系统回答了新时代坚持和发展什么样的中国特色社会主义、怎样坚持和发展中国特色社会主义这个重大时代课题。习近平新时代中国特色社会主义思想是推进党和国家各项事业顺利发展的根本指导思想，新时代党的组织工作理应以这一党的理论创新最新成果为行动指南，为确保党的组织路线始终沿着正确政治方向前进提供根本保证。

“一个‘重点’”，即以组织体系建设为重点。党的力量来自组织。党的全面领导、党的全部工作离不开党的坚强组织体系做保障。我们党初创之时，就按照马克思主义建党原则着手建立组织体系，发展至今已经形成了包括党的中央组织、地方组织、基层组织在内的一整套严密组织体系。正是由于这套严密组织体系的成功构建，才确保了我们党在不同历史时期始终能够在政治领导上坚持真理修正错误、在思想引领上直面问题解决挑战、在群众组织上坚定路线形成经验、在社会号召上发挥优势创造奇迹，并同时确保了我们党在不同历史阶段始终能够把党员组织起来、把人才凝聚起来、把群众动员起来，由此形成了世界上任何其他政党都不具备的强大优势。当然，党的组织体系建设也并非一劳永逸的，必须随着时代发展和形势任务的需要不断加以完善。我们党的历史、理论与实践也一再表明，党的组织体系严密，党组织的政治功能就能得到强化，党组织的吸引力、战斗力、号召力就能得到增强，党的领导力就能得到提升；反之，党的组织体系松散，党组织的凝聚力、号召力便会削弱，党在群众中的威信也会受到损害，党的领导力就会被弱化。

“两个‘着力’”，即着力培养忠诚干净担当的高素质干部，着力集聚爱国奉献的各方面优秀人才。党的干部是党的事业的骨干。落实党的十九大确定的各项任务，实现“两个一百年”奋斗目标和中华民族伟大复兴的中国梦，必须培养造就千千万万个忠诚干净担当的高素质专业化干部。坚持和发展中国特色社会主义，必须加快实施人才强国战略，确立人才引领发展的战略地位，最大限度激发广大人才的报国情怀、奋斗精神、创造活力，努力建设一支矢志爱国奉献、勇于创新创造的优秀人才队伍。同时，抓干部队伍，抓优秀人才，这也是党的组织工作的主责主业，是必须牢牢抓住抓好的着力点、关键点。

“一个‘坚持’”，即坚持德才兼备、以德为先、任人唯贤。选什么人、怎么选人，历来是组织建设中的重大问题。我们党一直高度重视选贤任能，始终把选人用人作为关系党和人民事业的关键性、根本性问题来抓。坚持德才兼备、以德为先、任人唯贤，这是新时代党的组织路线的基本原则，也是由我们党的性质、宗旨、地位和历史使命所决定的。习近平同志指出：“用一贤人则群贤毕至，见贤思齐就蔚然成风。选什么人就是风向标，就有什么样的干部作风，乃至就有什么样的党风。”[①]在干部选拔任用过程中，必须坚持德才兼备、以德为先、任人唯贤的基本原则，树立正确的选人用人导向，确保真正培养选拔出党和人民需要的新时代好干部。

“一个‘为’”，即“为坚持和加强党的全面领导、坚持和发展中国特色社会主义提供坚强组织保证”。政治路线决定组织路线，组

① 《习近平谈治国理政》，外文出版社 2014 年版，第 418 页。

织路线要为政治路线服务。这“一个‘为’”,不仅深刻揭示了党的组织路线和政治路线的内在关系,而且明确了加强党的组织建设的根本目标。确立新时代党的组织路线,其根本目的即在于加强并实现党的全面领导,推动中国特色社会主义事业朝着更高目标不断前进。这不仅是新时代党的组织工作的本真要义和历史使命,也是检验组织工作实际成效的“试金石”。

三、认真贯彻落实新时代党的组织路线

新时代党的组织路线是理论的也是实践的。切实贯彻落实新时代党的组织路线,既是新时代坚持和发展中国特色社会主义的必然要求,也是决胜全面建成小康社会和实现中华民族伟大复兴中国梦的必然要求。

切实贯彻落实新时代党的组织路线,必须始终坚持和加强党的全面领导。要旗帜鲜明讲政治,坚决维护习近平总书记党中央的核心、全党的核心地位,坚决维护党中央权威和集中统一领导,教育引导各级党组织和党员干部牢固树立“四个意识”、坚定“四个自信”。要始终以习近平新时代中国特色社会主义思想为指导,扎实开展“不忘初心、牢记使命”主题教育,全方位做好各项工作。要将政治建设贯穿党的建设和组织工作全过程各方面,以是否做到坚持和加强党的全面领导,是否坚持党中央权威和集中统一领导来检验工作成效。

切实贯彻落实新时代党的组织路线,必须建强党的组织体系。要以组织体系建设为重点,使党的各级组织各正其位、各司其职、各负其责,上下贯通、左右联动,分工合作、步调一致,最大限度发挥好党的组织优势。要确保党中央定于一尊、一锤定音的权威。党中央是党的整个组织体系的“大脑”和“中枢”,地方组织、基层组

织则是各个“器官”“细胞”。没有“大脑”和“中枢”，组织体系就无法正常运转。因此，全党各级组织和全体党员必须从思想上充分认识坚决维护党中央权威的极端重要性，并在行动上做到听从党中央指挥，有令即行、有禁即止。要着力提升基层党组织组织力，突出政治功能，优化组织设置，理顺隶属关系，分类别分领域统筹抓好党的基层组织建设，推动基层党组织全面进步、全面过硬。要加强社会组织党的建设，探索加强新兴业态和互联网党建工作，增强党在新兴领域的凝聚力、号召力。要抓好支部标准化、规范化建设，建设新时代过硬党支部。要着眼于永葆党的先进性和纯洁性，着力提高发展党员质量、提高教育实践活动质量、提高选人用人质量、提高党内政治生活质量、提高人才培养质量、提高党的制度建设质量。

切实贯彻落实新时代党的组织路线，必须做好“人”的工作。贯彻新时代党的组织路线，建设忠诚干净担当的高素质干部队伍是关键。要着力完善素质培养、知事识人、选拔任用、从严管理、正向激励“五个体系”建设，全方位做好干部培育、选拔、管理、使用工作，建设一支忠实贯彻习近平新时代中国特色社会主义思想，符合新时代好干部标准的高素质专业化干部队伍。要大力集聚各方面优秀人才，加快实施人才强国战略，确立人才引领发展的战略地位，建立健全人才发展、管理、评价机制，最大限度激发人才活力，为新时代坚持和发展中国特色社会主义提供智力支持和人力保障。要切实做好年轻干部培养选拔工作，研究制定相关办法，着力做好发现、培养、锻炼、任用、管理等各项工作，造就一支数量充足、质量优良、作风正派、堪当未来发展重任的优秀年轻干部队伍，为党和国家事业发展提供源源不断的新生力量。

第三节 把好干部标准落到实处

选人用人问题是关系党和人民事业兴衰成败的关键问题，是治国理政的头等大事。党的十八大以来，习近平同志着眼于党和国家事业全局，系统深刻阐述了“怎样才是好干部”“怎样成为好干部”“怎样选用好干部”“好干部怎样干好事”等一系列重大理论和实践问题，鲜明提出要按照“信念坚定、为民服务、勤政务实、敢于担当、清正廉洁”的标准大力培养选拔党和人民需要的好干部。这一好干部标准，为新时代各级党组织培养教育、选拔任用好干部，建设高素质专业化干部队伍，提供了科学指南和根本遵循。

一、好干部标准的历史传承及时代价值

我们党历来高度重视选贤任能，在干部选拔任用中注重坚持好干部标准。2013 年 6 月，习近平同志在全国组织工作会议上的讲话指出：“好干部的标准，大的方面说，就是德才兼备。同时，好干部标准又是具体的、历史的。不同历史时期，对干部德才的具体要求有所不同。”[①]纵观党的历史，由于时代背景不同，党自身所处的历史方位和肩负的历史使命不同，好干部标准也会不断变化和发展。

我们党一经成立即投身革命洪流之中，在烽烟弥漫的战争年代，干部的产生和成长主要服从于革命斗争的需要。1929 年 6 月，党的六届二中全会提出要以“政治认识、纪律性及对工人阶级利益的牺牲性”为主要标准选拔干部。1937 年 5 月 8 日，毛泽东同志在

---

① 《习近平谈治国理政》，外文出版社 2014 年版，第 412 页。

党的全国代表会议上提出了好干部的七条标准，即“懂得马克思主义列宁主义，有政治远见，有工作能力，富于牺牲精神，能独立解决问题，在困难中不动摇，忠心耿耿地为民族、为阶级、为党而工作”①。在1938年中共六届六中全会上，毛泽东同志明确提出了“任人唯贤”的干部路线，并且强调指出：“共产党的干部政策，应是以能否坚决地执行党的路线，服从党的纪律，和群众有密切的联系，有独立的工作能力，积极肯干，不谋私利为标准。”②解放战争后期，为了适应新的形势和任务的需要，党的各级干部亟须提高领导水平和管理水平，“懂政策、有能力”成为当时衡量干部特别是城市干部素质和能力的重要标准。综上可知，在革命战争年代，对党忠诚、英勇善战、不怕牺牲的干部就是好干部。

进入社会主义革命和建设时期，毛泽东同志进一步提出：“政治和业务是对立统一的，政治是主要的，是第一位的……但是，专搞政治，不懂技术，不懂业务，也不行……我们各行各业的干部都要努力精通技术和业务，使自己成为内行，又红又专。”③在这一时期，懂政治、懂业务、又红又专的干部就是好干部。

改革开放初期，邓小平同志明确提出：“选干部，标准有好多条，主要是两条，一条是拥护三中全会的政治路线和思想路线，一条是讲党性，不搞派性。”④在1980年底召开的中央工作会议上，他又首次提出了干部队伍革命化、年轻化、知识化、专业化的“四化”方针。在这一时期，拥护党的十一届三中全会确立的路线、方针、政策，有知识、懂专业、锐意改革的干部就是好干部。党的十三届

① 《毛泽东选集》第1卷，人民出版社1991年版，第277页。
② 《毛泽东选集》第2卷，人民出版社1991年版，第527页。
③ 《毛泽东文集》第7卷，人民出版社1999年版，第309页。
④ 《邓小平文选》第2卷，人民出版社1994年版，第192页。

四中全会以后，党中央进一步丰富、发展并坚持了这一导向和要求。江泽民同志多次强调，在选拔任用干部时，要坚持党的原则，坚持公道正派的用人标准和干部政策。胡锦涛同志则着重强调，要坚持把干部的德放在首要位置，提出选拔领导干部要以德才兼备、以德为先、注重实绩、群众公认为原则。

党的十八大以来，以习近平同志为核心的党中央团结带领全国各族人民进行具有许多新的历史特点的伟大斗争，着力建设一支宏大的高素质专业化干部队伍。2013 年 6 月 28 日，在全国组织工作会议上，习近平同志站在新的历史方位，给好干部的标准赋予了新的时代内涵，明确提出："好干部要做到信念坚定、为民服务、勤政务实、敢于担当、清正廉洁。"[①]这一好干部标准，不仅坚持了我们党选拔任用干部注重德才兼备、以德为先的历史传统，而且结合新时代党和人民事业的需要，丰富和深化了好干部标准的时代内涵，为新时代干部成长和发展提供了根本遵循，为建设高素质专业化干部队伍提供了坚实保障。

二、正确认识"二十字"好干部标准

(一)信念坚定

理想信念是否坚定，这是判断一个干部是不是好干部的首要标准。习近平同志指出："理想信念就是共产党人精神上的'钙'，没有理想信念，理想信念不坚定，精神上就会'缺钙'，就会得'软骨病'。"[②]对于广大干部来讲，在新时代做到信念坚定，必须不忘初心，坚守马克思主义信仰，坚定共产主义远大理想和中国特色社会

① 《习近平谈治国理政》，外文出版社 2014 年版，第 412 页。
② 《习近平谈治国理政》，外文出版社 2014 年版，第 414 页。

主义共同理想，坚持党的基本理论、基本路线、基本方略不动摇；必须坚持以习近平新时代中国特色社会主义思想为指导，用这一党的理论创新最新成果武装头脑、指导实践、推动工作；必须牢固树立“四个意识”，坚定“四个自信”，坚决做到“两个维护”，始终做到忠诚于党、忠诚于信仰、忠诚于人民，矢志不渝为新时代中国特色社会主义事业而奋斗。

（二）为民服务

全心全意为人民服务是我们党的根本宗旨，也是好干部的为政之道。为民服务不仅是党的干部的职责所在，更是中国共产党人的价值追求。2012 年 12 月，习近平同志在河北省阜平县考察扶贫开发工作时专门强调：“我们讲宗旨，讲了很多话，但说到底还是为人民服务这句话。”①一切为民者，则民向往之。是否能够做到牢记宗旨、心系群众、为民服务，既是检验广大干部是否合格的试金石，也是人民群众评价干部、取舍干部的关键所在。为民服务，要求新时代好干部必须坚持人民主体地位，坚持立党为公、执政为民，践行以人民为中心的发展理念，不断改善人民生活质量，提高人民生活水平，用干部的“奉献指数”赢得群众的“满意指数”，用干部的“辛苦指数”提升群众的“幸福指数”，让广大人民群众有更多的获得感。

（三）勤政务实

2018 年“五一”节前夕，习近平同志在给中国劳动关系学院劳模本科班学员回信中指出：“社会主义是干出来的，新时代也是干出来的。”我们党历来崇尚实干，实干也是推动一切工作落到实处

---

① 本书编委会编著：《坚定不移反对腐败的思想指南和行动纲领》，人民出版社 2018 年版，第 230 页。

的关键。习近平同志将“勤政务实”作为好干部的一个标准提出来,为广大党员干部践行新时代历史使命提出了明确要求。勤政务实,要求党的干部必须拥有敬业奉献的工作精神、求真务实的工作作风和认真负责的工作态度,要勤于学习、善于思考,勤于调查、善于研究,勤于倾听群众呼声、善于解决群众困难;要把发展紧紧抓在手中,不图虚名、不务虚功,既要做显功,也要做潜功,全身心投入到伟大的中国特色社会主义事业之中,努力创造出无愧于时代、无愧于人民、无愧于历史的业绩。

(四)敢于担当

“为官避事平生耻。”敢于担当、勇于负责既是重要的为政之德,也是新时代党的干部必备的基本素质。以习近平同志为核心的党中央高度重视干部队伍的担当精神和责任意识,明确要求广大党员干部必须敢于担当、勇于负责。习近平同志曾专门指出:“干部就要有担当,有多大担当才能干多大事业,尽多大责任才会有多大成就。”[①]敢于担当,作为新时代好干部的一条重要标准,要求党员干部必须要有担当意识,要明确自身所肩负的责任和使命,把个人担当与党和人民的事业紧密联系起来;要求党员干部必须要有敢于担当的勇气,要敢于挑战、敢于创新、敢于迎难而上,面对大事敢于亮剑、敢于发声,面对难事敢于试错、敢于冲关,面对失误敢于承担责任,面对失败敢于重整行装再出发;要求党的干部必须有担当所需要的能力和素质。敢于担当,不是要求党员干部做有勇无谋的“莽张飞”,而是要求党员干部做运筹帷幄的“小诸葛”。这也就要求党员干部必须担当面前讲党性顾大局、讲方法谋良策、

---

① 中共中央文献研究室编:《十八大以来重要文献选编》(中),中央文献出版社2016年版,第324页。

讲纪律守规矩、讲权责不逾矩。

（五）清正廉洁

“廉者，政之本也。”清正廉洁，是我国传统道德的一个基本规范，是我们党一以贯之的鲜明的政治本色，也是新时代好干部的重要评价标准和基本从政要求。所谓清正廉洁，指的是从政者要清白正直，不贪财货。换言之，不求曰清，不偏曰正，不受曰廉，不污曰洁。不求曰清，即不贪图名利，不谋求个人私利和特权。这体现着为官者清雅高尚的品格。不偏曰正，即坚守原则，不偏不倚，追求公义，秉公用权。这是为官者养成浩然正气的基本前提。不受曰廉，即不拿俸外之物，不受不义之财。这是为官者需要秉持的基本操守。不污曰洁，即不让自己清白的人品受到玷污，就是洁身自好。这体现了为官者修己安人的境界追求。以清正心，以正用权，以廉自律，以洁修身，这就是清正廉洁的要求。[①] 习近平同志指出：“廉洁自律是共产党人为官从政的底线。”[②]在十九大闭幕后政治局首次民主生活会上，他明确要求中央政治局的同志，“要带头树好廉洁自律的‘风向标’，推动形成清正廉洁的党风”[③]。无数的事实也一再证明，一个干部最后的成败，往往取决于能否做到清正廉洁。因此，作为新时代的好干部，必须时刻警醒自己，牢记全心全意为人民服务的根本宗旨，坚守清正廉洁的道德底线，踏实做事，老实做人，清白为官。唯有如此，才能为党和国家事业建功立业，才能不负党和人民的重托，才能赢得广大人民群众的广泛赞誉和衷心拥护。

---

① 参见王玉国：《清正廉洁的具体要求》，《中国纪检监察报》2017 年 12 月 25 日。

② 《习近平治国理政》第 2 卷，外文出版社 2017 年版，第 148 页。

③ 张世良：《怎样炼成新时代好干部》，人民出版社 2018 年版，第 70 页。

三、始终坚持认真践行好干部标准

好干部标准的提出，为新时代干部队伍建设提供了根本遵循，为干部成长进步指明了清晰的奋斗方向。对这一标准，各级党组织和全体党员干部必须始终坚持、认真践行。

（一）坚持好干部标准，要把政治标准放在首位

政治标准是选人用人的首要标准。党的十九大指出："要突出政治标准，提拔重用牢固树立'四个意识'和'四个自信'、坚决维护党中央权威、全面贯彻执行党的理论和路线方针政策，忠诚干净担当的干部。"[①]坚持和践行好干部标准，核心是把政治标准放在首位。这就要求全体党员干部必须做政治上的明白人，坚持政治历练，用习近平新时代中国特色社会主义思想武装头脑，坚决维护以习近平同志为核心的党中央权威，始终牢记自身的职责和使命，服从组织安排，尽全力高质量完成组织交付的各项任务。同时，组织部门作为党选人用人的职能部门，要坚持党管干部原则，在考察干部时注重政治表现，综合考察人品道德、工作能力和群众感情等各个方面，选好用好组织信任、人民需要的好干部。各级党组织要严把政治关、廉洁关、品行关、作风关，对政治上不合格的干部采取"一票否决"，坚决守好干部队伍入口第一关，真正把政治过硬、作风正派的好干部培养选拔起来，真正建设一支让党放心、人民满意的高素质专业化干部队伍。

（二）坚持正确选人用人导向，让好干部标准落地生根

坚持和践行好干部标准，必须树立正确的选人用人导向。党

---

① 习近平：《决胜全面建成小康社会 夺取新时代中国特色社会主义伟大胜利——在中国共产党第十九次全国代表大会上的报告》，人民出版社2017年版，第64页。

的十九大报告指出："要坚持党管干部原则，坚持德才兼备、以德为先，坚持五湖四海、任人唯贤，坚持事业为上、公道正派，把好干部标准落到实处。"[①]党的干部是党和国家事业的中坚力量。必须根据新时代的发展要求，把好干部标准作为选人用人的根本依据，树立正确的选人用人导向，在干部选拔任用中始终对照好干部标准，把真正符合标准的好干部集聚到建设中国特色社会主义伟大事业中来，让好干部标准落地生根。为此，必须突出政治标准、强化作风要求、注重能力素质、恪守廉洁自律，培养选拔一大批党和人民需要的好干部。各级组织部门要在党委领导下，结合具体实际把好干部标准进一步细化、指标化、可操作化，为各级党员领导干部提供具体明确可对照的行为准则和规范，使广大干部真正做到内化于心、外化于行，切实发挥指导选人用人实践、规范和提升干部行为的积极作用。

（三）完善干部考核评价体系，为落实好干部标准保驾护航

坚持和践行好干部标准，必须以完善的干部考核评价体系作为支撑。党的十九大报告指出："坚持严管和厚爱结合、激励和约束并重，完善干部考核评价机制，建立激励机制和容错纠错机制，旗帜鲜明为那些敢于担当、踏实做事、不谋私利的干部撑腰鼓劲。"[②]敢于担当、踏实做事、不谋私利的要求与好干部标准不仅一脉相承，而且高度契合。党员干部管理的目标是选出好干部、用准好干部。实现这一目标的基础和前提，是必须做好干部考核评价工作。因此，在干部考核评价工作中，要以好干部标准为参照，合

① 习近平：《决胜全面建成小康社会 夺取新时代中国特色社会主义伟大胜利——在中国共产党第十九次全国代表大会上的报告》，人民出版社 2017 年版，第 64 页。

② 习近平：《决胜全面建成小康社会 夺取新时代中国特色社会主义伟大胜利——在中国共产党第十九次全国代表大会上的报告》，人民出版社 2017 年版，第 64 页。

理设置考核评价指标,确保考核评价的科学性;要完善考核评价办法,确保考核评价的客观性;要突出民主、倾听民声、重视民意,加大群众满意度指标在考核评价中的权重;要完善干部考核评价方式和内容,增强考核评价方式的完整性、系统性、精准性,提高考核评价内容的丰富性、具体性、科学性;要强化干部考核评价结果的运用,真正发挥"风向标""指挥棒"的作用,真正考核出、评价准新时代党和国家事业发展所需要的好干部,为决胜全面建成小康社会、实现"两个一百年"奋斗目标和中华民族伟大复兴的中国梦提供坚强的组织和干部保证。

(四)练就干事创业高强本领,让好干部标准开花结果

干部是党和国家各项事业的组织者和执行者,干部队伍的素质高低、能力强弱、作风优劣直接关系到党和国家事业的兴衰成败。中国特色社会主义进入新时代,党的建设要有新气象新作为,这就要求党的干部队伍必须具备新素质、练就新本领、展现新作风。好干部标准为新时代干部队伍干事创业提供了根本遵循。好干部标准是否得到真正落实,关键要看能否真正形成一支党和人民需要的过硬干部队伍。因此,坚持和践行好干部标准,广大党员干部必须始终以坚定信念为立身之本,以勤政务实为履职之要,以敢于担当为成事之基,以清正廉洁为正气之源,努力做到政治过硬、本领高强,切实履职尽责,全身心投入到中国特色社会主义伟大事业之中。同时,广大党员干部还必须坚持党的事业第一、人民利益第一、工作需要第一,把事业需要、岗位要求和自身成长有机结合起来,在新时代的伟大实践中练就一身高强本领,真正做出经得起实践、人民和历史检验的实绩。

第四节 选优配强各级领导班子

“火车跑得快，全靠车头带。”领导班子建设是整个干部队伍建设的重点。当前，我们正在进行具有许多新的历史特点的伟大斗争，能不能赢得这场斗争的胜利，各级领导班子起着极为关键的作用。为此，习近平同志明确指示，“要保护作风正派、锐意进取的干部，真正把那些想干事、能干事、敢担当、善作为的优秀干部选拔到各级领导班子中来”[①]，选优配强各级领导班子。

一、选优配强各级领导班子是新时代的必然要求

十九大报告指出：“今天，我们比历史上任何时期都更接近、更有信心和能力实现中华民族伟大复兴的目标。”[②]实现中华民族伟大复兴这一目标，离不开党的各级领导班子作用的充分有效发挥。党的十九大提出了新时代党的历史使命，描绘了新时代的宏伟蓝图，明确了新时代党的建设总要求。要完成这些伟大、光荣而又艰巨的任务，同样离不开各级领导班子和领导干部作用的充分有效发挥。

党的十八大以来，通过开展党的群众路线教育实践活动和“三严三实”专题教育，持续推进“两学一做”学习教育常态化制度化，全党呈现出崭新气象，各级党员领导干部理想信念更加坚定、党性更加坚强。但是，我们也必须看到，党面临的“四大考验”“四种危

① 中共中央文献研究室编：《习近平关于全面建成小康社会论述摘编》，中央文献出版社2016年版，第253页。

② 习近平：《决胜全面建成小康社会 夺取新时代中国特色社会主义伟大胜利——在中国共产党第十九次全国代表大会上的报告》，人民出版社2017年版，第15页。

险”是长期的、尖锐的,影响党的先进性、弱化党的纯洁性的因素也是复杂的,党内存在的思想不纯、组织不纯、作风不纯等突出问题尚未得到根本解决。特别是要看到,在新时代,我们党领导人民进行伟大社会革命,此次革命涵盖领域的广泛性、触及利益格局调整的深刻性、涉及矛盾和问题的尖锐性、突破体制机制障碍的艰巨性、进行伟大斗争形势的复杂性,都是前所未有的。因此,面对新形势新任务,我们亟须选优配强各级领导班子,为新时代经济社会发展提供坚强的政治保证和组织保证。

二、抓住“四个关键”选优配强各级领导班子

各级领导班子是一个地区、单位、部门的中枢神经,是经济社会发展的指挥部,在各项事业发展中肩负着至关重要的职责。选优配强各级领导班子,需要重点做好“一把手”配备、健全领导制度、优化班子结构、完善考察机制等工作。

(一)选好“一把手”,选优配强班子“领头雁”

在领导班子中,“一把手”至关重要。习近平同志高度重视领导班子“一把手”的作用,明确指出:“‘一把手’是党政领导集体的‘班长’,是一个地方和部门贯彻中央大政方针、省委省政府重大决策的第一责任人。把方向、抓大事、谋全局,是‘一把手’的根本职责。”[①]对“一把手”的选配,要按照重要岗位干部重点管理的要求,从严选好配强各级领导班子正职。要按照好干部标准,从党和人民事业需要出发,重点选拔政治上强,能够驾驭全局、善于抓班子带队伍,具备优良民主作风,敢于担当、勇于负责、廉洁奉公的高素质干部担任班子“一把手”。当前,我们正在进行具有许多新的历

① 习近平:《之江新语》,浙江人民出版社2007年版,第20页。

史特点的伟大斗争，党和国家各方面工作任务十分繁重，尤其需要各级领导班子的“一把手”具有领导高质量发展、驾驭复杂局面、处理棘手问题、做好群众工作的本领。把这样的干部选拔到“一把手”岗位上，才能兴一方经济、富一方百姓、保一方平安。

（二）坚持民主集中制，建立健全领导制度

民主集中制是我们党的根本组织制度和领导制度，也是领导班子建设的一项根本性制度。实践证明，凡是对民主集中制认识比较到位、执行比较到位的地方，领导班子大多是政治坚定、团结和谐、工作高效、充满活力、廉洁自律的坚强领导集体。否则，领导班子就无法形成合力，群众威信就不高，整体形象就不好，各项工作就难有起色。在领导班子建设中，运用民主集中制的最高原则是坚持集体领导。这就要求班子在决策时要始终坚持集体领导，在具体工作中做到：凡属“三重一大”[①]事项，必须由党委集体决定，决不能由个人说了算；要严格按照议事规则办事，不搞临时动议，不随意简化、变通程序；要尊重大多数人的意志，服从大多数人的决定，同时也要对少数人的意见进行具体分析；要正确处理集体领导和个人分工的关系，班子成员在集体领导下要各司其职、各负其责，根据集体的决定创造性地开展工作。同时，在运用民主集中制的过程中，还要注意加强沟通协调，自觉接受监督，健全常委会、全委会议事制度和票决制度、民主协商制度等各项具体制度，落实好民主生活会、谈心谈话等制度，确保民主集中制得到切实实行。

（三）优化领导班子结构，发挥班子整体功能

领导班子运行好不好、功能强不强，班子结构很重要。特别是

① “三重一大”制度，即重大事项决策、重要干部任免、重要项目安排、大额资金的使用，必须经集体讨论作出决定的制度。

班子的年龄结构、专业结构、经验结构、气质结构。在年龄结构上，要坚持老中青相结合的梯次配备，用好各年龄段的干部，但也要避免简单以年龄划线，不搞领导班子成员任职年龄层层递减和“一刀切”，既要注重从不同地区、不同行业、各条战线选拔一批优秀年轻干部进入新班子，又要注意保留一些经验丰富、事业心强、工作得力、年龄较大的干部，充分发挥各年龄段干部的作用；在专业结构上，要充分了解领导干部的专长，用其所长、避其所短，让具有不同专业背景的干部各尽其能、各展其才、各得其所；在经验结构上，要充分考虑班子成员的工作经历，优化班子的经验结构，充分发挥实践经验在班子运行中的作用；在气质结构上，要充分考虑班子成员的性格气质差异，注重性格与从事工作领域的匹配度，努力将那些气质性格互补的干部配在班子里。同时，在领导班子配备中，还要综合考虑性别、民族等方面因素，做到合理搭配，不断优化班子结构，充分发挥班子成员的整体功能。

（四）完善干部考察机制，准确识别优秀干部

考察是识别干部的一个重要环节。是否能够将信念坚定、为民服务、勤政务实、敢于担当、清正廉洁的新时代好干部选拔进领导班子中来，与能否做到全面真实准确考察干部密切相关。要按照《党政领导干部选拔任用工作条例》的相关规定，考察党政领导职务拟任人选，必须依据干部选拔任用条件和不同领导职务的职责要求，全面考察其德、能、勤、绩、廉；考察地方党政领导班子成员，应当把有质量、有效益、可持续的经济发展和民生改善、社会和谐进步、文化建设、生态文明建设、党的建设等作为考核评价的重要内容，更加重视劳动就业、居民收入、科技创新、教育文化、社会保障、卫生健康等方面的考核，强化约束性指标考核，加大资源消耗、环境保护、消化产能过剩、安全生产、债务状况等指标的权重，

防止单纯以经济增长速度评定工作实绩。同时，要创新干部考察方式方法，着力解决考察失实失真问题，防止干部"带病上岗""带病提拔"，确保真正将符合好干部标准、党和人民放心的优秀干部选拔进各级领导班子，为新时代中国特色社会主义事业顺利发展提供组织保证和人才支撑。

第五节　切实增强干部队伍适应新时代发展要求的能力

干部队伍的能力素质是党整体质量的重要外在表现，干部队伍能力素质的高低直接影响到党的路线方针政策贯彻落实的效果，决定着党和国家事业的成败。党的十八大以来，干部队伍整体素质和专业化水平逐步提高，但与新时代党和国家事业发展的要求相比，仍存在结构不合理、专业化水平不高、本领不适应等问题。面对这一状况，党的十九大明确提出了"建设高素质专业化干部队伍"的要求，强调要"注重培养专业能力、专业精神，增强干部队伍适应新时代中国特色社会主义发展要求的能力"。这是我们党根据新时代的新形势新特点，着眼实践发展的新任务新需要，对干部队伍建设作出的科学判断，对提高干部队伍专业能力、专业精神提出的新的时代要求。

一、努力提高新时代干部队伍专业能力

专业能力，指的是各级干部特别是领导干部对于本职工作的精通程度和把握能力。[①] 习近平同志在十九大报告中指出："我国社会主要矛盾已经转化为人民日益增长的美好生活需要和不平衡

① 参见杨彧：《建设高素质专业化干部队伍》，《光明日报》2017年10月25日。

不充分的发展之间的矛盾。”[1]新时代对提升干部队伍能力水平提出了新的更高要求。全体党员干部都要适应新时代发展要求，努力提高自身的专业能力，从而更好地在决胜全面建成小康社会、夺取新时代中国特色社会主义伟大胜利、实现中华民族伟大复兴中国梦的新征程中建功立业。

（一）提高专业能力要注重读书学习

“学者非必为仕，而仕者必为学。”读书学习是党的干部加强党性修养、坚定理想信念、提升精神境界的一个重要途径，也是提高干部队伍专业能力的基础和前提。习近平同志就曾专门强调：“领导干部读书学习水平，在很大程度上决定着工作水平和领导水平。”[2]由于领导干部工作的特殊性，加强学习已不是纯粹的领导个人行为，而是一种社会行为，是一种社会责任。领导干部加强学习，学好政治理论是其首要任务。理论不仅是行动的指南，也是培养专业能力的思想基础。在学好政治理论的基础上，各级党员领导干部要立足新时代对干部能力素质提出的各项要求，重点加强业务学习。要广泛涉猎经济、法律、科技、文化、管理、国际和信息网络等多方面的知识，紧密结合自己负责的工作，按照“干什么学什么、缺什么补什么”的原则，有针对性地学习掌握做好领导工作、履行岗位职责必备的各种知识，多读与本职工作相关的新理论、新知识、新技能、新规则的书，做到学一行、专一行、精一行，努力成为熟悉专业的“活字典”、精通业务的“行家里手”。同时，在读书学习的过程中，还要注重实践锻炼，在实践中检验所学、获取新知。通

---

① 习近平：《决胜全面建成小康社会 夺取新时代中国特色社会主义伟大胜利——在中国共产党第十九次全国代表大会上的报告》，人民出版社 2017 年版，第 11 页。

② 习近平：《领导干部要爱读书读好书善读书——在中央党校 2009 年春季学期第二批进修班暨专题研讨班开学典礼上的讲话》，《学习时报》2009 年 5 月 18 日。

过不断的学习与锻炼，努力提高专业素养，掌握科学的领导理念，有效履行领导职能，创造性地开展工作，全面提高自身的领导能力与领导水平。

（二）提高专业能力要掌握科学思维方法

党员领导干部能力的提升，离不开科学的思维方法。掌握科学思维方法，是提高广大党员干部专业能力的内在要求。党的十八大以来，习近平同志多次强调各级领导干部要努力学习掌握科学的思维方法，防止出现“新办法不会用，老办法不管用，硬办法不敢用，软办法不顶用”的情况，以科学的思维方法保证各项改革顺利推进。具体来讲，党员领导干部要着重掌握五大科学思维方法，即战略思维、历史思维、辩证思维、创新思维、底线思维。战略思维，指的是从全局视角和长远眼光把握事物发展总体趋势和方向、客观辩证地思考和处理问题的科学思维；历史思维，指的是运用马克思主义唯物史观从历史视野和发展规律中思考分析问题、把握前进方向、指导现实工作的科学思维；辩证思维，指的是运用唯物辩证法观察事物、分析问题、解决问题的科学思维；创新思维，指的是马克思主义因时制宜、知难而进、开拓创新的科学思维；底线思维，指的是从客观设定最低目标出发争取最大期望值的一种科学思维。只有提高领导干部思维能力，正确运用这些科学思维方法观察事物、分析问题，才能不断增强领导工作的科学性、主动性和创造性，更好地推进国家治理体系和治理能力现代化。

（三）提高专业能力要加强实践锻炼

实践出真知，实践出能力。实践是干部提升素质、增强能力的有效渠道，也是培养干部队伍专业能力的科学路径。“纸上得来终觉浅，绝知此事要躬行。”对实践的重要作用，毛泽东同志曾形象地指出：“你要有知识，你就得参加变革现实的实践。你要知道梨子的滋味,你就得变革梨子,亲口吃一吃。……一切真知都是从直接经验发源的。”[①]由此可见,直接实践、直接经验在提高能力过程中具有不可替代的重要作用。没有亲身实践、亲身体验、亲身参与,就不可能获得真知、提升能力。在新时代,党员领导干部的专业能力必须在新时代中国特色社会主义伟大实践中得以锻炼。无数干部的成长经历也一再证明,对专业性要求越高的工作,越需要更加深入地投身到直接实践中。因此,广大党员领导干部必须躬身实践,放下身段真抓实干,深入到基层中去,拜人民为师,倾听民声、了解民情、汇聚民意、解决民难,扎扎实实练就真本领,努力做出经得起实践、人民和历史检验的实绩。

二、切实增强新时代干部队伍专业精神

专业精神,指的是在任何工作岗位上都努力成为行家里手的敬业精神,是对自己所从事的工作热爱、专注和投入的执着精神,是能够自觉按照岗位工作自身规律和专业规范开展工作的严谨精神。[②] 专业精神对党的干部而言,是决定其能否在改革一线、发展前沿有效推进工作的关键。当此中国特色社会主义进入新时代之时,建设高素质专业化干部队伍,就是要求必须着力培育干部专业精神,增强干部专业意识,努力提升干部队伍专业化水平。

专业精神应是“专注+敬业”的完整组合。专业精神首先表现为一种专注、敬业的态度,是专业能力在精神层面的升华。对我们党的干部来讲,专注的目标只能是全心全意为人民服务的根本宗旨,要把全部的身心都投入到无限的为人民服务中去,倾尽全力为

① 《毛泽东选集》第1卷,人民出版社1991年版,第287～288页。
② 参见杨彧:《建设高素质专业化干部队伍》,《光明日报》2017年10月25日。

人民群众排忧解难、纾危解困，对此必须“咬定青山不放松”，始终做到专心致志，任何时候都不能有所偏移。同时，一个好干部在坚守党的根本宗旨的基础上，还要把敬业变成一种习惯，持之以恒地保持对工作的热爱，保持一钻到底和专注做事的韧劲，不断激发出自己的最大潜能，努力把工作做到极致。

专业精神应是“专爱＋奉献”的有机统一。俗语讲：干一行，爱一行。只有爱一行，才能干好一行。身在不同岗位的干部必须清醒地认识到，无论处在何种岗位上，都体现着党和人民对自己的信任，都承载着党和人民对自己的厚望。只有热爱岗位、用心工作、甘于奉献，才能真正干好工作，才能获得组织的更大信任和人民的衷心拥护。要做到对本职岗位的“专爱”，就决不能心神不定、心猿意马，明里当着官、暗里想发财；决不能贪图享乐、尸位素餐，占着工作岗位，只当撞钟和尚。因此，广大党员干部必须真心热爱本职工作，始终做到勤学善思、脚踏实地，始终做到真情满怀、充满活力，始终做到甘于奉献、无怨无悔，在新时代用出色的工作业绩书写绚丽的人生华章。

专业精神还应是“专攻＋创新”的完美结合。专攻，指的就是广大党员干部必须要以“工匠精神”对待工作。高素质专业化干部，必须能够以严谨细致的优良作风出色完成每一项工作，始终坚持高标准、严要求，始终做到认真负责、精益求精。广大党员干部要拿出“工匠精神”，做到“术业有专攻”，聚焦专业知识，提升专业素养，夯实专业本领，以专业化的水平推广创新实践，以清正廉洁的职业操守追求专业成效，真正成为干部队伍里的“行家里手”，以更好地适应新时代中国特色社会主义发展对干部素质能力提出的新要求。

第五章　具体化精准化抓好基层党组织建设

中国共产党的组织体系，是涵盖党的中央组织、党的地方组织、党的基层组织的三级组织体系。党的基层组织在党的组织体系中处于基础地位，是党在社会基层组织中的战斗堡垒，是党的全部工作和战斗力的基础。我们要推进好新时代党的建设和治党管党工作，担负好新时代党的领导和执政使命，就必须全心全意、全力以赴地把基层党建各项工作抓紧抓牢，必须具体化、精准化地把党的基层组织建设抓细抓好。

第一节　党的基层组织是党的全部工作和战斗力的基础

1992 年 10 月，党的十四大报告首次提出："党的基层组织是党的全部工作和战斗力的基础。"[①]随后，修订出台的十四大党章在第 31 条中规定："党的基层组织是党在社会基层组织中的战斗堡垒，

① 《中国共产党第十四次全国代表大会文件汇编》，人民出版社 1992 年版，第 51 页。

是党的全部工作和战斗力的基础。”这实际上也是首次将对党的基层组织的这一定位写入党章。1994 年 9 月，党的十四届四中全会审议通过的《中共中央关于加强党的建设几个重大问题的决定》，在谈到“加强和改进党的基层组织建设”时，进一步强调指出：“党的基层组织是党的全部工作和战斗力的基础，担负着直接联系群众、宣传群众、组织群众、团结群众，把党的路线方针政策落实到基层的重要责任。”由此开始，党的基层组织为“党的全部工作和战斗力的基础”这一定位被在党章规定中、在党内话语体系中固定下来，并一直延续至今。

一、党的基层组织是党的全部工作的基础

2017 年 10 月，党的十九大报告指出：“党的基层组织是确保党的路线方针政策和决策部署贯彻落实的基础。要以提升组织力为重点，突出政治功能，把企业、农村、机关、学校、科研院所、街道社区、社会组织等基层党组织建设成为宣传党的主张、贯彻党的决定、领导基层治理、团结动员群众、推动改革发展的坚强战斗堡垒。”[①]这就围绕着突出政治功能，明晰了党的基层组织在推进党的全部工作落地的冲锋陷阵过程中应担负的五大具体职责，即“宣传党的主张、贯彻党的决定、领导基层治理、团结动员群众、推动改革发展”。而推动这五大具体职责落地的过程，就是充分诠释“党的基层组织是党的全部工作的基础”这一命题的过程。

（一）“宣传党的主张”的基础

党的基层组织要通过广泛深入的宣传动员、反复的政治灌输，

① 习近平：《决胜全面建成小康社会 夺取新时代中国特色社会主义伟大胜利——在中国共产党第十九次全国代表大会上的报告》，人民出版社 2017 年版，第 65 页。

把党的理论纲领、党的路线方针政策及其动向走向、党领导推进改革发展稳定的主张、党的决策决议决定等，传输到每一个基层党员、基层群众、社会基层组织中，以切实保证党的声音、党的主张对基层社会的全覆盖。

（二）“贯彻党的决定”的基础

党的基层组织要旗帜鲜明、理直气壮、不折不扣地贯彻落实党的路线方针政策和决议决定，做党的路线方针政策的忠实实践者、自觉践行者，实现基层党员、基层群众对党的政策和决定的内化于心、外化于行。广大基层党组织、党员干部在贯彻落实党的决议决定的过程中，一定要按既定的原则、规则和要求行事，切忌搞变通、偏方向，坚决防止“上有政策，下有对策”式的走样变形。

（三）“领导基层治理”的基础

党的十八届三中全会以来，推进国家治理、社会治理的行动已经展开。在基层基础层面，国家治理和社会治理是以基层治理的形式得以呈现的。基层治理是基层社会的各种力量共同参与、合力推进的治理形态和治理过程。诚然，基层治理不应是随意性的、盲目性的，而应是有组织、有领导的。而鉴于中国共产党的领导党和执政党地位，基层治理也必须被自觉地置于党的领导之下。党对基层治理的领导，在其具体形态上就体现为广大基层党组织对基层治理的领导。基层党组织要发挥好领导基层治理的功能：一要首先亮明在基层治理中的领导权，表明对基层治理的统帅角色、统领地位、统辖权限；二要以自身的工作和努力，动员基层社会中的各种社会组织、各种社会力量、全体社会群众共同参与治理过程，形成基层党组织统领下的基层社会治理的整体合力，形成以基层党组织为“指挥”的基层社会治理“大合唱”。

(四)"团结动员群众"的基础

基层党组织身处群众之中,时时处处都在与群众打交道,也为基层群众所熟知熟悉,是基层群众的贴心人、是基层群众可依靠的坚实臂膀。因此,基层党组织在团结动员群众方面有其独特优势,是实现基层社会整合的中坚力量。要切实发挥好团结动员群众的功能定位,党的基层组织就必须树牢马克思主义群众观点、自觉践行党的群众路线、发扬密切联系群众的作风,真正把道理给基层群众讲透讲明、把事实给基层群众摆足廓清、把利益给基层群众维护到位,促使基层群众在思想上、情感上、行为上都自觉向基层党组织聚拢靠近。

(五)"推动改革发展"的基础

1942 年 12 月,毛泽东在陕甘宁边区高级干部会议上深刻指出:"一切空话都是无用的,必须给人民以看得见的物质福利。"[①]基层群众的物质福利从何而来?说到底,基层群众各种物质福利、各项利益诉求的实现,要靠改革发展;基层党组织在群众中的影响力、美誉度,最终也要靠改革发展来提升。据此,推动改革发展就应是党的基层组织的应然功能定位。党的基层组织推动改革发展,就要秉持"排除千难万险搞改革、一心一意谋发展"的理念,在全面深化改革的过程中做改革的忠实实践者、积极推动者,主动为改革增加正能量而不是负能量,以推动改革发展的实际成效、实打实业绩实现最大程度地造福于民、普惠于民。

二、党的基层组织是党的组织基础

古语云:"合抱之木,生于毫末;九层之台,起于垒土。"这句话

① 《毛泽东文集》第 2 卷,人民出版社 1993 年版,第 467 页。

特别强调了基层基础对于宏伟上层建筑的极端重要性。在我们党自上而下由党中央组织、地方组织、基层组织构成的三级组织体系中，党的基层组织处于基层基础地位，是党的组织基础。如果将自上而下党的组织体系比作是一座大楼的话，那么，党的基层组织就是这座大楼的地基。一个大楼的稳定与否，不取决于这座楼盖得有多高、是什么建筑风格，而是要看其地基。在建筑学上，在盖大楼这个问题上，有一个绝对不能背离、必须始终坚持的"死原则"，即"先地下，后地上"。也就是说，一个大楼究竟盖多高、究竟盖成什么样式和风格的，这是我们盖楼时第二位要考虑的问题；我们首要的、第一位需要考虑的问题是，如何把这座大楼的地基打好、把地下层面的基础设施搞好。否则，这个大楼的地基可能就会出问题，大楼可能就要倒掉。

同理，如果将自上而下党的组织体系比作一座大楼的话，我们的"地基"就是468.1万个（截至 2019 年底）党的基层组织，这是关系我们党的整个组织体系稳固的大问题。正因如此，江泽民同志才着力指出："如果党的基层组织统统都淡化了，我看总书记就一定会变成'空头司令'。""没有广大基层党组织战斗力的发挥，最后，我看我们全党的战斗力就是空的。"① 习近平同志在 2013 年 6 月 28 日的全国组织工作会议上特别指出："麻绳最容易从细处断。越是情况复杂、基础薄弱的地方，越要健全党的组织、做好党的工作，确保全覆盖。"② 如果党的基层组织建设抓不好、基层党建工作做不好，一旦党的基层组织作为党的组织体系这个大楼的地基出

---

① 中共中央文献研究室编：《十三大以来重要文献选编》（中），中央文献出版社 1991 年版，第 582 页。

② 中共中央文献研究室编：《习近平关于全面从严治党论述摘编》，中央文献出版社 2016 年版，第 131 页。

了问题，整个党的组织体系就会前后左右摇摆晃动并最终倾倒。

三、党的基层组织是基层党建的基础

“基层党建”这个提法，最早是在2002年11月党的十六大报告中提出来的。十六大报告指出：要“切实做好基层党建工作，增强党的阶级基础和扩大党的群众基础”。2007年10月，十七大报告中仍然沿用“基层党建”的提法，指出：要“全面巩固和发展先进性教育活动成果，着力加强基层党的建设”。2012年11月，党的十八大报告进一步指出：要“创新基层党建工作，夯实党执政的组织基础”。

“党的基层组织建设”与“基层党的建设”（简称“基层党建”），是两个既具有同一性又具有不同性的概念。从狭义上讲，“党的基层组织建设”与“基层党建”是同义词、同一词，基本上可以画等号。但是，从广义上讲，“基层党建”是内涵外延都远比“党的基层组织建设”更为宽泛的概念。所谓“基层党建”，就是以党的基层组织为组织主体、组织载体，同时涵盖基层党员队伍建设、基层干部队伍建设、党内基层民主建设、基层党风廉政建设、全面从严治党向基层延伸等在内的，立足抓基层打基础，集中在党的基层组织层面展开的党的建设形态。由此可见，在广义上，党的基层组织建设只是基层党建的一个构成面，只是基层党建整体结构体系下的一个子系统而已。现在我们在使用“基层党建”这一概念的时候，多数情况下是从广义上来使用的。因此，从这个意义上讲，党的基层组织既是基层党建的重要构成面，也是基层党建所有工作得以开展的组织载体、组织依托、组织基础之所在。

四、党的基层组织是党在社会基层组织中的战斗堡垒

十九大新党章第32条明确指出:“党的基层组织是党在社会基层组织中的战斗堡垒。”据此可以看出:党的基层组织与社会基层组织存在着生死相依、唇亡齿寒的紧密联系。这种紧密联系说到底就是:党的基层组织是要依存于社会基层组织而生存发展的,社会基层组织是党的基层组织的母体。由这一联系出发,根据党的基层组织所安身立命的社会基层组织的不同种类、不同领域范畴,大体上可以将党的基层组织划分为以下种类:农村基层党组织(含乡镇)、国企基层党组织、机关基层党组织、事业单位基层党组织(含高校、科研院所、医院、学校)、城市社区基层党组织(含街道)、非公企业中党的基层组织、社会组织中党的基层组织、军队基层党组织以及近来新兴的海外基层党组织、域外基层党组织、融合型基层党组织,等等。

总的来讲,不同种类和类型的党的基层组织,均在社会基层组织中发挥战斗堡垒作用,而且是以不同的样态呈现出来的。(1)领导作用。街道、乡、镇党的基层委员会和村、社区党组织,领导本地区的工作和基层社会治理;国有企业党委(党组)发挥领导作用,把方向、管大局、保落实;实行党委领导下的行政领导人负责制的事业单位中党的基层组织,对重大问题进行讨论和作出决定,同时保证行政领导人充分行使自己的职权。(2)协调作用。非公有制经济组织中党的基层组织、社会组织中党的基层组织,在非公企业、社会组织中发挥协调各方的作用以及努力维护各方的合法权益。

五、党的基层组织是党联系凝聚群众的基础

人民是历史的创造者、是社会变革的决定性力量、是真正的英

雄。因此，民心向背是党领导下的革命、建设、改革、发展成败的关键，是关系党的生死存亡的要害性问题。对我们党来讲，最大的政治优势是善于联系群众，执政后的最大政治危险又是容易脱离群众。而保持党的最大政治优势、规避最大政治危险，始终赢得人民拥护支持、保证民心在手，客观上都要求我们党必须做好联系凝聚群众的工作。那么，这项工作由谁具体去做呢？归根到底，还是要依赖于460多万个广泛分布的党的基层组织。现行十九大党章规定了党的基层组织的八项基本任务，其中第四项就是："密切联系群众，经常了解群众对党员、党的工作的批评和意见，维护群众的正当权利和利益，做好群众的思想政治工作。"党的基层组织是直接活动、活跃于基层群众之中的党的组织形态，是直接面对广大基层群众的党的组织形态，是最能"一站式"实现与基层群众心连心、手拉手的党的组织形态。所以，从这个意义上讲，党的基层组织是党联系团结凝聚基层群众的基础所在，是密切党群关系的"生力军"和"桥头堡"。

六、党的基层组织是党的领导和执政的基础

中国共产党是当代中国的领导党、执政党，担负着治国理政、执政兴国的使命，担负着落实党的领导和执政任务的职责。从逻辑规程上讲，党的领导和执政要通过对党的路线方针政策的贯彻落实来实现，而党的路线方针政策最终的贯彻落实者就是党的基层组织。党章规定了党的基层组织的八项基本任务，其中第一项就是："宣传和执行党的路线、方针、政策，宣传和执行党中央、上级组织和本组织的决议，充分发挥党员的先锋模范作用，积极创先争优，团结、组织党内外的干部和群众，努力完成本单位所担负的任务。"因此，将党的领导和执政的各项任务目标落地，将党治国理

政、执政兴国的各项行动落地，最终都要取决于党的基层组织的作用发挥，取决于党的基层组织在宣传党的主张、贯彻党的决定中的实际行动。从这个意义上讲，党的基层组织是党的领导、党的执政的基础所在。

第二节　扩大基层党的组织覆盖和工作覆盖

2017 年 10 月，习近平在十九大报告中特别指出："要坚持'三会一课'制度，推进党的基层组织设置和活动方式创新，加强基层党组织带头人队伍建设，扩大基层党组织覆盖面，着力解决一些基层党组织弱化、虚化、边缘化问题。"[①]这就突出强调了推进党的基层组织设置和活动方式创新问题。从实质上讲，推进党的基层组织设置与活动方式创新，分别是在为党的基层组织作用功能的发挥提供"硬件"和"软件"支撑。在 2018 年 7 月召开的全国组织工作会议上，习近平又一次着力指出："要以提升组织力为重点，突出政治功能，健全基层组织，优化组织设置，理顺隶属关系，创新活动方式，扩大基层党的组织覆盖和工作覆盖。"对于如何扩大党的组织覆盖和工作覆盖，习近平还在这次会上着力强调了四个基本面：一是加强企业、农村、机关、事业单位、社区等各领域党建工作，推动基层党组织全面进步、全面过硬；二是加强社会组织党的建设，探索加强新兴业态和互联网党建工作；三是加强支部标准化、规范化建设；四是基层党组织要在贯彻落实中发挥领导作用，强化政治引领，发挥党的群众工作优势和党员先锋模范作用，引领基层各类组织自觉贯彻党的主张，确保基层治理正确方向。据此，当下我们应

① 《中国共产党第十九次全国代表大会文件汇编》，人民出版社 2017 年版，第 52～53 页。

坚持以党的十九大精神、全国组织工作会议精神为指导，与时俱进创新性地去谋划推进扩大基层党的组织覆盖、工作覆盖，确保基层党组织、基层党的活动与作用发挥真正做到无真空、无漏洞、无死角。

一、党的基层组织设置与工作覆盖存在的问题

作为领导党与执政党，我们党对社会必须具有强大的影响力和号召力，否则，党的领导与执政就无法落到实处。而党对社会的影响力和号召力主要是通过党延伸到社会领域内的基层党组织来完成的。从这个意义上讲，党的基层组织设置越是具有周延性，基层党的组织体系越是健全完善、越是能够最大程度地体现"横向到边，纵向到底"，基层党组织对社会领域的组织与工作覆盖面也就越广。相应地，党对社会的领导也就越坚强有力，也就越能够确保社会治理的正效能、社会和谐稳定的正效度。实行改革开放、发展社会主义市场经济以来，随着市场经济以及与之相伴的民主政治发展、政府职能转变、城市化进程推进，我国出现了非公企业、社会组织、城市社区等一些新兴的社会领域。能不能切实保证党的组织向这些领域的延展、能不能切实保证党的工作向这些领域的拓展，将直接关系党的领导意志在这些领域的实现，关系到党与这些领域群众的联系。基于此，我们党主动应变、积极拓宽党的基层组织的组织覆盖、工作覆盖。目前，党的基层组织建设已经形成了农村、国企、机关事业单位三大传统领域（改革开放前就有的），以及城市社区、非公企业、社会组织三大新兴领域（改革开放后新出现的）并存并行的态势。六大领域党的基层组织建设的总体格局，正在持续深化创新中。

但是，也必须清醒看到：党的基层组织设置和工作还存在空白和薄弱点，还没有完全覆盖到社会的各个角落与层面，还远没有达

到应该达到的状态。有的应当设立党的基层组织的社会基层组织中还没有及时设置或者设置不到位，有的已经设置的基层党组织却不能正常开展活动，更谈不上有效发挥作用。具体表现为：第一，有些社会基层组织出现后，其中党的基层组织的设置没有同时谋划、同步跟进、同步推进；第二，有的基层党组织不够坚强有力，出现了软弱涣散、战斗力缺乏、创新力不足等突出问题，成为老大难的“问题支部”；第三，有的基层党组织不能有效驾驭、协调与所在的社会基层组织的关系，出现了以相互拆台、争权夺利为标志的持续性内耗甚至内讧，尤以农村基层党组织与村民自治组织的矛盾最为突出。

二、扩大基层党的组织覆盖

改革开放、发展社会主义市场经济以来，我国的组织形态、治理形态、发展形态发生深刻变革，由此使得党的基层组织设置面临前所未有的新情况、新挑战。在此情势下，我们应该结合新的实际、着眼新的实效，在沿袭按地域、单位为主设置党的基层组织之传统模式的基础上，通过大胆地试、大胆地闯，努力探索更加务实有效并与改革发展的实际更相适应的党的基层组织设置模式，以真正做到哪里有群众，哪里就有党的工作；哪里有党员，哪里就有党的基层组织；哪里有党的基层组织，哪里就有红红火火的基层党建，哪里就有党的基层组织的活动开展、作用的充分发挥。

基于近些年各地在扩大基层党的组织覆盖实践中的创新性探索，当下持续扩大基层党的组织覆盖，应着力把握以下三个基本原则：

（一）党的基层组织与其所依托的社会基层组织要实现无缝衔接

要实现党的基层组织与其所依托的社会基层组织的无缝衔

接，有如下要求：各种新的社会基层组织诞生建立之后，党的基层组织的设置就要及时同步跟进；社会基层组织发生变革之后，设置在其中的党的基层组织就要及时进行“应激”适应性调整。现在随着社会基层组织的变革，基层党组织在类型上已经有了农村、国企、机关事业单位、城市社区、非公企业、社会组织、军队等基本形态，但绝不会止步于此。随着我国市场经济发展、全面深化改革的推进，还将有更多类型的社会基层组织以全新的面目呈现出来。相应地，设立于其中的党的基层组织也必须以全新的面目“示人”。唯如此，才能使党的基层组织真正成为党在社会基层组织中的战斗堡垒，真正成为社会基层组织的政治灵魂、精神领袖。

最大程度地实现党的基层组织与其所依托的社会基层组织的无缝衔接，要着力从以下维度科学谋划、精准发力。其一，要在巩固加强传统领域党的基层组织建设的基础上，大力推进城市社区、非公企业、社会组织这些新兴领域的党建工作，抓紧在非公企业建立党组织，加大在中介机构、协会、学会以及各类社会组织中建立党组织的力度。其二，坚持边组建边调整、边巩固边提高，及时做好在城市新区、开发区、新建居民区、城中村、城郊村调整和健全党组织工作，理顺隶属关系，转变工作内容和方式。其三，着力扩大农村基层党的组织覆盖，立足于改革开放以来农村社会基层组织的变革创新，推行在新兴农村社区、农民专业合作社、专业协会、产业、外出务工经商人员相对集中点建立党的基层组织。其四，加大探索村村合并、村居合并、村企共建、村居共建、社区与驻区“两新”组织联合、社区与驻区机关事业单位联合等“融合型”基层党建的力度，着力整合优化基层党建资源、凝聚形成基层党建的整体合力。

(二)理顺基层党组织与社会基层组织的权力关系

长期以来，党的基层组织与其依托发展的社会基层组织的矛盾，主要体现在权力分割上。正因为对权力分割方案以及事实上的结果有分歧，才造成有的地方党的基层组织与所依托存在的社会基层组织之间的矛盾冲突。尤其是以部分村党组织与村民自治组织之间的对立冲突，或者更进一步说，是以（非“一肩挑”模式下的）部分村党支部书记与村委会主任之间的“争权夺利”斗争最为尖锐。在此情势下，切实理顺基层党组织与其依托的社会基层组织的权力关系，需要把握的一个基本的原则就是：把坚持党的领导、依法治国、人民当家作主三者有机统一起来，将基层党组织的职责主要定位于领导和支持基层群众当家作主上，并依据党章、国家宪法法律合理划分基层党组织与社会基层组织权力的法理边界。比如，就农村基层党组织与村民自治组织的权力关系处理而言，村党组织主要应发挥领导作用、政治功能，主管村里的全面性和全局性工作，其权力重心在重大问题的决策方面；村民自治组织作为社会基层组织，主要应发挥治理功能、管控功能、服务功能，主管村里的经常性、日常性工作运转，其权力重心在执行方面。

（三）坚持从大处着眼、从小处着手，全方位推进基层党组织设置创新

在以地域、单位为主设置基层党组织的基础上，要按照便于党员参加活动、有利于党组织发挥作用的要求，探索新的基层党组织设置形式。例如，推进城市社区党组织设置创新，要着力推行社区基层党组织的网格化设置，完善“一栋楼一个党支部、一个单元一个党小组”的楼宇党建模式；支持社区内的“两新”组织、改制企业建立健全党组织，依托居民楼、商务楼、自由市场、工业园区、商业街、各种商会、在社区的工程施工项目等载体，探索“支部建在楼里、支部建在自由市场上、支部建在园区内、支部建在商业街上、支部建在工程项目上”的基层党组织单独建、联合建、挂靠建的设置

模式;按照“条块结合、资源共享、优势互补、共驻共建”的原则,着力健全完善以社区党组织为核心、以社区全体党员为主体、驻区单位党组织积极参加、社区各类基层党组织共同参与的社区区域化大党建格局、社区区域化治理格局。

三、扩大基层党的工作覆盖

党的基层组织要适应新时代的新形势新要求,不断创新工作内容与方式,找准开展活动、发挥作用的着力点,在扩大党员参与面、提高实效性上下功夫,在基层不断增强党的工作的创造力、凝聚力、战斗力,扩大党的工作的覆盖面。重点就在于切实实现基层党组织的活动方式由传统的行政命令型向指导服务型转变、由长期的封闭型向开放型转变、由单一强调共性向既关注共性又突出个性化的方向转变,紧紧围绕着“两学一做”学习教育常态化制度化,健全创先争优长效机制,使党的基层组织始终保持生机活力、使基层党建更具吸引力。

从不同领域和类型基层党组织的情况来看,扩大基层党的工作覆盖面在策略重点上是有所差异的。

其一,扩大农村党的基层组织的工作覆盖面。当下扩大农村基层党组织的工作覆盖,就是要将发展现代农业、培养新型农民、带领农民群众致富、领导乡村治理、维护乡村和谐稳定紧握手中,致力于“一揽子”谋划推进乡村产业振兴、文化振兴、生态振兴、人才振兴、组织振兴;就是要持续开展以创建“领导班子好、党员干部队伍好、工作机制好、小康业绩好、农民群众反映好”的“五个好”村党组织、“五个好”乡镇党委和农村基层组织建设先进县为主要内容的“三级联创”活动,推动农村基层党组织在实施乡村振兴中大展宏图、鼓励农村党员干部在实施乡村振兴中建功立业。

其二，扩大国企党的基层组织的工作覆盖面。要以十九大党章确定的“围绕企业生产经营开展工作”为主旨，把建设高素质经营管理者队伍、人才队伍、党员队伍、职工队伍和增强国有经济活力、控制力、影响力贯穿国有企业党组织活动始终，致力于在以下方面充分履职尽责、发挥作用，即“保证监督党和国家的方针、政策在本企业的贯彻执行；支持股东会、董事会、监事会和经理（厂长）依法行使职权；全心全意依靠职工群众，支持职工代表大会开展工作；参与企业重大问题的决策；加强党组织的自身建设，领导思想政治工作、精神文明建设和工会、共青团等群团组织”。

其三，扩大社区党的基层组织的工作覆盖面。要把服务社区群众、凝聚社区人心、领导社区治理、维护社区和谐稳定贯穿党组织活动和发挥作用的始终，着力发挥社区党组织在构建和谐文明社区中的领导核心作用、在推进社区区域化党建落地中的主导性作用。在城市社区基层党组织扩大工作覆盖面的过程中，要着力围绕服务社区群众创新社区党组织的活动方式，积极开展以“共谋发展、共同受益、共建和谐”为主题的驻社区单位党组织与社区党组织“共驻共建”活动，特别是要重点在“组织架构上搞联合、党员活动上搞联谊、党风廉政建设上搞联抓、社区公益事业上搞联办、社区改革发展上搞联建”等方面下功夫，推动对城市社区党建资源的有效整合、释放其更大效益。

其四，扩大机关党的基层组织的工作覆盖面。要将服务机关业务中心工作、致力机关党员和干部队伍建设贯穿机关党组织活动始终，履行好机关基层党组织教育、管理、监督党员的职责，发挥好机关党组织在完成机关单位各项工作任务中的协助作用，在建设学习型、服务型、创新型、优质型机关中工作中走在前列。

其五，扩大非公企业、社会组织中党的基层组织的工作覆盖面。要围绕贯彻执行党的路线方针政策、引导和监督遵守国家法律法规、团结凝聚职工群众、领导工会和共青团等群团组织工作、维护各方合法权益、引领服务社会群众、促进事业健康发展等职能定位，着力探索非公企业、社会组织中党的基层组织发挥作用的途径与方法。

第三节　进一步扩大党内基层民主

党内民主是指一定范围内的全体党员直接或间接参与决定和管理党内事务的权利、活动和制度安排，其实质是党员当家作主。从其纵向体系看，党内民主有三个层级：党内高层民主、党内中层民主、党内基层民主。从其横向体系看，党内民主有民主选举、民主决策、民主管理、民主监督等形态，而贯穿于各种民主形态之中的就是党员直接或间接享有民主权利。党内基层民主，就是指在党的基层组织层面直接或间接实现党员当家作主的民主形态。党内基层民主的主体样态，是每个党员直接当家作主的直接民主；此外，也有党员通过选举党代表以实现间接当家作主的代议制民主。

一、发展党内基层民主的提出及推进

2007 年 10 月，党的十七大报告就特别指出，要“推广基层党组织领导班子成员由党员和群众公开推荐与上级党组织推荐相结合的办法，逐步扩大基层党组织领导班子直接选举范围，探索扩大党内基层民主多种实现形式”[①]。这是我们党第一次在党代会的工作报告中公开提出“党内基层民主”的概念及发展思路。2012 年 11

① 《中国共产党第十七次全国代表大会文件汇编》，人民出版社 2007 年版，第 50 页。

月，党的十八大报告明确了继续加大力度推进党内基层民主发展的路径，指出要“扩大党内基层民主，完善党员定期评议基层党组织领导班子等制度，推行党员旁听基层党委会议、党代会代表列席同级党委有关会议等做法，增强党内生活原则性和透明度”①。

党的十八大以来，在以习近平同志为核心的党中央坚强领导之下，我们党继续扎实稳步推进了党内基层民主建设。2016 年 10 月，党的十八届六中全会审议通过了《关于新形势下党内政治生活的若干准则》。其中，就党内基层民主着力指出，要“畅通党员参与讨论党内事务的途径，拓宽党员表达意见渠道，营造党内民主讨论的政治氛围。健全党内重大决策论证评估和征求意见等制度。党的各级组织对重大决策和重大问题应该采取多种方式征求党员意见，党员有权在党的会议上发表不同意见，对党的决议和政策如有不同意见，在坚决执行的前提下，可以声明保留，并且可以把自己的意见向党的上级组织直至党中央提出。推进党务公开，发展和用好党务公开新形式，使党员更好了解和参与党内事务”②。这就主要从保障党员的基本民主权利的角度，明晰了党内基层民主创新发展的走势。

鉴于从 2007 年 10 月十七大提出党内基层民主以来，党内基层民主的各方面准备和积累在这 10 年间已经初步完成，党内基层民主创新发展的时机已经初步成熟，2017 年 10 月，习近平在党的十九大报告中特别指出，要“扩大党内基层民主，推进党务公开，畅通党员参与党内事务、监督党的组织和干部、向上级党组织提出意

① 《中国共产党第十八次全国代表大会文件汇编》，人民出版社 2012 年版，第 48 页。

② 《〈关于新形势下党内政治生活的若干准则〉〈中国共产党党内监督条例〉辅导读本》，人民出版社 2016 年版，第 37～38 页。

见和建议的渠道”[①]。以十九大的上述精神为指导，2017 年 12 月 20 日，中央印发了《中国共产党党务公开条例（试行）》，将党务公开作为发展党内基层民主的重要范畴和举措加以强化，明确了党务公开的内容、方式、程序等基本要素，要求“党的组织将其实施党的领导活动、加强党的建设工作的有关事务，按规定在党内或者向党外公开”。

总之，从胡锦涛在十七大报告中首次提出“党内基层民主”的概念之后，我们党在大力推进党内基层民主发展的过程中，早已在事实上确立了“以保障党员民主权利为基础、以推进党务公开为抓手、以完善党员大会和党的代表大会制度为重点、以改革党内基层民主选举制度为突破”的党内基层民主发展思路，提出了一系列积极稳妥、扎实有效地推进党内基层民主发展的有效举措。不仅如此，我们通过加强党内基层民主建设，更使党内基层民主意识普遍增强、党内基层民主制度不断健全、基层组织的创新活力充分展现，很好地实现了在基层团结党员、凝聚群众之目的。

二、扩大党内基层民主的“路线图”

鉴于中国共产党是一个民主型政党、鉴于党员当家作主是党章赋予每一个党员的神圣使命，所以，只要党的生命不停止、党的建设不止步，那么，党内基层民主的发展就不能停步；所以，党内基层民主的发展没有止境，只有进行时、没有完成时，是一个永远在路上的过程。在党内基层民主发展的现有基础上、遵照党的十九大精神，我们进一步扩大党内基层民主的“路线图”时不能随心所

① 习近平：《决胜全面建成小康社会 夺取新时代中国特色社会主义伟大胜利——在中国共产党第十九次全国代表大会上的报告》，人民出版社 2017 年版，第 65 页。

欲地设计规划，应着力围绕着党内基层民主选举、民主决策、民主管理、民主监督这四个基本方位展开。

（一）扩大党内基层民主选举

选举是民主的核心支柱和重要体现。从一定意义上讲，选举意味着民主，没有选举也就没有民主。要体现出民主的价值与精神，选举是绝对无法跨越的。同理，要体现出党内民主的价值与精神，党内选举是必须的。同样，要体现出党内基层民主的价值与精神，党内基层民主选举也是必不可少的。党内基层民主选举的法规支撑是1990年6月制定的《中国共产党基层组织选举工作暂行条例》。在坚持这一条例基本精神的前提下，随着党内基层直接民主的发展趋势越来越明朗，各地在农村基层党组织层面探索出了扩大党内基层民主选举的一系列新路径。

一是“两推一选”村党组织领导班子。即在全体党员推荐、村民推荐的基础上，经过乡镇党委考察确定候选人名单，然后按照党章规定召开村全体党员大会进行直接选举，产生村党组织委员会。此后，村党组织委员会再召开全体委员会议，选举产生村党组织书记、副书记。

二是“两推直选”村党组织书记。即在全体党员推荐、村民推荐的基础上，经过乡镇党委考察确定村党组织领导班子候选人名单，然后由村党员大会直接选举产生村党组织书记、副书记和委员。采用直接选举的办法选举村党组织书记，可较好地落实普通党员的知情权、参与权、选择权和监督权，激发党员和群众的政治热情，增强村党组织书记为党员发声、为群众干事的自觉性，强化其对党员和群众负责的主动性、积极性。

三是“公推直选”乡镇党委领导班子。即通过公开报名、民主推荐、组织考察、县委研究等程序产生乡镇党委领导班子候选人名单，接下来候选人上台面对乡镇的全体党员进行演讲答辩、发表竞选演说，在此基础上由乡镇全体党员大会直接差额选举产生乡镇党委书记、副书记和委员，报县委批准后生效。

四是“三荐一选”党代表。即通过党员个人自荐、党员联名举荐、组织推荐和召开党员大会进行选举的方式产生各级党代表，将推荐谁和选谁当党代表的权力交给党员，切实保证一定范围内的党员们能够真正按照自己的意志意愿选举出满意的、真正代表自己当家作主的党代表。

五是自下而上推荐提名候选人。近年来，各地在候选人的推荐提名阶段都特别强调了自下而上的党员、群众推荐提名，并将党员、群众推荐提名作为候选人产生的重要方式。

（二）扩大党内基层民主决策

党内基层民主决策，是党内基层民主的重要构成面。实施党内基层民主决策，必须落实党员对党内重大问题决策的参与权、意见建议权、表决权以及对决策实施必要的干预权，以切实保证基层决策的民主化、科学化。

近年来，一些地方经过长期探索，确立形成了扩大党内基层民主决策的新思路。比如推行五步决策法，即基层党组织形成决策要分五步进行，这五步是：在广泛征求全体党员和群众意见的基础上形成决策议案；决策议案在党员大会或党代会上讨论通过；上级党委对议案进行审查把关；审查通过后的决策要进行公示；公示获得通过的决策要在党组织的领导下进入实施环节。再如建立决策四权联动机制，即由决策组织权、决策决定权、决策执行权、决策监督权这“四权”构成相互衔接的决策流程。具体说来，即由基层党组织行使基层重大决策的组织权和执行权，负责提出需要研究决策的重大问题，并组织领导决策形成和实施的全过程；由基层党员大会或党员代表大会行使决策决定权，基层党的重大问题必须由党员大会或党员代表大会讨论决定；设立党员议事会主要行使决策的监督权，对决策的制定和实施过程进行全方位监督，发现问题及时报告并提出改进方案。

（三）扩大党内基层民主管理

党内基层民主管理，也是党内基层民主的重要构成面。扩大党内基层民主管理，要切实建立健全党内情况通报制度、情况反映制度和重大决策征求意见制度，积极推进党务公开、开展民主恳谈和党员议事。

其一，推进党务公开。党务公开是党内民主的前提，公开的重心在基层。扩大党内基层民主管理必须切实实行党务公开，通过创新党务公开的形式，扩大党务公开的范围，不断提高党务公开的质量。这就要按照《中国共产党党务公开条例（试行）》的基本精神，着力解决目前在一些基层党组织的党务公开中存在的以下突出问题："该出手时不出手"，即该公开的不公开的问题；"只见蛇头不见蛇尾"，即工作前期公开后期不公开的问题；"犹抱琵琶半遮面"，即公开时遮遮掩掩的问题；"报喜不报忧"，即成绩公开，问题不公开的问题；"跟着感觉走"，即公开不公开主要取决于个人偏好的问题；等等。在此基础上，要致力建立健全党务公开领导责任制，以制度的形式明确规定党务公开"由谁领导、怎么领导""由谁负责、如何负责"的问题，确保党务公开始终有领导、有步骤地开展下去。

其二，推进民主恳谈。民主恳谈是发现民主管理中存在的问题、实现管理科学的有效方式。推进民主恳谈的关键，是要形成不同层面、不同方式、上下联动的民主恳谈机制，实行开门恳谈、定期恳谈、定员恳谈、定点恳谈，拓宽党情民意反映渠道，真正以民主协商、协商民主作为推进党内基层民主管理的重要渠道。

其三，推进党员议事。推进党员议事的重点是，通过定期或不定期召开党员议事会、党代表议事会、党员听证会、党员说事会等会议，通过党员议政日或议事日的时间安排载体，保证党员对党组织的日常管理和日常运作能够充分发表意见建议，真正参与到基层党组织的日常管理过程之中。

（四）扩大党内基层民主监督

著名政治学者林尚立指出："监督与民主不仅互为前提，而且互为实现方式。监督的过程就是民主的实现过程，而民主的过程，一定包含着监督。"[①]因此，强化党内基层民主监督，这是党内基层民主建设的应有之义。

从近年来的基层实践探索来看，沉淀形成的扩大党内基层民主监督的管用举措主要有：

其一，定期召开党的组织生活会、领导班子民主生活会，利用这"两个生活会"上的批评与自我批评，着力开展党员民主评议党员、党员民主评议干部、干部民主评议干部活动，着力开展党员民主评议党代表、党代表民主评议党委委员活动。

其二，建立基层党组织负责人、党代表向选区党员定期述职和接受评议制度，使党员通过他们的述职对其行权情况作出评判和监督。

其三，深化党代表任期制。通过党代表行使审议评议权、质询权、视察调研权等形式，发挥具有任期制的党代表对党委、纪委工作的监督作用，同时监督党组织的日常工作、监督领导干部的行权。

① 林尚立：《党内民主》，上海社会科学院出版社2002年版，第168页。

其四，切实保障党员的民主监督权利。党章关于党员的八项民主权利之规定，其中之一就是："在党的会议上有根据地批评党的任何组织和任何党员，向党负责地揭发、检举党的任何组织和任何党员违法乱纪的事实，要求处分违法乱纪的党员，要求罢免或撤换不称职的干部。"这就是党员的民主监督权。根据《中国共产党党内监督条例》第 36 条的规定："党员应当本着对党和人民事业高度负责的态度，积极行使党员权利，履行下列监督义务：(一)加强对党的领导干部的民主监督，及时向党组织反映群众意见和诉求；(二)在党的会议上有根据地批评党的任何组织和任何党员，揭露和纠正工作中存在的缺点和问题；(三)参加党组织开展的评议领导干部活动，勇于触及矛盾问题、指出缺点错误，对错误言行敢于较真、敢于斗争；(四)向党负责地揭发、检举党的任何组织和任何党员违纪违法的事实，坚决反对一切派别活动和小集团活动，同腐败现象作坚决斗争。"落实党章关于党员监督权的规定、落实《中国共产党党内监督条例》关于党员应履行的监督义务的规定，就要坚持做到：支持鼓励党员采取多种形式对基层党组织及其领导班子成员进行监督，保护党员群众监督权的正常行使，对于侵犯党员监督权、特别是对行使监督权的党员进行打击报复的行为一定要严肃查处。

第四节　增强党员教育管理针对性和有效性

党员在实现组织入党之后，并不意味着从此就可以高枕无忧、一劳永逸了。组织入党只是一时的，组织入党之后的思想入党、政治入党则是贯通党员在党期间之始终的，是一世的。着眼于持续强化党员的思想入党、政治入党，着眼于持续提升党员在党言党、在党爱党、在党为党、在党忧党的思想自觉、行动自觉、忠诚自觉，着眼于从锻造党员铁一般信仰、铁一般信念、铁一般纪律、铁一般担当的品格入手强化党员的党性修养和党性锻炼，客观上都要求基层党组织必须始终抓好、不断强化对党员的教育管理。党的十九大报告特别指出：要“增强党员教育管理针对性和有效性，稳妥有序开展不合格党员组织处置工作”[1]。那么，要如何着力增强党员教育管理的针对性和有效性呢？

一、着力体现党员教育管理的差异化

（一）针对基层不同领域中的党员，实施不同的教育管理方略和办法

农村、国企、机关事业单位、城市社区、非公企业、社会组织，是目前基层党建的六大领域。这六大领域的党员，其经济社会状况、工作所在的行业、所从事的职业、看待问题的角度和侧重点等均是有程度不同之差异的。也正因此，其各自的党员特点、党员队伍建设中存在的问题，也是有差异的，不是整齐划一的。所以，我们对这六大领域党员的教育管理，应契合各个领域的党员特点，坚持有的放矢、对症下药，切勿“一刀切”。

（二）针对党员队伍中的不同人群、不同群体，实施有针对性的教育管理

截至 2019 年底，中国共产党党员总数为 9191.4 万名，这些党员实际上归属于不同的党员群体。从年龄上看，有青年党员、中年党员、老年党员；从在岗情况看，有学生党员、在职党员、离退休党员；从掌握权力的情况看，有有职有权的党员和无职无权的党员；

① 《中国共产党第十九次全国代表大会文件汇编》，人民出版社 2017 年版，第 53 页。

从地域看，有东部地区党员、中西部地区党员、少数民族地区党员，有发达地区党员、欠发达地区党员；从性别上看，有男性党员、女性党员；从流动性的情况看，有长期固定在一地的不流动党员、国内流动党员、国（境）内外流动党员；从党员职业看，有工人党员、农牧渔民党员、企事业单位党员、民办非企业单位党员、学生党员、党政机关党员；等等。基于不同党员人群、党员群体的特点及差异性，我们对不同党员人群、群体的教育管理也应注意契合他们的各自特点，切勿一把尺子量到底、一个方子吃药。

二、发挥好党支部教育管理监督党员的职责

要将每一个党员都纳入党的一个支部中进行活动，对党员教育管理监督的基本单位、基本单元在党支部。因此，党支部在教育管理监督党员方面发挥着基础性作用、扮演着重要角色。

党的十九大报告指出："党支部要担负好直接教育党员、管理党员、监督党员和组织群众、宣传群众、凝聚群众、服务群众的职责，引导广大党员发挥先锋模范作用。"[①]十九大报告的这一精神被作为第 34 条规定写入十九大党章："党支部是党的基础组织，担负直接教育党员、管理党员、监督党员和组织群众、宣传群众、凝聚群众、服务群众的职责。"[②]这就指明了基层党支部所担负的 7 项职责，即 3＋4。"3"是针对党员的三项职责，即直接教育党员、管理党员、监督党员。"4"是针对群众的四项职责，即直接组织群众、宣传群众、凝聚群众、服务群众。定位这 7 项职责的核心字眼是"直接"。为什么用"直接"呢？这是因为在由党的中央组织、地方组

① 《中国共产党第十九次全国代表大会文件汇编》，人民出版社 2017 年版，第 52 页。

② 《中国共产党第十九次全国代表大会文件汇编》，人民出版社 2017 年版，第 93～94 页。

织、基层组织构成的党的纵向组织体系中，党的基层组织处于最底端，是党的组织体系的基石；这是因为在由党的基层党委、基层党总支、基层党支部构成的党的纵向基层组织体系中，基层党支部又是党的基层组织中的最小单位，是“党的基层组织中的基层组织”，是十九大党章定位的“党的基础组织”。我们党的联系服务党员和群众的各项工作，是通过自上而下的组织体系层层下达指示、作出决定而进行安排部署的，党的中央组织向地方组织下指示、党的地方组织向基层组织下指示、基层党委向基层党总支下指示、基层党总支向基层党支部下指示，基层党支部就是党的最小基层单位了，它所要做的就是脚踏实地抓贯彻落实，就是直接联系服务党员和群众。

那么，党支部要如何担负好直接教育党员、管理党员、监督党员这三项职责，又如何通过对这三项职责的担当来展现党员教育管理的针对性和有效性呢？

（一）直接教育党员

基层党支部直接教育党员，通常要通过三种教育形态来实现。一是作为规定动作的集中性教育。基层党支部要按照中央和上级党委的要求、规定、部署，带领全体党员积极主动全程参与全党性、集中性的党内教育活动、专题教育、学习教育，不折不扣地按照集中性教育的各项要求和程序将教育党员的各项规定性的工作任务落实好，以期达到和实现既定的党员教育目标。例如，保持共产党员先进性教育活动、学习实践科学发展观活动、创先争优活动、党的群众路线教育实践活动、“两学一做”学习教育、“不忘初心、牢记使命”主题教育等等，均属于此列。二是作为常规动作的经常性教育。依据党内有关文件规定，各个党支部都必须对所属全体党员经常性开展党的理想信念教育、党的宗旨教育、党的基本理论和创新理论教育、党的优良作风教育、党的纪律和规矩教育、党内政治伦理教育、党内政治文化教育、党的路线方针政策教育、党的廉洁教育等。上述由党支部展开的针对所属全体党员的这些教育内容,又统称为"党性教育"。三是作为自选动作的创新性教育。每个党支部都有其特定的党员结构、党员特点,其所属党员的年龄结构、知识结构、专业结构、气质结构是存在不同程度之差异的,其所属党员对党的工作和事业的认知程度和理解力也是不同的,其党员教育中存在的突出问题更是不同的。因此,为谋求更好更优的党员教育效果,不同党支部在对党员的教育上应契合自身工作性质、党员诉求、存在的问题,坚持问题导向、问题思维、问题意识,坚持有的放矢、突出针对性,注意探索运用一些创新性的、有自我标识的党员教育自选动作,以充分展示不同党支部在党员教育上的鲜明特色。

(二)直接管理党员

直接管理党员,就是指基层党支部对所属党员所实施的没有中间环节、一步到位的管控。中国共产党是有着严密组织性的政党,每一个党员从入党第一天起就被纳入党的一个支部中进行管理,党内绝不允许游离于组织之外的特殊党员。对基层党支部而言,其直接管理党员所涵盖的内容通常应包括:对党员交纳党费的管理,接转党组织关系的管理,流动党员的管理,党员权利行使和义务履行的管理,党员党籍的管理,对老党员的管理,等等。

(三)直接监督党员

党支部对所属党员担负直接监督的职责,对党员思想、活动、学习、工作、行权的全方位实施进行监督。《党章》第 8 条规定:"每个党员,不论职务高低,都必须编入党的一个支部、小组或其他特定组织,参加党的组织生活,接受党内外群众的监督。党员领导干部还必须参加党委、党组的民主生活会。不允许有任何不参加党的组织生活、不接受党内外群众监督的特殊党员。”①《中国共产党党内监督条例》第35条关于党的基层组织的监督职责中，明确规定：党的基层组织要“严格党的组织生活，开展批评和自我批评，监督党员切实履行义务，保障党员权利不受侵犯；了解党员、群众对党的工作和党的领导干部的批评和意见，定期向上级党组织反映情况，提出意见和建议；维护和执行党的纪律，发现党员、干部违反纪律问题及时教育或者处理，问题严重的应当向上级党组织报告”②。《中国共产党党内监督条例》所明晰的基层党组织的监督职责，本质上所体现的就是基层党组织、党支部直接监督党员的职责。

党支部要切实履行好直接监督党员的职责，就要自觉坚持以下要点：一是把对党员八小时以内的监督与八小时以外的监督统一起来，从工作圈到生活圈、朋友圈、社交圈实行对党员活动监督全覆盖。二是要坚持把党支部对党员的直接监督这种党内监督形态，与接受社会各界的党外监督形态统一起来，形成党内外监督的整体合力。三是要坚持把对无职无权的普通党员的监督，同对有职有权党员干部的监督、对关键岗位党员的监督统一起来，切实保证党支部对全体党员的监督不留暗门、不开天窗。四是要布网党内“天眼”，探索形成融合对党员的思想言论监督、廉洁监督、作风和形象监督、党性分析监督等在内的党内综合监督体系，切实保证监督无漏洞、无死角、无空白。

---

① 《中国共产党第十九次全国代表大会文件汇编》，人民出版社2017年版，第83页。

② 《〈关于新形势下党内政治生活的若干准则〉〈中国共产党党内监督条例〉辅导读本》，人民出版社2016年版，第67页。

三、稳妥有序开展不合格党员组织处置

处置不合格党员是对党员进行教育管理监督的应有之义。不合格党员，实质上就是党的肌体上的病变细胞。如果让其长期滞留党内，对党的肌体健康将是严重威胁和损害。因此，必须将处置不合格党员作为党员队伍建设的重要方面加以研究和把握。

革命导师列宁特别注重对不合格党员的清除清理问题。他指出：在党员队伍建设上，我们“宁要好梨一个，不要烂梨一筐”。列宁在1919年10月所写的《工人国家和征收党员周》中，还就此特别指出：“徒有其名的党员，就是白给，我们也不要。世界上只有我们这样的执政党，即革命工人阶级的党，才不追求党员的数量，而注意提高党员质量和清洗‘混进党里来的人’。”[①]在此，列宁所论及的“清洗混进党里来的人”，其实质就是清除不合格党员、处置不合格党员。

我们党历来高度重视处置不合格党员。2012年11月党的十八大报告创造性地提出：要“健全党员能进能出机制，优化党员队伍结构”[②]。以此为指导，习近平同志在2013年1月28日的中央政治局会议上确立了“要及时处置不合格党员”的思路。鉴于处置不合格党员是关系当事党员的政治前途和命运之大事，因此我们在处置的动议及全过程都要切忌急躁冒进、匆忙结论，都必须以对当事党员高度负责的精神、秉持十二万分的小心，始终保持谨慎谨慎再谨慎的理性与清醒。据此，2017年10月习近平同志在党的十九大报告中明确提出，必须“稳妥有序开展不合格党员组织处置工作”[③]。

在突出强调制度治党的当下，积极稳妥、规范有序开展不合格

---

① 《列宁选集》第4卷，人民出版社2012年版，第51页。

② 《中国共产党第十八次全国代表大会文件汇编》，人民出版社2012年版，第50页。

③ 《中国共产党第十九次全国代表大会文件汇编》，人民出版社2017年版，第53页。

党员处置工作，不能在党内搞政治运动，而应着眼于建章立制，建立健全制度化的不合格党员淘汰机制。根据一些地方探索的成果，所谓不合格党员淘汰机制就是：在各级党委的领导下，由党内专门测评机构、基层党组织、党员干部、普通党员、群众共同对某一党员的党性状况进行定性、定量的综合评价，然后裁决这一党员是否应进入淘汰程序，并允许进入淘汰程序的党员进行申诉，在此基础上对进入淘汰程序的党员是否最终“出党”作出负责任认证的一种党员出党机制。例如，党的十八大以来，浙江浦江县探索建立了制度化的不合格党员淘汰机制。其具体操作流程是：从党员的理想信念、政治立场、政治纪律、宗旨观念、廉洁清正等十个方面设定了不合格党员的标准，然后对照标准，遵循调查核实、初步认定、党委初审、组织谈话、支部决议、党委评定的六步认证程序，对党员是否合格、是否适合留在党内作出最终认证。按照这一操作流程形成的不合格党员淘汰机制，2013 年 9 月 21 日该县有 55 名认证为不合格的党员被劝退或除名。①

第五节　引导广大党员发挥先锋模范作用

党员是党的肌体的细胞，是党的生机活力的来源。只有保证每一个党员细胞都充满活性、都正常运转和发挥作用，才能保证整个党的肌体的健康、保证党自身内在系统的良性运行。就党的性质而言，“中国共产党是中国工人阶级的先锋队，同时是中国人民和中华民族的先锋队”。相应地，中国共产党的党员群体相比于广

---

① 参见仇锋平：《浙江浦江清退 55 名不合格党员》，2013 年 9 月 22 日，http：news.163.com/13/0922/10/99CAQLCR00014AED.html。

大人民群众而言,也理应走在前列发挥模范带头作用。我们党不是“全民党”,能够被吸收加入党组织中来的人(即党员),都是广大人民群众中的觉悟分子、先进分子、模范分子。因此,从逻辑上讲,共产党员能够也必须在广大人民群众中、在我们的事业发展推进中发挥先锋模范作用。《党章》关于党员的八项义务,其中之一就指出:共产党员要善于“贯彻执行党的基本路线和各项方针、政策,带头参加改革开放和社会主义现代化建设,带动群众为经济发展和社会进步艰苦奋斗,在生产、工作、学习和社会生活中起先锋模范作用”。那么,我们要如何引导广大党员发挥先锋模范作用呢?

一、党员发挥先锋模范作用要首先保证“打铁自身硬”

共产党员发挥先锋模范作用,必须保证自身过关过硬、必须首先做到“打铁自身硬”。为此,就要对照党章规定的党员政治条件,以“四讲四有”为标准,坚决做到“四个合格”。

(一)党员保证自身过硬,必须坚持以三项基本政治条件为底线

《中国共产党章程》第2条规定了合格共产党员的三项基本条件,即中国共产党党员是中国工人阶级的有共产主义觉悟的先锋战士;中国共产党党员必须全心全意为人民服务,不惜牺牲个人的一切,为实现共产主义奋斗终身;中国共产党党员永远是劳动人民的普通一员,除了法律和政策规定范围内的个人利益和工作职权以外,所有共产党员都不得谋求任何私利和特权。每个党员都要以这三项基本条件作为身在组织内、身为党员的最低标尺、底线性要求,始终将其牢记头脑中,并内化于心、外化于行。

(二)党员保证自身过硬,必须坚持以“四讲四有”为标准坚决做到“四个合格”

2016年2月,中央办公厅印发《关于在全体党员中开展“学党

章党规、学系列讲话，做合格党员”学习教育方案》，将合格共产党员的标准设定为“四讲四有”：讲政治、有信念；讲规矩、有纪律；讲道德、有品行；讲奉献、有作为。2017年3月，中央办公厅印发《关于推进“两学一做”学习教育常态化制度化的意见》，提出：各级党组织要教育引导广大党员按照“四讲四有”标准，做到“四个合格”，即政治合格、执行纪律合格、品德合格、发挥作用合格。其一，党员的政治合格，重点是要坚定理想信念，正确把握政治方向，坚定站稳政治立场，坚决维护以习近平同志为核心的党中央权威，不断增强中国特色社会主义道路自信、理论自信、制度自信、文化自信。其二，党员的执行纪律合格，重点是增强组织纪律性，执行党的决定，服从组织分配，严守党的纪律特别是政治纪律和政治规矩。其三，党员的品德合格，重点是继承发扬党的优良传统和作风，大力弘扬忠诚老实、光明坦荡、公道正派、实事求是、艰苦奋斗、清正廉洁等共产党人价值观，带头践行社会主义核心价值观。其四，党员的发挥作用合格，重点是牢记党的根本宗旨，爱岗敬业、履职尽责，服务群众、奉献社会，敢担当、敢负责、敢作为，在促进改革发展稳定中做表率、当先锋。

二、党员发挥先锋模范作用必须不折不扣地履行八项义务

1945年6月通过的七大党章，首次在党章中明晰了党员的四项基本义务、四项基本民主权利。1956年9月的八大党章，将党员的基本义务扩展到十项、民主权利扩展到七项。1969年党的九大党章、1973年的十大党章、1977年的十一大党章，都删去了关于党员权利和义务的规定。1982年9月的十二大党章，将党员的基本义务、基本权利均分列为八项。党员的八项义务自十二大党章确定形成后，经过之后历次党代会通过的党章的细致修订，其最终版

本体现在现行的十九大党章中。

从最基础意义上讲，共产党员发挥先锋模范作用，就要不折不扣地履行八项义务。一是学习义务。必须“认真学习马克思列宁主义、毛泽东思想、邓小平理论、‘三个代表’重要思想、科学发展观、习近平新时代中国特色社会主义思想，学习党的路线、方针、政策和决议，学习党的基本知识，学习科学、文化、法律和业务知识，努力提高为人民服务的本领”。二是执行的义务。必须“贯彻执行党的基本路线和各项方针、政策，带头参加改革开放和社会主义现代化建设，带动群众为经济发展和社会进步艰苦奋斗，在生产、工作、学习和社会生活中起先锋模范作用”。三是奉献义务。必须“坚持党和人民的利益高于一切，个人利益服从党和人民的利益，吃苦在前，享受在后，克己奉公，多做贡献”。四是守纪义务。必须“自觉遵守党的纪律，首先是党的政治纪律和政治规矩，模范遵守国家的法律法规，严格保守党和国家的秘密，执行党的决定，服从组织分配，积极完成党的任务”。五是忠诚义务。必须“维护党的团结和统一，对党忠诚老实，言行一致，坚决反对一切派别组织和小集团活动，反对阳奉阴违的两面派行为和一切阴谋诡计”。六是斗争义务。必须“切实开展批评和自我批评，勇于揭露和纠正违反党的原则的言行和工作中的缺点、错误，坚决同消极腐败现象作斗争”。七是联众义务。必须“密切联系群众，向群众宣传党的主张，遇事同群众商量，及时向党反映群众的意见和要求，维护群众的正当利益”。八是伦理义务。必须“发扬社会主义新风尚，带头实践社会主义核心价值观和社会主义荣辱观，提倡共产主义道德，弘扬中华民族传统美德，为了保护国家和人民的利益，在一切困难和危险的时刻挺身而出，英勇斗争，不怕牺牲”。在不折不扣地履行上述八项党员义务的过程中，党员发挥先锋模范作用就意味着：必须要善于做“八个先锋”，即学习党的理论和科学知识的先锋、贯彻落实党的路线方针政策的先锋、奉献国家和社会的先锋、严守党的纪律和规矩的先锋、始终忠诚于党的先锋、与不良现象作斗争的先锋、密切联系群众的先锋、弘扬优良风尚和冲锋在前的先锋。

三、党员发挥先锋模范作用必须善于联系服务群众

党员是来自群众中的先进分子、先锋力量，人民群众是党员群体的“本”与“源”，是党员群体的母体。既然如此，党员发挥先锋模范作用最重要的是要做到“不忘初心、不忘根本”，要做到践行党的宗旨、善于联系服务群众，并在联系服务群众的过程中展现先锋模范本色。这就要着力把握以下基本点：

（一）要心里装着群众

共产党员要做到在群众中发挥先锋模范作用，就必须在心里装着群众，就必须在思想理念、行动方略上始终牢固树立党的群众观点、切实践行党的群众路线、发扬密切联系群众的作风。其一，树牢马克思主义群众观，是保证党员心中始终装着群众的思想基石。马克思主义群众观就是坚持以辩证唯物主义和历史唯物主义的世界观、方法论、价值观、认识论为指导的群众观，就是共产党人对待人民群众的态度问题、群众立场问题、与人民群众的感情问题。就其构成而言，马克思主义群众观涵盖六个基本群众观点，即人民群众是历史创造者的观点、向人民群众学习的观点、全心全意为人民服务的观点、干部的权力是人民赋予的观点、依靠群众又要教育引导群众前进的观点、对党负责和对人民负责相一致的观点。其二，每一个党员都要坚持党的群众路线，始终做到“一切为了群众、一切依靠群众，从群众中来、到群众中去”，在对“两个一切”“一来一去”的践行中深化对人民群众历史主体地位和作用的认知。

其三，每一个共产党员都要始终奉行密切联系群众的作风，仔细倾听群众呼声、准确把握群众思想脉搏，与群众想在一起、干在一起、生活在一起，将与群众同呼吸共命运、手拉手心连心的认知态度和行为风格坚持到底。

（二）要善于组织群众

基层群众作为一个整体，是由无数单个的、原子化的群众个体组成的。共产党员只有将身边一个个的群众个体有机有效组织起来，才能形成聚合力、战斗力，才能汇聚形成干事创业的整体合力；否则，就只能是党员、基层党组织的孤掌难鸣、自说自话。所以，要凝聚形成干事创业的整体合力，就必须充分调动起党员和群众两个方面的积极性。这其中的内在逻辑关系，就类似于毛泽东曾论及的领导骨干积极性与群众积极性的关系。毛泽东指出："只有领导骨干的积极性，而无广大群众的积极性相结合，便将成为少数人的空忙。但如果只有广大群众的积极性，而无有力的领导骨干去恰当地组织群众的积极性，则群众积极性既不可能持久，也不可能走向正确的方向和提到高级的程度。"①党员要努力把身边一盘散沙的群众个体整合、捏合、聚合成一个整体，就必须切实做到：向群众宣传灌输党的思想主张、政治主张，使群众在思想和政治上向党靠拢；代表反映好群众的利益诉求，使群众在利益满足的基础上向党靠拢；向群众讲明跟党走、紧密团结在党的周围的重大意义、利害关系，启迪群众理性作出向党靠拢的正确抉择。

（三）要善于宣传群众

1949 年 6 月 30 日，毛泽东同志为纪念党成立 28 周年写了《论

---

① 《毛泽东选集》第 3 卷，人民出版社 1991 年版，第 898 页。

人民民主专政》的文章，在文中特别指出："严重的问题是教育农民。"①1951年1月18日，邓小平同志在西南区宣传工作会议上讲话指出："古语说，兵马未动，粮草先行。宣传工作就是一切革命工作的粮草，革命工作没有宣传是不行的。一切工作都离不开宣传工作。"②习近平同志在党的十九大报告中特别指出："人民有信仰，国家有力量，民族有希望。"③那么，人民群众的正确信仰从哪里来呢？归根到底离不开作为执政党的中国共产党对群众的宣传教育。当然，具体担负宣传群众这一职责的就是广大党员。

众所周知，广大人民群众的主观头脑中不可能是真空的，总是需要往其中填充内容。是填充马克思主义还是非马克思主义，是用我们的主流意识形态教育群众还是放任不管，这都与党员对群众的宣传鼓动有关。在其主体内容构成上，党员担负好宣传群众的职责，就是要对群众加强党的创新理论和纲领教育、党的路线方针政策教育、党的光荣历史和伟大成绩教育；就是要按照党的十九大报告提出的要求，"广泛开展理想信念教育，深化中国特色社会主义和中国梦宣传教育，弘扬民族精神和时代精神，加强爱国主义、集体主义、社会主义教育，引导人们树立正确的历史观、民族观、国家观、文化观"④。党员要通过在群众中不停歇地做宣传鼓动工作，一遍一遍、反反复复、不厌其烦地向群众宣传党的路线方针政策、理论纲领、决策决议决定，推动身边群众的思想改造向着正确的方向持续进发，引导群众一心向党、拥护支持党、坚决跟党走。

---

① 《毛泽东选集》第4卷，人民出版社1991年版，第1477页。

② 《邓小平文集(1949～1974)》上卷，人民出版社2014年版，第190页。

③ 《中国共产党第十九次全国代表大会文件汇编》，人民出版社2017年版，第34页。

④ 《中国共产党第十九次全国代表大会文件汇编》，人民出版社2017年版，第34页。

(四)要善于凝聚群众

每一个党员都要充当好“黏合剂”角色,在基层群众中展现出超强吸引力、发挥类似于磁铁的强大聚合力,以最大限度地将单个的、原子化的群众个体聚合成为一个整体,形成身边群众与党“心往一处想、劲往一处使、活往一处干”的团结奋进局面。

俗话说,水是有源的,树是有根的。基层群众不会无缘无故地就愿意自觉地凝聚在党组织周围,其背后也是有原因的。原因是什么呢？这取决于党员凝聚群众的作用能否得到充分发挥。党员要充分发挥好凝聚群众的职责,就必须注意把握以下基本点:一是要多与群众交流交心,感情上贴近群众,拉近与群众的心理距离、情感距离。二是自觉做到把群众当亲人、把群众的事当家事、把党群关系当成亲戚关系,始终与群众心连心、肩并肩、手拉手、同呼吸、共命运。三是要想群众之所想、急群众之所急、帮群众之所需、解群众之所难,力所能及、尽心尽力地把暖人心、聚民心的各项工作做到群众的心坎上。

(五)要善于服务群众

我们党的宗旨是全心全意为人民服务。具体到每个共产党员而言,其践行党的宗旨的基本要求就是:既认真倾听群众意见、维护群众利益、按照群众的需求和意愿提供服务,又充分运用民主协商、耐心说服、典型示范等方法教育引导群众,团结带领群众共同创造幸福美好生活,做到不折不扣地服务群众诉求、服务群众利益。

那么,在当下的新时代,对党员服务群众的主要内容应如何定位呢？这就要从中国特色社会主义进入新时代后我国社会主要矛盾的新变化入手来界定。十九大报告指出:“中国特色社会主义进入新时代,我国社会主要矛盾已经转化为人民日益增长的美好生活需要和不平衡不充分的发展之间的矛盾。”[①]新时代人民群众的美好生活需要，不仅仅是物质诉求、文化诉求，而是涵盖经济、政治、文化、社会、生态、安全等在内的全方位、多样化诉求。由此，共产党员在新时代做好服务群众工作，就必须从满足基层群众日益增长的美好生活需要入手做文章，就必须将满足基层群众日益增长的多样化、多元化、多变化的美好生活需要作为想问题、办事情、作决策的第一考量。

① 《中国共产党第十九次全国代表大会文件汇编》，人民出版社2017年版，第9页。

第六章　驰而不息抓作风建设

执政党的党风，关系党的形象，关系人心向背，关系党的生死存亡。习近平同志指出，我们要清醒地认识到，随着改革不断深入和对外开放不断扩大，党必将面临前所未有的风险和挑战，党的作风建设始终是摆在我们面前的一项重大而紧迫的任务，抓作风建设一丝都不能放松、一刻都不能停顿。

第一节　执政党的党风关系党和国家生死存亡

党的作风是党的性质、宗旨的综合表现，是党的先进性的重要标志，直观地体现着党的形象。人民群众往往是通过党的作风来判断一个党，决定与党的关系的亲疏远近。因此，党的作风直接关系到党对人民群众的吸引力、凝聚力，关系到党的群众基础的扩大与巩固。从这个意义上说，党的作风直接影响到党的生死存亡。也正因此，我们党以与时俱进、不断创新的精神风貌，在领导革命、建设和改革的伟大实践中，始终把作风建设放在党的建设的突出位置。

一、重视作风建设是我们党的优良传统

我们党一直高度重视作风建设。早在延安时期，毛泽东同志就反复强调党风建设的极端重要性，科学地概括了我们党在实践中形成的三大优良作风。以邓小平同志为核心的党的第二代中央领导集体把执政党的作风提到关系党的生死存亡的高度，特别强调党的干部尤其是高级干部一定要发扬党的优良传统和作风。以江泽民同志为核心的党的第三代领导集体，坚决反对不正之风、严惩腐败，对党的作风建设提出了新的更高的要求。十六大以后，以胡锦涛同志为总书记的党中央，首先从自身做起，率先垂范，改进领导方式，号召全党特别是领导干部要牢记“两个务必”，大力发扬艰苦奋斗的作风，要坚持权为民所用、情为民所系、利为民所谋，强调“要加强党风政风建设，改进领导方式和领导方法，转变思想作风和工作作风，坚决防止和克服形式主义、官僚主义，维护人民群众的合法权益”①。这就为党风建设指明了方向。十八大以来，以习近平同志为核心的党中央，高度重视党的作风建设，把抓作风建设作为全面从严治党的突破口和着力点。2012 年 12 月 4 日，新一届中央领导集体履新不到 20 天，习近平同志就召开政治局会议，审议中央政治局关于改进工作作风、密切联系群众的“八项规定”。从“八项规定”到反“四风”和“三严三实”的具体要求，再到“两学一做”学习教育常态化制度化，党的作风建设从立规、践行直至向纵深发展，党风为之一新，社会风气大为好转，新时代党的作风建设不断被赋予特定的时代意义和内容。

党的作风关系党的形象。党的形象的好坏，直接影响党在人

① 胡锦涛：《在“三个代表”重要思想理论研讨会上的讲话》，人民出版社 2003 年版，第 20 页。

民群众心目中的地位。党的形象，从根本上说，是由党的性质、宗旨和党的基本理论、基本路线、基本方略决定的，同时也与党的作风息息相关。党的优良作风既是党的性质和宗旨的体现，又是实践党的性质和宗旨，制定和执行党的正确的理论、路线、方针、政策的重要保证。在日常工作和生活中，党的形象，是通过党员干部的作风反映出来的，广大人民群众往往通过观察党员干部的思想作风、学风、工作作风、领导作风和生活作风，来对党进行认识和评价，从而决定自己对党的态度。他们不仅要看党的纲领和宣言，即看党是怎么说的，而且要看党的组织和党员干部的实际行动，即看党是怎么做的。历史经验告诉我们，党的作风问题，实际上是党以什么样的姿态和面貌出现在人民群众面前的问题，是直接关系到党能否保持在群众中的崇高威信的问题。我们党之所以得到人民群众的信任、拥护和支持，最根本的原因就是我们党始终代表中国最广大人民群众的根本利益，我们的党员干部为了人民的利益不惜牺牲自己的一切，以自己的实际行动，证明了党确实是中国工人阶级的先锋队，是全国各族人民根本利益的忠实代表。党领导中国革命、建设和改革所取得的一切胜利，都是同党具有优良的作风并始终保持和发扬这种作风分不开的。因此，我们必须保持好的党风，这是维护党在人民群众心目中的良好形象，使党能够更好地团结和带领人民前进的根本保证。

党的作风关系人心向背。党的作风问题，说到底是党同人民群众的关系问题。党风的好坏决定人心向背，而人心向背又决定着党的前途和命运，决定着党的生死存亡。党风好，党与群众的关系就密切，人心就向着党，党就有力量，党的事业就无往而不胜；党风不好，党就会脱离群众，就会失去民心，党的事业就会遭受挫折和失败。历史和现实都表明，一个政权也好，一个政党也好，其前途与命运最终取决于人心向背。如果一个执政党不注重自身的作风建设，听任各种不正之风甚至腐败现象侵蚀党的肌体，恶化党群关系和干群关系，就会失去民心甚至失去政权。20 世纪 80 年代末以来，在一些国家和地区执政几十年的大党、老党先后丧失执政地位，有的甚至走向衰亡，尽管各自的原因很复杂，但放松执政党自身的作风建设，导致党严重脱离人民群众，是很重要的一个原因。我们要深刻认识和吸取他们的教训，从关系党和国家生死存亡的高度，充分认识作风建设的极端重要性和紧迫性，居安思危，增强忧患意识。

在长期的革命、建设和改革实践中，我们党形成和发扬了理论联系实际、密切联系群众、批评与自我批评三大优良作风，锻造出思想政治优势、组织优势和密切联系群众的优势。其中，具有根本意义的一条，就是党同广大人民群众始终保持着血肉联系。这是我们党战胜各种困难和风险、不断取得事业成功的根本保证。无论在任何时候、任何情况下，我们党始终坚持全心全意为人民服务的宗旨，与人民群众同呼吸共命运，始终把体现人民群众的意志和利益作为自己一切工作的出发点和归宿，把依靠人民群众的智慧和力量作为推进各项事业的根本工作路线。可以说，密切联系群众是我们党最大的优势，是党的力量之源和胜利之本。

二、新时代必须更加重视党的作风建设

执政党的最大危险是脱离群众。在执政特别是长期执政的条件下，党员干部容易沾染形式主义、官僚主义、享乐主义和奢靡之风，疏远和淡漠与人民群众的感情；容易受到各种因素的影响，出现种种消极腐败现象，因而对执政党的党风要求应当更高更严。执政党的各项工作，直接关系着人民群众的根本利益。如果党风

不好，党就不能制定和执行正确的路线、方针和政策，就会脱离群众，搞得不好，就可能蜕化变质。这个问题已经不是一个抽象的理论问题，而是一个活生生的现实问题。正如我们党一再强调的那样，执政党的党风问题是有关党的生死存亡的大问题。党的十一届三中全会以来，全党同志继承和发扬党在长期革命和建设中形成的优良作风，党的作风总的状况是好的。但是，我们必须清醒地看到，由于种种原因，党的作风建设同新时代的要求还不完全适应，党员干部作风上存在的不符合甚至违背党和人民利益的突出问题还不少。譬如，有的在思想作风上因循守旧，安于现状，无所作为，不求进取；有的在工作作风上搞形式主义、官僚主义，严重脱离实际，脱离群众；有的领导作风不正，违背民主集中制原则，独断专行；有的学风不正，不认真学习科学理论，教条主义、形而上学严重，理论与实践相脱节；有的生活作风不检点，享乐主义、奢靡之风抬头，挡不住金钱美色的诱惑，甚至贪污受贿，腐化堕落，等等。这些问题严重损害了党的形象和威信，影响了党同人民群众的血肉联系，阻碍了党的路线方针政策的贯彻执行，干扰了改革开放和社会主义现代化建设。这些作风上的问题虽发生在少数党员干部身上，但影响极坏，危害极大，如果不采取切实措施，抓紧认真解决，势必影响党的执政地位和社会主义国家政权的巩固，势必影响党领导的中国特色社会主义伟大事业的发展前途。对此我们必须高度重视，决不可掉以轻心。

（一）从保持党的先进性看党的作风建设的必要性

我们党是中国工人阶级先锋队，同时是中国人民和中华民族的先锋队。这就从本质上决定了我们的党员干部应该具有优良的作风。党的思想作风会受到主客观环境的影响。在改革开放和发展社会主义市场经济条件下，我们所处的外在环境比过去任何时候都复杂得多。不仅资本主义腐朽思想和封建残余思想会影响我们的党员干部，具有二重属性的市场经济也会对党员干部产生负面影响，使党员干部队伍中的某些意志薄弱者可能滋长不良作风乃至发生蜕化变质。个别党员身上滋长某些不正之风虽不会从根本上影响党的先进性，但如果任其发展，将会严重影响党的形象。我们一定要从保持党的先进性的战略高度，认识加强党的作风建设的必要性和紧迫性。

（二）从巩固党的执政基础看党的作风建设的重要性

党的执政地位来之不易，而巩固执政地位更是艰难。从历史上看，任何一个政治集团执政的基础都是“民”，巩固执政地位的根本规律都是它和人民群众之间双向互动的规律，并由此导致“载舟”或“覆舟”的结果。我们党按照历史唯物主义的基本原理，汲取历史的和现实的、国际的和国内的经验教训，把建立和巩固党和人民群众的血肉联系作为根本的政治问题。我们党作为执政党，要解决好这个根本政治问题，一靠制定和坚决贯彻正确的路线方针政策，维护好、实现好、发展好最广大人民群众的根本利益；二靠改进自己的作风，在群众中树立起执政为民的良好形象。如果党员的作风不好，不正之风在党内盛行，既损害党的形象，又妨碍党的路线方针政策的贯彻，最终必将破坏党和人民群众的关系。只有搞好党的作风，让人民群众感到干部身正言正，确实代表他们的根本利益，党和人民群众之间才能建立血肉联系，党的执政基础才能坚如磐石，执政的最终目标才能实现。

（三）从当前国际国内形势看党的作风建设的紧迫性

当前，国际形势空前复杂，政治多极化、经济全球化、文化多样化，既给我们带来新的发展机遇，也带来了严峻挑战。作为执政党，怎样在风云变幻的世界局势中驾驭我国的改革航程，推进我国经济社会健康发展,这对我们党是一个严峻考验。国内形势也发生了很大变化,经济发展进入新常态,长期保持高质量发展十分不容易;在体制改革方面,许多改革是深层次的,难度越来越大,对社会的影响也越来越深刻;与此同时,在社会生活方面也发生了深刻变化,经济成分、组织方式、利益分配、就业方式等日益多样化。怎样在多样化、复杂化的社会局面中提高党的领导水平和执政水平,提高党的拒腐防变和抵御风险能力,以带领全国人民完成中华民族伟大复兴的历史使命,就成了党在新时代必须解决的历史性课题。发展是我们党执政兴国的第一要务,执政党的作风和国家的发展是密切相关的。一个国家的经济社会越发展,就越有利于执政党作风的改进。反之,执政党的作风状况又直接制约着经济社会的发展。作风不是生产力,但可以转化为巨大的生产力,转化为可观的社会经济效益。党员干部特别是各级领导干部有好的作风,才能建立和完善深入了解民情、充分反映民意、广泛集中民智、切实珍惜民力的决策机制,实现决策的民主化、科学化,才能保证中央的方针政策得到全面、正确的贯彻落实,才能极大地激励和鼓舞广大人民群众为实现"两个一百年"目标而努力奋斗。

第二节 自觉践行党的群众路线

党的群众路线是党的根本工作路线,是党的群众工作应坚持的基本原则和根本方法。党在长期斗争中创造和发展起来的一切为了群众,一切依靠群众,从群众中来,到群众中去的群众路线,既是我们党的优良传统和政治优势,也是我们党永葆青春活力和战斗力的法宝。在新时代自觉践行党的群众路线,就必须牢固树立马克思主义群众观,坚持全心全意为人民服务的根本宗旨、保持党同人民群众的血肉联系，坚持问政于民、问需于民、问计于民，充分相信群众，紧紧依靠群众，尊重群众的首创精神，从群众中汲取智慧和力量。

一、坚持全心全意为人民服务的根本宗旨

习近平同志在十八届中央政治局常委同中外记者见面时指出，人民对美好生活的向往，就是我们的奋斗目标。人民是历史的创造者，群众是真正的英雄，人民群众是我们力量的源泉，我们一定要始终与人民群众心心相印、与人民同甘共苦、与人民团结奋斗，夙夜在公，勤勉工作，努力向历史、向人民交出一份合格的答卷。在庆祝中国共产党成立 95 周年大会上，习近平同志强调要永远保持对人民的赤子之心，要坚信党的根基在人民，党的力量在人民，全党同志要把人民放在心中最高位置，坚持全心全意为人民服务的根本宗旨，实现好、维护好、发展好最广大人民的根本利益。人民立场是中国共产党的根本政治立场，是马克思主义政党区别于其他政党的显著标志，在新时代践行党的群众路线，就必须坚定人民立场这一共产党人的根本政治立场，全心全意为人民服务。

从我们党 90 多年发展历程来看，建党伊始，我们党就把人民利益放在至高地位，使我们党有了从小到大，从弱到强的力量源泉。坚定人民立场，就是要坚信党的根基在于人民、党的力量在于人民，人民群众的支持和信任是我们党的执政之基、力量之源，这是我们党 90 多年发展历程所验证的。习近平同志在庆祝中国共产党成立 95 周年大会重要讲话中，对这一经验有着深刻的总结和精准的概括，他指出，党与人民风雨同舟，生死与共，始终保持血肉联系，是党战胜一切困难和风险的根本保证，正所谓“得众则得国，失众则失国”。在进行“四个伟大”的征程中，我们要经受“四大考

验”，克服“四种危险”，就必须始终坚持全心全意为人民服务的根本宗旨，立足人民，从广大人民群众的集体智慧中获取力量。

坚持全心全意为人民服务的根本宗旨，就是要把带领人民创造幸福生活作为始终不渝的奋斗目标。习近平同志指出：“我们的人民热爱生活，期盼有更好的教育、更稳定的工作、更满意的收入、更可靠的社会保障、更高水平的医疗卫生服务、更舒适的居住条件、更优美的环境，希望孩子能成长得更好、工作得更好、生活得更好。……我们的责任就是要团结带领全党全国各族人民，继续解放思想，坚持改革开放，不断解放和发展社会生产力，努力解决群众的生产生活困难，坚定不移走共同富裕的道路。”[①]中国共产党作为中国最广大人民根本利益的代表者，从建党之初，便将人民幸福作为自身不懈的追求，无论是民主革命时期确定的土地路线，还是改革开放以来家庭联产承包责任制的确立，以及乡镇企业的发展等重大决策，都体现着顺应人民群众对美好生活的向往，坚持着以人民为中心的发展思想。就当下而言，就是要把人民群众放在心中最高位置，坚持全心全意为人民服务的根本宗旨，实现好、维护好、发展好最广大人民的根本利益，把人民拥护不拥护、赞成不赞成、高兴不高兴、答应不答应作为衡量一切工作得失的根本标准，使我们党始终拥有不竭的力量源泉。同时以保障和改善民生为重点，发展各项社会事业，加大收入分配调节力度，打赢脱贫攻坚战，保证人民平等参与、平等发展的权利，使改革发展成果更多更公平地惠及全体人民。

坚持全心全意为人民服务的根本宗旨，就是要尊重人民主体地位，保证人民当家作主。坚持人民主体地位是马克思主义的内

① 新华社中央新闻采访中心编：《十八大前前后后》，人民出版社2012年版，第148页。

在要求，也是我们党领导革命、建设和改革不断取得胜利的基本经验，是我们社会主义国家性质的根本体现。这就要求坚定人民立场，不仅要满足广大人民群众对于美好生活的物质需要，还得毫不动摇坚持走中国特色社会主义政治发展道路，坚持和完善人民代表大会制度、中国共产党领导的多党合作和政治协商制度、民族区域自治制度等基本政治制度，完善和发展基层群众自治制度，扩大人民群众有序政治参与，保证人民广泛参加国家治理和社会治理。

二、保持党同人民群众的血肉联系

党的十八届六中全会制定的《关于新形势下党内政治生活的若干准则》强调，必须把坚持全心全意为人民服务的根本宗旨、保持党同人民群众的血肉联系，作为加强和规范党内政治生活的根本要求。在当今时代条件下，正确把握“血肉联系”这一重要论断的精神实质，深刻理解保持党同人民群众血肉联系的内涵、要求并身体力行，既是广大党员干部面临的一个重大理论和实际问题，也是践行党的群众路线的根本问题。

所谓血肉联系，简单说来，就是一种彼此支撑，相互融合，亲密无间的关系。用血肉联系一词，概括党同人民群众的关系，十分形象，也很好理解，我们党来自人民、植根人民、服务人民，保持党同人民群众的血肉联系，是我们党性质和宗旨的体现，是党立于不败之地的根本，这一点我们始终不能忘记，也不能改变。不过，在不同的时代条件下，由于所面临的形势内涵和要求不尽相同，保持这种血肉联系，需要我们与时俱进地加以把握和践行。

在革命时期，我们党面临的是内忧外患，民族苦难空前深重的形势。党成立之初，十分弱小，各方面条件都很艰苦，随时有倾覆的危险，在这种异常艰难的形势下，党只有紧紧依靠自己的阶级基础和群众基础，广泛发动工农群众，在基层尤其是广大农村建立革命根据地，与人民群众血肉相依、并肩战斗、生死与共，才能生存下来并不断发展壮大，最终打败强大的敌人，完成星火燎原的伟大创举。因此，在革命战争年代，保持同人民群众的血肉联系，不仅是我们党的自觉意识，而且是客观形势的迫切需要和必然要求，直接关系党的生死存亡。对于这一点，当时绝大多数党员干部是有切身体会的，是能够深刻认同并坚决贯彻于行动之中的。

新中国成立后，尤其是改革开放以来，我国经济实力和综合国力大幅增强，党所掌握的执政资源，开展工作所具备的各种条件，得到大大丰富和改善。在这种形势下，一些党员干部对保持党同人民群众血肉联系的必要性、迫切性失去了切身体会和认同，产生当官做老爷、视人民为“子民”的不良心态，贪图安逸享受，不愿到基层过艰苦生活的想法，沉迷于灯红酒绿，漠视民生疾苦，甚至为了头上“乌纱”而违背民意，为了一己私利而损害民利。一些地方干群关系紧张，政绩工程和形象工程频频上马，群体性事件和腐败案件易发高发，导致政府公信力下降。这一方面凸显了党执政以后脱离群众的危险性和危害性，另一方面也凸显了党在长期执政条件下，保持同人民群众血肉联系的艰巨性和紧迫性。正是对这种艰巨性和紧迫性的深刻认识和把握，以习近平同志为核心的党中央在全党开展了党的群众路线教育实践活动，“三严三实”专题教育，“两学一做”学习教育，旨在让全体党员干部充分认识党的群众路线从未过时，始终是我们党的根本工作路线，是必须始终坚持的。

就当下而言，密切联系群众就是要把人民拥护不拥护、赞成不赞成、高兴不高兴、答应不答应作为衡量一切工作得失的根本标准，把对上级负责与对群众负责紧密结合和统一起来，坚持一切从人民根本利益出发，深入基层了解情况，深入群众听取意见，使各项决策和各方面工作符合实际情况、符合客观规律、符合人民意愿。具体说来，我们要一方面坚持以人为本，执政为民，切实维护好、实现好、发展好最广大人民群众的根本利益，另一方面要切实解决自身存在的突出问题，切实改进我们的工作。

三、坚持问政于民、问需于民、问计于民

践行党的群众路线，必须充分相信群众，紧紧依靠群众，尊重群众的首创精神，坚持问政于民、问需于民、问计于民。这就要认真搞好调查研究。没有调查就没有发言权。调查研究是指对客观实际情况的调查了解和分析研究，目的是为了搞清实情真相，把握事物本质，找到正确解决问题的思路和对策，它是党了解人民群众实情的根本途径，是听取人民群众心声的基本渠道，是解决人民群众问题的有效方式。坚持群众路线，实际上就是要坚决贯彻“一切为了群众、一切依靠群众，从群众中来、到群众中去”的基本方针，实质就是要做到密切联系群众。而要坚持群众路线，就必须深入实际调查研究，只有在调查研究中，才能做到密切联系群众，了解群众的疾苦，真正做到为民谋利。新时代全面贯彻党的群众路线，要求党的各级领导干部必须大兴调查研究之风，深入实际、深入基层、深入群众，多到条件艰苦、情况复杂、矛盾突出的地方解决问题，千方百计为群众排忧解难。

习近平同志深刻指出，调查研究不仅是一种工作方法，而且是关系党和人民事业得失成败的大问题，下去调研，要去困难多的地方，问题多的地方。党的十八大以来，党中央一再要求兴起学习之风，调研之风，实干之风，强调领导带头，深入基层调研，把群众的意见作为我们的镜子，把百姓的期待作为我们的努力方向。这是

以习近平同志为核心的党中央治国理政新理念新思想新战略和工作方法的一大体现,也为我们搞好调查研究提供了遵循。

那么,如何才能做好调查研究工作?毛泽东同志总结说:第一是眼睛向下,不要只是仰首望天;第二是要有满腔的热忱,眼睛向下的决心,求知的渴望,敢于放下臭架子、甘当小学生;第三,要明白群众是真正的英雄。① 就当下而言,我们党的各级领导干部要把加强调查研究作为践行党的群众路线的重要着力点,重点把握以下三点:

一要充分发挥带头示范作用。俗话说,上行下效,上率下行。领导带头就是最有力量的号召、最有力量的要求、最有力量的执行力。加强调查研究,关键在领导带头。我们各级领导干部要自觉增强群众观念,带着感情、放下架子,深入最基层、第一线,深入最贫困、矛盾最尖锐的地方,接地气,察实情,解民困,努力使我们的决策、政策符合民意、科学有效。

二要重在发现和解决实际问题。这是调查研究的根本目的。各级领导干部要以求真务实的作风,不搞形式主义、不走过场,一竿子扎到基层,既解剖"麻雀"、发现典型、指导全局,又敢于直面矛盾,找准群众最盼、最急、最忧、最怨的问题,勇于担当,抓紧解决。

三要创新方式方法。我们党在长期实践中积累了许多好的调查研究方法,比如深入基层的蹲点调查、实地考察,解剖"麻雀"的典型调查、案例研究,活动性强的调查会、研讨会,感受直接的走访调查,面对面交谈。这些方法现在仍然管用。当然,随着科技进步和信息网络的发展,也需要我们掌握并运用问卷调查、抽样调查、网络调查等调研方法。通过创新方式方法,更好倾听民意,掌握民

---

① 参见《毛泽东选集》第3卷,人民出版社1991年版,第789、790页。

情，集中民智，服务决策。

党的十八大以来，习近平同志围绕坚持党的根本宗旨，贯彻党的群众路线，保持党同人民群众的血肉联系，发表了一系列重要讲话和论述。这些讲话精神，着眼于坚持和发展中国特色社会主义，着眼于实现“两个一百年”奋斗目标和中华民族伟大复兴中国梦，着眼于巩固党的执政地位和党执政的群众基础，体现了鲜明的人民立场，体现了强烈的爱民情怀，体现了马克思主义的群众观，是新时代广大党员干部，特别是各级领导干部增强宗旨意识、践行群众路线、加强和改进作风的行动指南。新时代广大党员干部应从政治的高度来看待同人民群众保持血肉联系的问题，将保持党同人民群众血肉联系作为巩固党的执政地位的重大工程，坚持全心全意为人民服务的根本宗旨，坚持把问计于民、问政于民、问需于民贯彻到工作实践中，真正维护好、实现好、发展好最广大人民群众的根本利益。

第三节　坚决克服“四风”

党的十八大以来，从制定和执行中央八项规定开始，全党上下纠正“四风”取得重大成效，但“四风”问题在一定程度上仍然存在。为了进一步纠正“四风”，习近平同志就新华社一篇《形式主义、官僚主义新表现值得警惕》的文章作出批示：文章反映的情况，看似新表现，实则老问题，再次表明“四风”问题具有顽固性、反复性。纠正“四风”不能止步，作风建设永远在路上。各地区各部门都要摆摆表现，找找差距，抓住主要矛盾，特别要针对表态多调门高、行动少落实差等突出问题，拿出过硬措施，扎扎实实地改。各级领导干部要带头转变作风，身体力行，以上率下，形成“头雁效应”。

一、坚决反对形式主义

形式主义是指片面注重形式,不顾事物本质、内容和效果的工作作风与思想方法。形式主义违背了内容决定形式、形式服务于内容的科学原则,把形式搞得过多过大过泛,给党的事业和人民利益造成严重损害。形式主义的表现,主要是知行不一、不求实效,文山会海、花拳绣腿,贪图虚名、弄虚作假。形式主义的实质是主观主义、功利主义,根源是政绩观错位、责任心缺失,用轰轰烈烈的形式代替扎扎实实的落实,用光鲜亮丽的外表掩盖矛盾和问题。其危害是劳民伤财、误党误国,损害党的形象和威信,所以必须坚决反对形式主义。

我们党始终把反对形式主义放在重要位置。在党的历史上,也曾经多次出现形式主义泛滥的问题,与此相适应,也多次展开了对形式主义的批判和斗争。比如:新民主主义革命时期,就存在照搬照抄马克思列宁主义个别结论和俄国革命经验的"形式主义"问题。毛泽东同志在延安整风时曾尖锐指出,形式主义"实在是一种最低级、最幼稚、最庸俗的方法"[①]。在社会主义建设时期,又发生了高指标、共产风、浮夸风等严重的形式主义问题。为纠正这股风,我们党召开"七千人大会",开展批评和自我批评,党的主要领导人勇敢地承担责任。虽然形式主义现象未能得到有效根治,但不能否认的是,党和人民对形式主义的强力抵制,在一定程度上减少了形式主义造成的危害。党的十八大以来,习近平同志多次在讲话中鲜明地指出,形式主义是当前党员干部中存在的突出问题之一,必须下大力气解决。特别是在开展党的群众路线教育实践

① 《毛泽东选集》第3卷,人民出版社1991年版,第838页。

活动工作会议上，习近平同志又一次把解决形式主义问题放在解决党内存在的四大突出问题之首，这就更加显现出党中央坚持求真务实、反对形式主义的决心和勇气。

反对形式主义，是党一如既往的要求，也是人民群众的共同心愿。过去，我们曾经搞过多次学习教育活动，虽然都取得了重大成果，但不少百姓仍然认为还是有些形式主义的东西在其中，于是坊间流传着“热热闹闹造声势，认认真真走过场”之说，这绝不是空穴来风。党的十九大确定在全党开展“不忘初心、牢记使命”主题教育，而要确保教育活动取得实效，就必须力戒形式主义，为实现中华民族伟大复兴在工作作风和思想方法上奠定基础、提供保证。

二、坚决反对官僚主义

官僚主义是指脱离实际、脱离群众、做官当老爷的领导作风。官僚主义随着国家出现而产生，是一种长期存在的、复杂的社会历史现象。中国共产党作为全心全意为人民服务的党，我国作为社会主义国家，从本质上讲是与官僚主义水火不容的，但由于种种原因，特别是封建主义、剥削阶级思想的影响，在一些党员干部身上表现出官僚主义现象甚至是严重的官僚主义作风，也并不为怪。正因为如此，我们党在90多年的历史中，始终强调反对官僚主义，特别是成为执政党以后，更是把反对官僚主义放在更加重要的位置，为发展党的事业、维护人民利益、推动民族进步提供了保证。

官僚主义现象是我们党和国家政治生活中存在的一个大问题。它的主要表现和危害是：高高在上，滥用权力，脱离实际，脱离群众，好摆门面，好说空话，思想僵化，墨守成规，办事拖拉，不讲效率，不负责任，公文旅行，互相推诿，以至官气十足，动辄训人，打击报复，压制民主，欺上瞒下，专横跋扈，徇私舞弊，贪赃枉法，等等。

今天,我们党员干部队伍中,官僚主义的上述表现也不同程度地存在着,有些还比较突出,必须坚决纠正。

反对官僚主义,一要进一步提高反对官僚主义的思想认识。由于包括官僚主义在内的诸多问题的存在,致使一些本来可以做好的事情没有做好,一些本来应该解决的问题久拖不决,一些本来可以缓解的矛盾进一步恶化。这些不良风气如不坚决刹住,势必严重削弱党员干部队伍的战斗力,势必损害党同人民群众的血肉联系,最终妨碍党的形象,危害党与人民群众的关系,损害党的事业。因此,必须深入持久地开展反对官僚主义的斗争。二要坚定不移地推进党务公开和政务公开。如果说官僚主义是阴魂,害怕见到光亮的话,公开性就是置官僚主义于死地的利器。推进党务公开和政务公开,增强党和政府的政策制定和公共治理的环节、过程的透明度,并且提高公众的知情度和参与度,官僚主义就无处藏身了。党务公开和政务公开,就是要打造"阳光政党"和"阳光政府",使党务、政务更加公开、透明,使人民大众对党政机关和党员领导干部的职责权限、办事程序、办事结果等能够一目了然,其知情权、参与权和监督权得到充分保障。三要继续深化政治体制和行政体制改革。进一步理顺党与人大、政府、司法机关、群众团体之间的关系,按照转变政府职能和精简、效能、统一的原则,进行行政体制改革,切实转变政府职能,深化行政审批制度改革,减少政府对微观经济活动的干预,加快建设法治政府和服务型政府,塑造良好的党风政风。四要改革和完善干部人事制度。反对官僚主义最重要的就是防止在党和国家机关中形成一个官僚特权阶层。为此,首先要从干部的"进口关"进行防范,坚决杜绝"跑官要官、买官卖官"的不良分子混入党和国家机关,这就要健全干部选任制度,扩大干部选拔任用中的民主,真正实现"权为民所赋",并在此基础上真正实现“权为民所用”。总之，要通过各种措施，克服官僚主义，使党保持与人民群众的血肉联系。

三、坚决反对享乐主义

享乐主义是指以享乐作为人生目标，脱离现实可能和需要，一味追求物质上的享受和精神上刺激的一种生活方式。享乐主义的表现，主要是精神懈怠、不思进取，追名逐利、贪图享受，讲究排场、好逸恶劳。享乐主义的实质是革命意志衰退、奋斗精神消减，根源是世界观、人生观、价值观不正确，拈轻怕重，贪图安逸，追求感官享受。享乐主义是一种强力腐蚀剂，严重败坏党风和社会风气，严重损害党的形象和威望，严重影响党群干群关系，甚至威胁着党的执政地位的巩固和执政使命的实现。具体说来，享乐主义的危害集中表现在：一是享乐主义追求物质上的享受和肉体上的快乐，容易使人们陷入意志消沉、缺乏进取精神的状态之中，造成人的精神颓废。二是享乐主义使人们用一切手段进行享受，用一切办法刺激自己的感官，必然造成人们消耗大量的社会财富，使本来就已经很紧张的自然和社会资源更加紧张。三是享乐主义使人们都以享乐为人生目的，就必然各自为己，甚至不惜把自己的快乐建立在别人的痛苦之上，不利于社会的和谐稳定。享乐主义的滋长和蔓延，在任何时候任何情况下，都不可能带来经济发展和社会进步，而只能滋生虚假繁荣的毒瘤，助长玩物丧志的风气，最终葬送已有的文明成果。因此，我们必须坚决反对享乐主义。

坚决反对享乐主义，一是必须树立正确的生活观。领导干部不是苦行僧，不是清教徒，应当享受正当的物质利益和生活待遇，而且随着经济社会的不断发展进步，领导干部的物质利益和生活待遇也必然会不断增多。但是，决不能以权谋私，决不能违反政策法规、违反党章的规定。党章要求每个共产党员必须坚持党和人民的利益高于一切,个人利益服从党和人民的利益,吃苦在前,享受在后,克己奉公,多做贡献。这才是共产党人尤其是党员领导干部所应有的生活观。二是培养健康的生活方式。最重要的就是以工作为乐,进一步增强事业心和责任感,努力学习业务知识,提高做好工作的能力,享受工作成功之乐。在日常生活中,也有许多健康的享乐方式,比如,以助人为乐,积德行善,扶贫济困;以读书为乐,活到老,学到老,以书为伴;以锻炼为乐,打球打拳,跑步散步;以家庭为乐,带孩子,做饭菜,一家老小乐翻天。三是重用艰苦奋斗的领导干部。曹操说,"明君不官无功之臣",意思是明智的君主是不会提拔重用没有功勋的臣子的。在干部考察和使用中,我们要十分注意考察和任用对象有没有艰苦奋斗、自觉奉献的精神和品德。对不怕艰苦,清正廉洁,敢于负责,作风朴实的干部,要表彰奖励,及时提拔;对怕苦怕累,追求享受,奢侈浪费,作风不正的干部,要严肃批评,不能重用。要坚持德才兼备原则,不能重能轻贤。四是严肃查处奢侈浪费案件。能治未病者为上医。对享乐主义要防患于未然,救治于初犯。贪图享乐,一方面是消极颓废的表现,另一方面也是腐败问题得以滋生和蔓延的温床。在党风廉政建设和反腐败斗争中,我们要注意查处各种享乐主义方面的案件。对那些不听招呼、我行我素、大手大脚、铺张浪费的党员干部,要严肃处理,绝不姑息迁就。

四、坚决反对奢靡之风

奢靡,不仅是一种生活方式,也是一种思想意识。作为生活方式,是指在物质享受方面,穷奢极欲,花费大量钱财,追求过分享受;作为思想意识,是指那种腐朽没落、萎靡颓废的人生态度。奢靡是一个阶级性、历史性很强的概念，对此，不同的时代可以有不同的标准，不同的阶级也有不同的认识。这里所讲的奢靡，是指那些以公款消费为主要形式、以公务人员特别是党员领导干部为主要行为主体的奢侈浪费的物质享受及其因之而形成的消极颓废的思想意识。一种思想行为是否属于奢靡范畴，不仅要看其是否反映奢靡的价值观念，还可以根据以下几点进行判断：其主体的消费是否已超出所属部门的经济发展水平和经济承受能力，超出其所属部门正常业务范围的工作必须，超越有关的规定标准，超出社会平均消费和群众对高消费阶层消费水平的心理承受能力。奢靡之风，是上述的奢靡现象已经不是发生于个别人、个别部门、个别地方、个别事件上的偶然现象，而是带有一定的普遍性、经常性，并有泛滥蔓延之势。

十八大之前，奢靡在一些地方已经形成风气，这是一种必须禁止的不良风气，其具体表现在：凡事都追求豪华气派，似乎只有大把大把地花钱，讲排场、比阔气，才能显示主人的尊贵和优越。一段时间以来，一些地方建造的楼堂馆所极尽奢华，一些党员领导干部道德品质低下、生活作风糜烂，引起老百姓的强烈不满。这种奢靡之风的危害是十分严重的，主要表现在：一是造成社会资源的极大浪费，导致非常紧缺的资金大量投入非关键性和纯消费领域，延缓现代化建设步伐；二是腐蚀人们的灵魂，污染社会风气；三是影响党在人民群众心中的光辉形象，失民心，招民怨，激民愤，损害党同人民群众的密切联系，搞不好甚至会导致公务人员同人民群众的尖锐对立，引起社会动乱。对此必须引起高度重视，并下大力气狠狠刹住这股歪风。

党员领导干部要培育健康的生活情趣。一个人的生活情趣，简单地说，就是一个人的志趣和爱好，是一个人内在的情感和心理需要的表现,也是一个人作风的体现。近年来查处的领导干部违法违纪案件表明,腐败分子走上违法犯罪的道路,大都是从不健康的生活情趣开始的。值得欣喜的是,中央作出的关于改进工作作风、密切党与人民群众联系的“八项规定”已经在实践中产生了积极反响,特别是全国各级纪检监察部门对纠正“四风”高度重视,重拳出击,取得了重大成效。十八大到十九大之间,全国共查处违反中央“八项规定”精神问题 18 万起,处理 24.4 万多人。[①] 这些数字向全社会释放出一个强烈信号,这就是:执纪必严。

总之,经过几年努力,享乐主义、奢靡之风已经得到比较好的治理。而形式主义、官僚主义比较顽固,又出现了许多新变种,是当前的主要危险,必须引起全党高度警惕。因此,我们要牢固树立“持久战”思想,反复抓、抓反复,严防作风问题回潮反弹。

第四节 积极探索新时代党风建设新思路

加强新时代党风建设是实现中华民族伟大复兴中国梦的根本保证。伟大梦想变成活生生的现实,有赖于优良作风的保证。党的十八大以来,党中央驰而不息抓作风建设,党风得到了根本好转,党的面貌焕然一新。同时也要看到,党的作风建设中仍然存在不少薄弱环节,违反“八项规定”精神的问题还不断出现。习近平同志指出:“如果不坚决纠正不良风气,任其发展下去,就会像一座无形的墙把我们党和人民群众隔开,我们党就会失去根基、失去血脉、失去力量。”[②]因此,必须积极探索新时代党风建设的新思路、新措施。

---

① 参见常雪梅、程宏毅:《十八大以来全国共查处违反八项规定精神问题 18 万起处理 24.4 万人》,2017 年 8 月 29 日,http://fanfu.people.com.cn/n1/2017/0829/c64371-29501988.html。

② 《习近平谈治国理政》,外文出版社 2014 年版,第 387 页。

一、作风建设要坚持抓常、抓细、抓长

习近平同志强调，作风建设是永恒课题，要标本兼治，经常抓、见常态，深入抓、见实效，持久抓、见长效，通过立破并举、扶正祛邪，不断巩固和扩大已经取得的成果，努力以优良的党风政风带动全社会风气根本好转。他指出，作风建设已经采取的措施、形成的机制要扎根落地，已经取得的成效要巩固发展，关键要在抓常、抓细、抓长上下功夫。

抓常，就是要经常抓，见常态。作风问题不是孤立的，而是与日常工作密不可分的，并体现在工作的方方面面，这就决定了抓作风不能脱离工作实际，要把作风建设摆上重要位置，融入日常工作。如果只就作风抓作风，将抓作风与日常工作割裂开来，就会形成两张皮，难以收到实效。抓常，就是要把作风建设有机融入改革发展稳定的大事要事难事中，把作风建设的具体要求落实到日常工作的每一个环节、每一个步骤上，在推动经济建设、政治建设、文化建设、社会建设、生态文明建设等重点工作中，认真落实作风建设具体要求，做到管事就管人，管人就管思想、管作风，不留盲点和死角，不下“雷阵雨”，使抓作风、反“四风”成为常态。坚持推动各项工作都要落实作风建设具体要求，以扎实的作风推进各项工作，形成抓作风促工作、抓工作强作风的良性循环。

抓细，就是要具体抓、见实效。细节决定成败。“天下难事，必作于易；天下大事，必作于细。”从现实来看，一些小事、小节看似不大，但其中体现出来的作风问题并不小。一张漠视群众的面容，一次并不奢华的宴请，其背后同样是官僚主义、享乐主义在作祟，同样是“四风”痼疾的具体体现。更重要的是，“小洞不补，大洞受苦”，小事可能积累成大事、小问题可能演变成大问题。因此小细

节不容忽视，小毛病不可不防。作风建设不能大而化之，泛泛而谈，而是要从细节小事入手，对干部群众特别是基层群众反映的每一个问题，提的每一条意见，都要认真对待，切实加以解决，对隐藏在工作细节、生活细处的“四风”问题不遗漏、不放过；对新出现的不良苗头，抓早、抓小，把作风隐患消除在萌芽状态。“不积跬步，无以至千里。”从小事抓起，从细节入手，将作风建设抓细抓实，就能积小胜为大胜，促进社会良好风气的形成。

抓长，就是要反复抓，见长效。作风问题具有顽固性和反复性，作风建设不可能一蹴而就，也不可能一劳永逸。要清醒地看到，作风建设是攻坚战，也是持久战，只有扭住不放、持之以恒地抓，才能不断取得作风建设新胜利。一要打好“思想功底”，充分认识到改进作风的长期性、艰巨性，牢固树立“作风建设永远在路上”的观念，克服“过关”心态，杜绝浅尝辄止、三天打鱼两天晒网的思想，拿出抓长的韧劲，严抓的狠劲，坚持不懈地抓好改进作风的各项工作。二要打好“力度功底”，坚持力度不减、温度不降、常抓不懈，拧紧螺丝扣、把好质量关，发扬钉钉子精神，紧紧盯住作风领域出现的新变化新问题，及时跟进相应的对策措施，做到掌握情况不迟钝、解决问题不拖延、化解矛盾不积压，坚决防止不良作风反复、反弹。三要打好“制度功底”，突出针对性和指导性，建立健全常态化联系服务群众工作机制、群众利益反映和关注机制、监督制约机制等；认真落实作风建设各项制度，做到有章必循、违规必究；坚持制度面前人人平等、执行制度没有例外，不留暗门，不开天窗，坚决维护制度的严肃性和权威性。

作风建设如逆水行舟，一篙不可放缓；如滴水穿石，一滴不可弃滞。以为民务实清廉为主题的党的群众路线教育实践活动，在县处级以上领导干部中开展的“三严三实”专题教育，在全体党员中开展的“两学一做”学习教育，使党在人民群众中的威信和形象进一步树立，形成了推动改革发展的强大正能量。要把目前作风转变的好势头保持下去，使党中央对作风建设的要求真正落地生根、开花结果，就必须以锲而不舍、驰而不息的决心和毅力，按照抓常、抓细、抓长的要求，始终保持久久为功的韧劲，保持“抓铁有痕，踏石留印”的力度，保持正风肃纪的高压态势，把作风建设进一步引向深入。

二、建立健全作风建设长效机制

党的十八大以来，以习近平同志为核心的党中央以作风建设开局起步，持续深入抓作风建设，中央领导同志身体力行，率先垂范，带头转作风，全党风貌为之一新，提高了党在人民群众中的形象和威信，赢得了国际社会广泛赞誉。党的十八届三中全会，又作出了健全改进作风常态化制度的重大部署。当前，建立健全作风建设长效机制要在以下几个方面努力：

（一）立足顶层，推动健全组织领导机制

作风建设效果如何，首先取决于领导重视程度，取决于顶层推动是否有力。一要着力健全完善作风建设的领导体制和工作机制。习近平同志在十九大报告中指出，随着中国特色社会主义进入新时代，我们党一定要有新气象新作为。打铁必须自身硬。党要团结带领人民进行伟大斗争、推进伟大事业、实现伟大梦想，必须毫不动摇坚持和完善党的领导，毫不动摇把党建设得更加坚强有力。各级党委要坚持把作风建设摆在突出位置，建立健全党委主要领导负总责，班子成员分工负责，责任部门具体落实的领导体制和工作机制，切实履行管党治党职责，认真解决作风建设突出问题。二要搞好统筹规划，把作风建设同部门中心工作有机结合，同

干部队伍建设有机结合,同机关党的建设有机结合,同党风廉政建设工作有机结合,统一部署,统筹推进。三要坚持领导机关和领导干部作表率。“其身正,不令而行;其身不正,虽令不从。”领导者的态度与行为表现,具有极大的示范效应。抓作风建设,必须从领导机关和领导干部抓起。各级领导机关领导干部,既要当好作风建设的组织推动者,又要当好优良作风的示范践行者,以优良的作风抓好作风建设,充分发挥引领示范作用,带动和促进广大干部始终做到为民务实清廉。四要加强宣传引导。充分运用各种媒体,多形式、多途径地宣传加强作风建设的重要意义,及时总结推广各地各部门作风建设的好经验、好做法。

(二)立足提升自律能力,健全教育引导机制

要着眼于提升干部自我约束能力,加强经常性党的作风和党的纪律教育,使“联系服务群众,为民务实清廉”成为各级党组织的行为准则和广大党员干部的自觉追求。一要加强理想信念教育。习近平同志强调,理想信念就是共产党人精神上的“钙”,没有理想信念,理想信念不坚定,精神上就会“缺钙”,就会得“软骨症”。要在各级党组织和广大党员干部中,深入持久开展理想信念教育,引导党员干部深入学习习近平新时代中国特色社会主义思想,坚定对中国特色社会主义的道路自信、理论自信、制度自信、文化自信。二要坚持群众路线教育常态化。党的群众路线教育只有进行时,没有完成时,联系服务群众工作只有进行时,没有完成时。各级党组织要始终坚持把群众路线教育作为推进党的作风建设的一项重要工作,持之以恒,常抓不懈。基层党组织要把服务群众、做群众工作作为主要任务,党员干部要把服务群众、做群众工作作为基本职责,坚持思想上尊重群众,感情上贴近群众,工作上依靠群众,认真做好联系、宣传、组织、服务、团结群众工作。三要加强经常性党风党纪教育。要加强党的优良传统和作风教育，引导党员干部增强宗旨意识、公仆意识、责任意识，树立正确的权力观、工作观和事业观。要加强党的纪律教育，引导党员干部自觉做到"两个维护"，始终同党中央保持高度一致。四要加强正反典型教育。要加强正面示范教育，及时发现和宣传"为民务实清廉"的先进典型，发挥好先进典型的示范效应。另一方面要抓好反面警示教育，及时查处曝光违反党的纪律规定的人和事，发挥反面典型的警示教育作用。

（三）立足提升他律水平，健全监督制约机制

作风建设既要靠自律，也要靠他律。总结世界上一些政党兴衰成败的经验教训，原因固然是多方面的，其中一个很重要的原因就是不善于接受监督，他律没有发挥作用。当前，要认真落实《中国共产党党内监督条例》，构筑完备的监督体系。一要构筑监督网络。整合监督资源，把党内监督与人大监督、政府专门机关监督、政协民主监督、司法监督、媒体监督、群众监督等有机结合起来，从多个维度加强监督，推动形成全方位、多层次、宽领域的监督网络。二要强化过程监管，推进作风建设预警机制建设，把事前监督、事中监督、事后监督结合起来，关口前移，加强事前防范和过程监督，切实做到权力行使到哪里，活动延伸到哪里，监督就跟踪到哪里。坚持开展民主评议政风行风活动，激发公众参与热情，推动作风持续改进。三要实施重点监督，加强对重大决策、重要人事任免、重大工程项目建设、重大突发事件处置及大额资金使用等重点部位和环节的监督，认真落实述职述廉、民主评议、诫勉谈话、民主生活会、函询和党员领导干部报告个人有关事项等监督制度，加强对领导干部的监督。四要推进党内民主，认真贯彻党员权利保障条例，尊重党员主体地位，积极推进党务公开。完善党员意愿表达机制，建立干部与党员协商讨论制度、干部接受党员批评监督制度、干部与党员保持经常性联系制度、党内事务听证咨询制度和党员定期评议基层党组织领导班子成员制度等。

(四)立足把权力关进制度的笼子,健全权力运行机制

“权力导致腐败,绝对的权力导致绝对的腐败。”要按照党的十九届三中全会通过的《中共中央关于深化党和国家机构改革的决定》要求,创新制度机制,把权力关进制度的笼子里,从制度上堵塞滋生不正之风的漏洞。一要理顺党和国家机构职能。按照“优化协同高效”的原则,构建系统完备、科学规范、运行高效的党和国家机构职能体系,形成总揽全局、协调各方的党的领导体系,职责明确、依法行政的政府治理体系,全面提高国家治理能力和治理水平。二要推进科学决策。加大科学决策的配套制度建设,加强决策咨询工作。坚持和完善社情民意反映制度,拓宽人民群众参与决策的渠道,落实公众参与、专家咨询、风险评估和集体讨论决定制度。健全决策失误纠错机制和责任追究机制。三要打造阳光政务。认真贯彻落实《政府信息公开条例》,健全完善政府信息公开工作机制,建立健全法规制度和程序规则,促进各级行政机关按照法定权限和程序严格履行职责。更加解放思想,打破制度和观念藩篱,推进管理创新和流程再造,着力打造透明型、服务型政府。

(五)立足激发内生动力,健全激励惩处机制

真正做到有功必奖,有过必惩,是构建作风建设长效机制的重要内容之一,也是调动党员干部工作积极性、创造性的重要手段。一要健全完善干部选任机制。用好的作风选人、选作风好的人,严格执行《党政领导干部选拔任用工作条例》。要特别关注那些信念坚定、为民服务、勤政务实、敢于担当、清正廉洁的优秀干部,形成良好的用人导向。积极探索干部“能上能下”的办法措施,解决干部“能上不能下”的问题。二要健全完善业绩考核评价机制。积极探索体现作风导向的干部业绩考核评价办法，按照奖优、治庸、罚劣的原则，完善相关奖惩制度。对作风优良、业绩突出的干部，要褒奖重用；对工作长期不在状态、效能不高、推动发展不力的干部，要敢于问责；对“拿着俸禄不干活，占着位子不干事”的干部，要作组织调整。三要完善干部激励机制。进一步完善公务员工资制度，将公务员收入与岗位责任联系起来，研究实施“以岗位定系数，以系数定奖金”的收入分配办法。在公务员津补贴规范后，物质激励弱化的情况下，要把精神激励作为重要激励手段，通过表扬、记功、授予荣誉称号等方法，激励干部奋发进取、争先创优。四要进一步强化机关目标绩效考核。突出发展导向、民生导向、作风导向，科学设计考评指标体系，健全完善目标绩效考评办法，更好发挥目标绩效管理在推动作风转变中的重要作用。

总之，健全作风建设长效机制是一项系统工程。要认真贯彻习近平同志关于党的作风建设的系列重要讲话精神，把握规律、抓住关键，立足发挥各级纪检监察部门的职能作用，立足发挥规章制度的规范作用，立足发挥社会公众及相关方面的监督作用，立足发挥领导机关和领导干部的示范作用，把继承和创新、自律和他律、治标和治本、内容和形式有机统一起来，系统思考、综合施策、立体推进。

三、坚持从我做起、从现在做起

自党的十八大以来，中央领导同志以身作则、率先垂范，带头弘扬党的优良作风，讲话不念稿子、不讲套话；下基层坐炕头、吃农家饭、体察民情，展示了求真务实的新形象，表明了改进作风的坚定决心，群众由衷拍手称好。然而也有些地方和单位存在作风不实现象：少数工作人员作风漂浮，接待群众时敷衍塞责，能推就推，抱着多一事不如少一事，不求有功、但求无过的态度，认为改进作风是“有权力的单位和上级部门的事”，事不关己，高高挂起。

在转变作风的时代大潮中，每个党员都不是旁观者、局外人，身后都有群众，有千万双眼睛时刻盯着，一举一动都会直接影响党在群众中的形象。转变作风需要从自身做起，每个党员干部无论职务高低，都应树立求真务实理念，正确认识自身的角色定位，干一行、爱一行、钻一行、精一行，增强工作责任心和使命感，争做改进工作作风的践行者，叫响“从我做起”的誓言，为党风、政风的改进汇聚正能量。

改进作风需要从小事做起，培养严谨态度。干部作风总是通过具体的行为表现出来，是细节累积的结果。群众往往就是从一件件小事、实事，来评价党员干部的工作。小事连着大局，细节连着形象，党员干部的讲话方式、出行细节这样一些看似不起眼的小事，最能给群众留下直观的印象。群众利益无小事，为人民服务的宗旨意识也是通过一件件小事来体现。从细节处抓作风，细字当头，需要在提高精细化管理和服务水平上下功夫。党员干部要以精益求精的精神，在谋划推进工作中，洞察细节、注重细微，把每项工作都细化为一个个看得见、摸得着、高标准的操作环节，从工作细节和小处入手，严谨、再严谨，深入、再深入，仔细、再仔细，努力把小事做细，把细节做精，使工作上质量、上档次、上水平，让党放心，让群众满意。

改进作风需要从现在做起，从严要求自己。一是管住自己的“脑”。思想是行动的先导。作为党员干部，尤其是领导干部，绝不能随心所欲。俗话说，储水万担，用水一瓢，广厦千间，夜卧六尺，家财万贯，日食三餐。党员干部应当时时保持清醒的头脑，耐得住寂寞，守得住清贫，保得住气节。只有除私欲，才能行得正，坐得稳,心自静。因此,党员干部必须增强立党为公,执政为民的宗旨意识,以德养廉,知足常乐。二是管住自己的“心”。凡事多问几个为什么。要时刻保持警醒,筑牢思想防线。要常思贪欲之害,常怀律己之心,常除非分之想,严守为官之德。要从点滴做起,坚守共产党员、领导干部应有的道德情操。要以条规为准绳,经常检查自己,每日三省吾身,检点得失,校正偏差,保持平静的心态。要净化交往圈、生活圈、娱乐圈、工作圈。在内心深处,时刻警惕糖衣炮弹和灯红酒绿的侵蚀,自觉过好金钱关、美色关、享乐关,抛弃私心杂念,拒腐蚀永不沾。三是管住自己的“口”,作为一个党员干部,对党的路线、方针政策和上级的指示、决定,要带头执行、率先垂范,不能散布小道消息,更不能妄议中央大政方针。要管住自己的口,不要嘴馋,更不要成天忙于应酬,在花天酒地中昏昏度日,碌碌无为,切实防止“病”从口入。四是管住自己的“手”。陈毅同志曾经说:“手莫伸,伸手必被捉。”作为党员干部,特别是领导干部,要秉公用权,廉洁从政,自觉遵守党规党纪,严格执行领导干部廉洁从政的各项规定,在工程建设和人事安排、干部使用上,要坚持党委集体研究把关,做到公开、公平、公正。五是管住自己的“腿”。八小时之内固然应严于律己,八小时之外同样不能放纵自己。党员干部要自觉管住自己的“腿”,不该去的地方不去,不该干的事情不干。作为党员干部,要在那些别人看不见、听不到的地方和一些小事上自我约束,“勿以恶小而为之,勿以善小而不为”,管住自己,慎独慎微。

第七章　用铁的纪律维护党的团结统一

党的团结统一是党的力量和生命所在，党的纪律是维护党的团结统一的重要保证。习近平同志指出，“党要管党、从严治党，靠什么管，凭什么治？就要靠严明纪律”，要“把纪律和规矩挺在前面”。[①] 只有纪律严明，才能确保全党统一意志、统一行动、步调一致前进，推进党的事业不断发展壮大。各级党组织要敢抓敢管，使纪律真正成为带电的高压线。

第一节　全面从严治党必须严明党的纪律

中国共产党是一个有着 9000 多万党员、460 多万个基层党组织，在人口 14 多亿的发展中大国长期执政的马克思主义政党。中国共产党要真正“不忘初心、牢记使命”，始终成为人民公仆、时代先锋、民族脊梁，就必须严明党的纪律，维护党的团结统一。

---

① 中共中央纪律检查委员会、中共中央文献研究室编：《习近平关于严明党的纪律和规矩论述摘编》，中央文献出版社、中国方正出版社 2016 年版，第 4、67 页。

一、严明党的纪律是无产阶级政党的优良传统和政治优势

从无产阶级政党建党原则来看，1859 年 5 月，马克思在致恩格斯的信中就提道："我们现在必须绝对保持党的纪律，否则将一事无成。"①

列宁在《共产主义运动中的"左派"幼稚病》一书中指出："无产阶级实现无条件的集中和极严格的纪律，是战胜资产阶级的基本条件之一。"②"否认党性，否认党的纪律，这就是从反对派那里得出的结论。这就等于完全解除无产阶级的武装而有利于资产阶级。"③

回顾党的历史，中国共产党从小到大、从弱到强，从革命、建设到改革，从站起来、富起来到强起来的奋斗史，就是一部统一全党意志和行动、步调一致向前进、不断从胜利走向新胜利的纪律建设史。自诞生之日起，我们党就把"纪律"写在自己的旗帜上。党的一大通过的第一个纲领，在党的纪律方面规定，"在公开时机未成熟前，党的主张以至党员身份都应保守秘密"，从而为加强党的纪律和纪律建设奠定了基础。党的二大通过的第一部党章，将"纪律"单独成章，包括九个条文，其中有四条是针对党员个人的纪律要求，明确了六种必须开除党籍的情形。五大之后，中央政治局根据党面临的任务，代行党代会职权通过了章程修正案，指出："严格党的纪律是全体党员及全体党部最初的最重要的义务。"增加了"服从党的决议""参加在党的一定组织中工作""缴纳党费"三项要求，进一步对党员遵守纪律的自觉性提出更高要求。以后的历次

① 《马克思恩格斯全集》第 29 卷，人民出版社 1972 年版，第 413 页。
② 《列宁选集》第 4 卷，人民出版社 2012 年版，第 135 页。
③ 《列宁选集》第 4 卷，人民出版社 2012 年版，第 154 页。

全国党代会，除“文化大革命”时期外，都在党章中突出强调加强党的纪律和纪律建设。

革命战争年代，毛泽东同志非常重视党的纪律建设，在井冈山时期就提出了“三大纪律六项注意”，后来发展成为“三大纪律八项注意”。强调“路线是‘王道’，纪律是‘霸道’，这两者都不可少”，并鲜明提出“加强纪律性，革命无不胜”的著名论断。1938 年他又进一步指出，为使党内关系走上正轨，必须坚持“个人服从组织、少数服从多数、下级服从上级、全党服从中央”四项纪律，除此之外“还须制定一种较详细的党内法规，以统一各级领导机关的行动”。[①] 西柏坡纪念馆至今保存的我们党“进京赶考”前定下的“六条规矩”，彰显出即将作为执政党的清醒与坚定。

改革开放以来，邓小平同志深刻指出：“我们这么大一个国家，怎样才能团结起来、组织起来呢？一靠理想，二靠纪律。”强调“共产党员一定要严格遵守党的纪律……遵守纪律的最高标准，是真正维护和坚决执行党的政策，国家的政策。”[②]江泽民同志鲜明地指出：“党的纪律极为重要。它的政治作用，就是维护党的团结统一，保持党的先进性和纯洁性，增强党的凝聚力和战斗力，保证党的纲领、路线和任务的实现。如果容许和听任党组织或党员无视组织纪律，为所欲为，那末，我们党就不成其为马克思主义的政党，就会丧失战斗力，甚至瓦解。”[③]面对改革开放新的历史环境对党的建设带来的严峻考验，我们党鲜明提出了执政党的党风问题是关系党的生死存亡的问题，提出各级党委要坚持“党要管党”的原则，把从严治党的方针贯彻到党的建设各项工作中去。

---

① 《毛泽东选集》第 2 卷，人民出版社 1991 年版，第 528 页。

② 《邓小平文选》第 3 卷，人民出版社 1993 年版，第 111～112 页。

③ 江泽民：《论党的建设》，中央文献出版社 2001 年版，第 337 页。

二、严明党的纪律开创党的建设新局面

党的十八大以来，以习近平同志为核心的党中央，把严明党的纪律作为党的建设的重要内容。习近平同志强调："党面临的形势越复杂、肩负的任务越艰巨，就越要加强纪律建设，越要维护党的团结统一。"[①]在十八届中央纪委二次全会上，习近平同志明确提出"加强党的纪律建设"。2014 年 5 月，在参加河南省兰考县委班子专题民主生活会上，习近平同志进一步指出："必须靠严明规范和纪律。"[②]随着全面从严治党的不断推进，2003 年印发的《中国共产党纪律处分条例》已经不能适应新形势的新要求。2015 年 10 月，中央印发了新修订的《中国共产党纪律处分条例》。该《条例》把党章和其他党内法规中的纪律要求，整合为政治纪律、组织纪律、廉洁纪律、群众纪律、工作纪律和生活纪律；坚持纪严于法、纪在法前，去除与国家法律重复的内容，实现纪法分开；把政治纪律细化、具体化，把落实中央"八项规定"精神的要求转化为纪律规范，体现作风建设最新成果，使党的纪律成为管党治党的尺子和全体党员的行为底线。

党的十九大将纪律建设纳入新时代党的建设总体布局，在党章中充实完善了纪律建设相关内容，明确了新时代党的建设总要求，首次把纪律建设写入党的建设总体布局，在过去"五位一体"党建总体布局基础之上，形成了新时代"5＋2"的总体布局，开创全面从严治党新局面。2018 年 8 月，党中央决定根据新的形势、任务和要求，对 2015 年修订的《中国共产党纪律处分条例》予以修订完

---

① 《习近平谈治国理政》，外文出版社 2014 年版，第 386 页。

② 中共中央纪律检查委员会、中共中央文献研究室编：《习近平关于严明党的纪律和规矩论述摘编》，中央文献出版社、中国方正出版社 2016 年版，第 5 页。

善。新修订的《条例》全面贯彻习近平新时代中国特色社会主义思想和党的十九大精神，以党章为根本遵循，将党的纪律建设的理论、实践和制度创新成果，以党规党纪形式固定下来，着力提高纪律建设的政治性、时代性、针对性。纪律建设成为党的建设的常态化工作内容，成为推进全面从严治党战略部署的重要支撑。

三、严明党的纪律是全面从严治党的治本之策

2015 年 10 月，习近平同志在审议廉政准则和党纪处分条例修订稿时，明确指出，“加强纪律建设是全面从严治党的治本之策”①。进入新时代，纪律建设作为全面从严治党的治本之策，对于全面推进新时代党的建设新的伟大工程，实现中华民族伟大复兴的中国梦，发挥着愈加重要的作用。

十九大党章指出：“党的纪律是党的各级组织和全体党员必须遵守的行为规则。”我们党是靠革命理想和铁的纪律组织起来的马克思主义政党，纪律严明是党的光荣传统和独特优势。革命战争年代，我们党团结带领人民打败穷凶极恶的敌人、夺取中国革命胜利，靠的是铁的纪律保证。新的历史条件下，我们党要团结带领人民全面建成小康社会、实现中华民族伟大复兴，同样要靠铁的纪律保证。党面临的形势越复杂、肩负的任务越艰巨，就越要加强纪律建设，越要维护党的团结统一，确保全党统一意志、统一行动、步调一致前进。从纪律属性来看，纪律是全体成员必须遵守的行为规范，是党内法规制度的基本表现形式。严明的纪律能够营造良性党内政治生态，因为只有把纪律挺起来、立起来、严起来，才能保证

① 中共中央纪律检查委员会、中共中央文献研究室编：《习近平关于严明党的纪律和规矩论述摘编》，中央文献出版社、中国方正出版社 2016 年版，第 9 页。

全党步调一致，才能有效防止公权力被滥用，让权力依纪依法运行，真正服务于社会、服务于人民。所以，严明纪律是管党治党的重要依据，也是维护党的团结统一、完成党的历史任务的根本保证。正是从这个意义上说，严明党纪是全面从严治党的治本之策。

第二节　重点强化政治纪律和组织纪律

政治纪律和组织纪律是党的纪律建设的重点内容。新时代加强党的纪律建设，重点在于强化政治纪律和组织纪律，带动廉洁纪律、群众纪律、工作纪律、生活纪律严起来，整体促进党的团结统一。

一、政治纪律是最重要、最根本、最关键的纪律

党的纪律是多方面的，但政治纪律是最重要、最根本、最关键的纪律。2013 年，习近平同志在《严明政治纪律，自觉维护党的团结统一》中明确指出，严明党的纪律，首要的就是严明政治纪律。2015 年，习近平同志在第十八届中央纪律检查委员会第五次全体会议上再次强调，在所有党的纪律和规矩中，第一位的是政治纪律和政治规矩。为什么政治纪律是最重要、最根本、最关键的纪律？因为一方面遵守党的政治纪律是遵守党的全部纪律的重要基础，另一方面政治纪律是各级党组织和全体党员在政治方向、政治立场、政治言论、政治行为方面必须遵守的规矩，是维护党的团结统一的根本保证。

严明党的纪律，首要的就是严明政治纪律。2015 年，习近平同志在十八届中央政治局常委会第 119 次会议关于审议《中国共产党廉政准则》《党纪处分条例》修订稿时指出，要坚持问题导向，把

严守政治纪律和政治规矩放在首位。加强党的纪律建设，要针对现阶段党纪存在的主要问题，更加强调政治纪律和政治规矩。这次会议修订的条例将党的纪律整合为政治纪律、组织纪律、廉洁纪律、群众纪律、工作纪律和生活纪律，其中政治纪律是打头、管总的。实际上，一个党员无论违反哪方面的纪律，最终都会侵蚀党的执政基础，说到底都是破坏党的政治纪律。因此，讲政治、遵守政治纪律和政治规矩永远排在首要位置。要抓住这个纲，把严肃其他纪律带起来。

政治纪律关系政党生死存亡。从政党政治视角而言，现代政党都是有政治纪律要求的，没有政治上的规矩不能成其为政党。习近平同志强调，就是西方国家，主要政党在政治方面也是有严格约束的，“政党的重要成员必须拥护本党的政治主张、政策主张，包括本党的意识形态。大家注意看就知道，西方国家议会投票，往往是政党壁垒分明，一个党的议员要不就是都反对，要不就是都支持。这说明了什么？不就是各党对自己的党员有政治上的约束嘛！对那些在政治上行动上与本党离心离德的党员，西方国家政党也是要执行纪律的，甚至给予开除处分。一个政党，不严明政治纪律，就会分崩离析”[①]。所以，中国共产党严明政治纪律符合政党运行根本要求，在一定程度上关系政党的生死存亡。

二、强化政治纪律和组织纪律是破解全面从严治党面临问题的迫切需要

有的党员干部政治纪律意识淡薄。习近平同志明确指出，在

① 中共中央纪律检查委员会、中共中央文献研究室编：《习近平关于严明党的纪律和规矩论述摘编》，中央文献出版社、中国方正出版社 2016 年版，第 16 页。

遵守和维护政治纪律方面，绝大多数党组织和党员干部做得是好的。但是，也有少数党员干部政治纪律意识不强，在原则问题和大是大非面前立场摇摆，有的对涉及党的理论和路线方针政策等重大政治问题公开发表反对意见；有的地方和部门对维护党的政治纪律重视不够，个别的甚至对中央方针政策和重大决策部署阳奉阴违。有的党员干部想说什么说什么，想干什么干什么。有的还专门挑那些党已经明确规定的政治原则来说事，口无遮拦，毫无顾忌，以显示自己所谓的“能耐”，受到敌对势力追捧，对此他们不以为耻、反以为荣。这些问题在党内和社会上造成恶劣影响，给党的事业造成严重损害。党内决不允许有不受党纪国法约束甚至凌驾于党章和党组织之上的特殊党员。

有的党员干部政治观念不明。2013 年，习近平同志在全国组织工作会议上指出，应该充分肯定，我们大多数干部理想信念是坚定的，政治上是可靠的。同时，在我们的干部队伍中，也有的对共产主义心存怀疑，认为那是虚无缥缈、难以企及的幻想；有的不信马列信鬼神，从封建迷信中寻找精神寄托，热衷于算命看相、烧香拜佛，遇事“问计于神”；有的是非观念淡薄、原则性不强、正义感退化，糊里糊涂当官，浑浑噩噩过日子；有的甚至向往西方社会制度和价值观念，对社会主义前途命运丧失信心；有的在涉及党的领导和中国特色社会主义道路等原则性问题的政治挑衅面前态度暧昧、消极躲避、不敢亮剑，甚至故意模糊立场、耍滑头；等等。党的领导干部特别是高级干部，在大是大非面前没有态度，出了政治性事件、遇到敏感性问题没有立场、无动于衷，岂非咄咄怪事？

有的党员干部组织纪律不严。2014 年，习近平同志在《严明党的组织纪律，增强组织纪律性》一文中指出：“不能把党组织等同于领导干部个人，对党尽忠不是对领导干部个人尽忠，党内不能搞人身依附关系。干部都是党的干部，不是哪个人的家臣。有的干部信奉拉帮结派的'圈子文化'，整天琢磨拉关系、找门路，分析某某是谁的人，某某是谁提拔的，该同谁搞搞关系、套套近乎，看看能抱上谁的大腿。有的领导干部喜欢当家长式的人物，希望别人都唯命是从，认为对自己百依百顺的就是好干部，而对别人、对群众怎么样可以不闻不问，弄得党内生活很不正常。邓小平同志早就说过：'上级对下级不能颐指气使，尤其不能让下级办违反党章国法的事情；下级也不应当对上级阿谀奉承，无原则地服从，'尽忠'。不应当把上下级之间的关系搞成毛泽东同志多次批评过的猫鼠关系，搞成旧社会那种君臣父子关系或帮派关系。'党内决不能搞封建依附那一套，决不能搞小山头、小圈子、小团伙那一套，决不能搞门客、门宦、门附那一套，搞这种东西总有一天会出事！有的案件一查处就是一串人，拔出萝卜带出泥，其中一个重要原因就是形成了事实上的人身依附关系。"①

三、严格遵守党的政治纪律和组织纪律

要坚持和加强党的全面领导。习近平同志在党的十九大报告中强调，"党政军民学，东西南北中，党是领导一切的"，并在新时代党的建设总要求中鲜明提出"坚持和加强党的全面领导"。坚持和加强党的全面领导是实现中华民族伟大复兴的根本保证。邓小平同志曾明确指出，没有中国共产党的领导，我们国家就会四分五裂，就会天下大乱。这就鲜明指出了坚持和加强党的全面领导在实现中国人民和中华民族根本利益中不可替代的决定性地位和作

① 中共中央纪律检查委员会、中共中央文献研究室编：《习近平关于严明党的纪律和规矩论述摘编》，中央文献出版社、中国方正出版社2016年版，第19页。

用。坚持和加强党的全面领导对党的自身建设提出了新的更高要求。党的全面领导能不能落到实处，关键看能不能把我们党建设好、建设强。对此，必须要坚持用习近平新时代中国特色社会主义思想武装全党，在全党牢固树立“四个意识”，自觉做到“四个自信”，坚决做到“两个维护”，解决好广大党员特别是党的各级领导干部的政治立场、政治方向、政治原则、政治道路问题，保证党的政治纪律和政治规矩成为党员的自觉遵循，不断增强党内政治生活的政治性、时代性、原则性、战斗性。全党必须在思想上政治上行动上同以习近平同志为核心的党中央保持高度一致，保证党中央权威，保证全党思想统一、步调一致。

要不断强化政治纪律组织纪律意识。一是必须维护党中央权威，决不允许背离党中央要求另搞一套，全党同志特别是各级领导干部在任何时候任何情况下都必须在思想上政治上行动上同党中央保持高度一致，听从党中央指挥，不得阳奉阴违、自行其是，不得对党中央的大政方针说三道四，不得公开发表同中央精神相违背的言论。二是必须维护党的团结，决不允许在党内培植私人势力，要坚持五湖四海，团结一切忠实于党的同志，团结大多数，不得以人划线，不得搞任何形式的派别活动。三是必须遵循组织程序，决不允许擅作主张、我行我素，重大问题该请示的请示，该汇报的汇报，不允许超越权限办事，不能先斩后奏。习近平同志指出，作为干部特别是领导干部，在涉及重大问题、重要事项时按规定向组织请示报告，这是必须遵守的规矩，也是检验一名干部合格不合格的试金石。连这点都做不到，还是一个合格的领导干部吗？领导干部要有组织观念、程序观念，该请示的必须请示，该报告的必须报告，决不能我行我素，决不能遮遮掩掩甚至隐瞒不报。四是必须服从组织决定，决不允许搞非组织活动，不得跟组织讨价还价，不得违背组织决定，遇到问题要找组织、依靠组织，不得欺骗组织、对抗组织。五是必须管好亲属和身边工作人员，决不允许他们擅权干政、谋取私利，不得纵容他们影响政策制定和人事安排、干预正常工作运行，不得默许他们利用特殊身份谋取非法利益。

要自觉坚持党性原则。组织纪律性是党性修养的重要内容。加强组织纪律性必须增强党性。党性说到底就是立场问题。共产党人无论是想问题、搞研究，还是做决策、办事情都必须站在党和人民立场上，而不能把个人利益放在第一位。这就是共产党人的党性原则。

我们共产党人特别是领导干部都应该心胸开阔、志存高远，始终心系党、心系人民、心系国家，自觉坚持党性原则。坚持了党性原则，就不会把个人凌驾于组织之上，或者使自己游离于组织之外。遵守党的组织纪律，向组织报告，听组织意见，很多问题就不会发生。一个人什么时候容易犯错误？就是以为自己万物皆备、一切顺利的时候，得心应手了就容易随心所欲，随心所欲而又不能做到不逾矩，就要出问题了。月盈则亏，水满则溢。一个人不管当到多大干部都要有组织纪律性，职位越高组织纪律性应该越强，防微杜渐才能不出问题。

每一个共产党员特别是领导干部都要牢固树立党章意识，自觉用党章规范自己的一言一行，在任何情况下都要做到政治信仰不变、政治立场不移、政治方向不偏。不论担任何种职务、从事何种工作，首先要明白自己是一名在党旗下宣过誓的共产党员，要用入党誓词约束自己。要强化程序观念，该报告的必须报告，该打招呼的必须打招呼，该履行的职责必须履行，该承担的责任必须承担，少些“迈过锅台上炕”的做法，也少些“事后诸葛亮”的行为。要有担当意识，遇事不推诿、不退避、不说谎，向组织说真话道实情，勇于承担责任。

党章规定的“四个服从”，既是党最基本的组织原则，也是最基本的组织纪律。习近平同志强调，全党同志要强化党的意识，始终把党放在心中最高位置，牢记自己的第一身份是共产党员，第一职责是为党工作，做到忠诚于组织，任何时候都与党同心同德。全党同志要强化组织意识，时刻想到自己是党的人，是组织的一员，时刻不忘自己应尽的义务和责任，相信组织、依靠组织、服从组织，自觉接受组织安排和纪律约束，自觉维护党的团结统一。

第三节　正确运用监督执纪“四种形态”

党的十九大报告明确指出：“坚持开展批评和自我批评，坚持惩前毖后、治病救人，运用监督执纪‘四种形态’，抓早抓小、防微杜渐。”[①]监督执纪“四种形态”是对新时代管党治党实践的经验总结，是把握反腐败斗争基本规律的深刻展现，是把纪律和规矩挺在前面、坚持纪严于法、做好监督执纪问责工作的行动指南。

一、监督执纪“四种形态”是全面从严治党的重要实践、理论和制度创新成果

深入推进反腐败斗争是监督执纪“四种形态”生成的基础。2013 年 11 月，党的十八届三中全会提出落实党风廉政建设责任制，党委负主体责任，纪委负监督责任。这就是常说的党风廉政建设的“两个责任”。在落实“两个责任”中，对于如何落实纪委的监

① 习近平：《决胜全面建成小康社会 夺取新时代中国特色社会主义伟大胜利——在中国共产党第十九次全国代表大会上的报告》，人民出版社 2017 年版，第 66 页。

督责任，十八届中央纪委三次全会提出："深化转职能、转方式、转作风，用铁的纪律打造纪检监察队伍。"全面履行党章赋予的职责，转职能、转方式、转作风，调整内设机构，聚焦中心任务，突出主业主责，强化监督执纪问责，不断开创反腐败斗争的新局面。这既是纪检监察机关自身的一次深刻变革，也是实现纪检监察机关治理能力现代化的重大举措，成为党的纪律检查工作进入新的历史发展阶段的重要特征。

深入推进反腐败斗争催生纪委监督执纪问责"四种形态"的形成。为了更好落实全面从严治党的责任，2015 年 9 月，王岐山同志在福建调研时强调："要运用好监督执纪的'四种形态'。党内关系要正常化，批评和自我批评要经常开展，让咬耳扯袖、红脸出汗成为常态；党纪轻处分和组织处理要成为大多数；对严重违纪的重处分、作出重大职务调整应当是少数；而严重违纪涉嫌违法立案审查的只能是极极少数。"[①]"四种形态"坚持惩前毖后、治病救人的方针，改变要么是"好同志"、要么是"阶下囚"的状况，真正体现对全体党员的严格要求和关心爱护，表明严管就是厚爱，治病为了救人，表明全面从严治党从注重惩治向注重预防的转变。

在十八届中央纪委六次全会的工作报告中，王岐山同志对"四种形态"又进行集中阐释，明确把监督执纪"四种形态"表达为：让咬耳朵、扯袖子，红红脸、出出汗成为常态，党纪轻处分、组织调整成为大多数，重处分、重大职务调整的是少数，而严重违纪涉嫌违法立案审查的只能是极极少数。

随着全面从严治党的深入开展，《中国共产党党内监督条例》把监督执纪"四种形态"写入总则，明确指出："党内监督必须把纪

① 本书编写组：《"两学一做"学习教育手册》，人民出版社 2016 年版，第 99 页。

律挺在前面，运用监督执纪‘四种形态’，经常开展批评和自我批评、约谈函询，让‘红红脸、出出汗’成为常态；党纪轻处分、组织调整成为违纪处理的大多数；党纪重处分、重大职务调整的成为少数；严重违纪涉嫌违法立案审查的成为极少数。”①这是在2015年王岐山同志提出“四种形态”的基础上及时将新形势下管党治党最新实践经验固化为制度成果，与时俱进丰富了全面从严治党的基本理论。2018年新修订的《中国共产党纪律处分条例》保持了这种说法。

二、监督执纪“四种形态”体现了“标本兼治，治本为主”的战略思想

监督执纪“四种形态”作为全面从严治党的重要抓手，适应深入推进反腐败斗争的新形势和新要求，体现了“标本兼治，治本为主”的战略思想。

基于反腐败斗争的长期性、复杂性，党的十八大之后中央明确了反腐败的基本思路：通过治标为治本赢得时间。早在1993年，我们党首次提出，反腐败斗争形势是严峻的，要坚决制止腐败现象蔓延的势头。十八大后，党中央审时度势，在“依然严峻”基础上，增加了“复杂”二字，这是我们党对形势认识的深化。基于形势所迫只能治标，加大惩处力度，“打虎”“拍蝇”“猎狐”三管齐下，解决腐败存量。然而，问题的关键不在于仅仅减少腐败存量，实现不敢腐，还要遏制腐败增量，通过制度实现不能腐、不想腐。所以反腐需要从治标为主转为治本为主。治标向治本转换契合党的制度建

① 《关于新形势下党内政治生活的若干准则 中国共产党党内监督条例》，人民出版社2016年版，第47页。

设的现实需要，是党建科学化的重要体现。一般而言，治标突出惩治，主要解决不敢的问题；治本突出预防，主要解决不能和不想的问题，体现一种正向量。在治标向治本转换中存在标本兼治的过渡阶段，监督执纪"四种形态"集中表现为标本兼治，并且在标本兼治中侧重于治本。所以"四种形态"是"标本兼治，治本为主"的价值体现，能够防止小错误变成大错误，防止违纪变成违法，尽量避免今天还是"好同志"，明天就是阶下囚的现象发生。

按照《中国共产党党内监督条例》明确的规范性表述来看，第一种形态为"红红脸、出出汗"，其属于正式的、严厉的批评教育。这主要是针对长期以来组织涣散、纪律松弛，党内关系不正常等现象提出的应对措施。通过"红红脸、出出汗"这种方式，实现党内政治生活正常化，党员之间互相关心、互相勉励和提醒，批评和自我批评经常开展。这其实就是全面从严治党的预防之策，预防之策一旦成为常态，便上升到制度层面，成为全面从严治党的治本之策。第二种形态为党纪轻处分、组织调整。在政治生活中有些党员干部会受到轻处分，其目的是治病救人，其具体表现为警告、严重警告，轻度职务调整，这部分人在受处分党员中占大多数。第三种形态为党纪重处分、重大职务调整。其处分主要包括撤销党内职务、留党察看、开除党籍；重大职务调整主要表现为给予严重违反党的纪律的党员干部党纪重处分，并因此对其职务作出重大调整，这部分人在受处分党员中占少数。第四种形态为严重违纪涉嫌违法立案审查。这部分人只是极少数。因此，从"四种形态"所针对党员的数量和规模来看，存在着依次递减的逻辑关系；从全面从严治党的性质来看，存在着治本为主、治标为辅的标本兼治的逻辑关系。

三、监督执纪“四种形态”是思想建党与制度治党的密切结合和有机统一

在党的群众路线教育实践活动总结大会上，习近平同志从全面从严治党的规律性高度强调，全面从严治党要坚持思想建党和制度治党紧密结合，从而为全面从严治党指明了方向。监督执纪“四种形态”正是沿着这种思路，促进思想建党与制度治党的有机统一，推进全面从严治党向纵深发展。

从中国共产党发展历史来看，思想建党在革命时期发挥了关键性作用，是中国共产党自我净化、自我纯洁的重要手段。党执政以后，形势任务发生了根本性改变，执政的共产党更加需要思想建党。可见，思想建党是中国共产党的传家宝，是中国共产党建立的传统习惯和政治优势，是中国共产党的基础性建设，抓住了思想建设也就抓住了执政党建设的根本。但是，随着时代发展，单纯的思想建党已经不能适应社会发展带来的变化，特别是随着执政环境的复杂化，我们党亟须通过制度治党的形式来加强党的思想建设。实践证明，自律往往需要他律才能真正发挥应有的价值和功能。所以，信任代替不了监督，全面从严治党需要思想建党与制度治党的紧密结合。当前对党的建设提出了新的更高要求，在全面深化改革的大背景下，市场经济更加触发人们对利益的需求，在这种形势下制度规范的功能就显得更加突出。这是因为在全面从严治党新形势下，思想建设的运行更加需要制度框架的稳固与可靠。而从自觉性来看，少数人靠觉悟，多数人靠制度。执政新常态下实现全面从严治党行为自觉，需要制度来规范。制而度之，并非对多数人的不信任，而是对觉悟内化的一种保障。

监督执纪“四种形态”作为统一体，既包含思想建党的内容，比

如不管是第一种形态的“红红脸、出出汗”，还是第二种形态的“党纪轻处分、组织调整”，都包含惩前毖后、治病救人的教育理念，改变要么是“好同志”、要么是“阶下囚”的状况，真正体现对党员的严格要求和关心爱护。还包含制度治党的内容，比如，第一种形态“红红脸、出出汗”成为常态。常态本身就是制度化的体现。再比如，第二种形态的“党纪轻处分、组织调整”、第三种形态的“党纪重处分、重大职务调整”和第四种形态的“严重违纪涉嫌违法立案审查”都属于制度范畴。所以说，监督执纪“四种形态”很好体现了思想建党与制度治党的有机统一。

四、切实提升运用监督执纪“四种形态”的能力

十九届中央纪委二次全会强调，要深化运用监督执纪“四种形态”，坚持惩前毖后、治病救人方针，坚持严管和厚爱结合。在早发现上深化，提高发现违纪问题能力；在分类处置上深化，提高精准把握执纪标准和运用政策能力；在用好第一种形态上深化，下功夫加强日常管理和监督。新修订的《中国共产党纪律处分条例》也将实践中普遍运用的监督执纪“四种形态”吸收进来。

（一）强化党委主体责任担当能力

党委（党组）要自觉扛起实践监督执纪“四种形态”主体责任。要领导本地区本部门本单位党内监督工作，组织实施各项监督制度，抓好督促检查；加强对同级纪委和所辖范围内纪律检查工作的领导，检查其监督执纪问责工作情况；对党委常委会委员（党组成员）、党委委员，同级纪委、党的工作部门和直接领导的党组织领导班子及其成员进行监督；对上级党委、纪委工作提出意见和建议，开展监督。中央巡视工作领导小组应当加强对省、自治区、直辖市党委，中央有关部委，中央国家机关部门党组（党委）巡视工作的领

导。省、自治区、直辖市党委应当推动党的市(地、州、盟)和县(市、区、旗)委员会建立巡察制度,使从严治党向基层延伸。要严格党的组织生活制度,民主生活会应当实现经常化,遇到重要或者普遍性问题应当及时召开。民主生活会重在解决突出问题,领导干部应当在会上把群众反映、巡视反馈、组织约谈函询的问题说清楚、谈透彻,开展批评和自我批评,提出整改措施,接受组织监督。上级党组织应当加强对下级领导班子民主生活会的指导和监督,提高民主生活会质量。坚持党内谈话制度,认真开展提醒谈话、诫勉谈话。发现领导干部有思想、作风、纪律等方面苗头性、倾向性问题的,有关党组织负责人应当及时对其提醒谈话;发现轻微违纪问题的,上级党组织负责人应当对其诫勉谈话,并由本人作出说明或者检讨,经所在党组织主要负责人签字后报上级纪委和组织部门。严格执行干部考察考核制度,全面考察德、能、勤、绩、廉表现,既重政绩又重政德,重点考察其贯彻执行党中央和上级党组织决策部署,履行管党治党责任时的表现,在重大原则问题上的立场,对待人民群众的态度,完成急难险重任务的情况。考察考核中党组织主要负责人应当对班子成员实事求是地作出评价,将考核评语载入干部档案之前须持示被考核人。落实党组织主要负责人在干部选任、考察、决策等各个环节的责任,对失察失责的应当严肃追究责任。党的领导干部应当每年在党委常委会(或党组)扩大会议上述责述廉,接受评议。述责述廉重点是执行政治纪律和政治规矩、履行管党治党责任、推进党风廉政建设和反腐败工作以及执行廉洁纪律情况。将述责、述廉报告载入廉洁档案,并在一定范围内公开。坚持和完善领导干部个人有关事项报告制度,领导干部应当按规定如实报告个人有关事项,及时报告个人及家庭重大情况,事先请示报告离开岗位或者工作所在地等。有关部门应当加强抽查核实。对故意虚报瞒报个人重大事项、篡改伪造个人档案资料的,一律严肃查处。建立健全党的领导干部插手干预重大事项记录制度,利用职务便利违规干预干部选拔任用、工程建设、执纪执法、司法活动等问题一经发现,应当及时向上级党组织报告。

(二)强化纪委监督责任担当能力

各级纪检监察机关要提高思想认识,将工作重心由严惩极少数向管住大多数转变,聚焦主责主业,进一步提高审查调查综合效应,综合运用批评教育、诫勉谈话、组织处理、纪律处分等措施,把"四种形态"落实好、运用好,充分发挥纪律的惩戒警示作用。纪律检查机关必须把维护党的政治纪律和政治规矩放在首位,坚决纠正和查处上有政策、下有对策,有令不行、有禁不止,口是心非、阳奉阴违,搞团团伙伙、拉帮结派,欺骗组织、对抗组织等行为。纪委派驻纪检组对派出机关负责,加强对被监督单位领导班子及其成员、其他领导干部的监督,发现问题应当及时向派出机关和被监督单位党组织报告,认真负责调查处置,对需要问责的提出建议。派出机关应当加强对派驻纪检组工作的领导,定期约谈被监督单位党组织主要负责人、派驻纪检组组长,督促其落实管党治党责任。认真处理信访举报,做好问题线索分类处置,早发现早报告,对社会反映突出、群众评价较差的领导干部情况及时报告,对重要检举事项应当集体研究。定期分析研判信访举报情况,对信访反映的典型性、普遍性问题提出有针对性的处置意见,督促信访举报比较集中的地方和部门查找分析原因并认真整改。严把干部选拔任用"党风廉洁意见回复"关,综合日常工作中掌握的情况,加强分析研判,实事求是评价干部廉洁情况,防止"带病提拔""带病上岗"。接到对干部一般性违纪问题的反映,应当及时找本人核实,谈话提醒、约谈函询,让干部把问题讲清楚。约谈被反映人,可以与其所在党组织主要负责人一同进行;对于被反映人对函询问题的说明,应当由其所在党组织主要负责人签字后报上级纪委。对谈话记录和函询回复应当认真核实,存档备查。没有发现问题的应当予以了结,对不如实说明情况的给予严肃处理。依规依纪进行执纪审查,重点查处党的十八大以来不收敛不收手,问题线索反映集中、群众反映强烈,政治问题和经济问题交织的腐败案件和违反中央八项规定精神的问题。执纪审查应当查清违纪事实,让审查对象从学习党章入手,从理想信念宗旨、党性原则、作风纪律等方面检查剖析自己,审查报告应当事实清楚、定性准确,反映审查对象思想认识情况。对违反中央八项规定精神的,严重违纪被立案审查开除党籍的,严重失职失责被问责的,以及发生在群众身边、影响恶劣的不正之风和腐败问题,应当点名道姓通报曝光。加强对纪律检查机关的监督。发现纪律检查机关及其工作人员有违反纪律问题的,必须严肃处理。各级纪律检查机关必须加强自身建设,健全内控机制,自觉接受党内监督、社会监督、群众监督,确保权力受到严格约束。

(三)强化日常监督执纪能力

中国共产党第十九届中央纪律检查委员会第二次全体会议指出,要坚持惩前毖后、治病救人方针,深化运用监督执纪“四种形态”,强化日常监督执纪,有针对性地建章立制,把制度的篱笆扎得更紧。党的工作部门应当严格执行各项监督制度,加强职责范围内党内监督工作,既要加强对本部门本单位的内部监督,又要强化对本系统的日常监督。党内监督必须加强对党组织主要负责人和关键岗位领导干部的监督,重点监督其政治立场、加强党的建设、从严治党,执行党的决议,公道正派选人用人,责任担当、廉洁自律,落实意识形态工作责任制情况。上级党组织特别是其主要负责人，对下级党组织主要负责人应当平时多过问、多提醒，发现问题及时纠正。领导班子成员发现班子主要负责人存在问题，应当及时向其提出，必要时可以直接向上级党组织报告。党组织主要负责人应当将个人有关事项在党内一定范围公开，主动接受监督。党委（党组）应当加强对领导干部的日常管理监督，掌握其思想、工作、作风、生活状况。党的领导干部应当经常开展批评和自我批评，敢于正视、深刻剖析、主动改正自己的缺点错误；对同志的缺点错误应当敢于指出，帮助改进。切实发挥党的基层组织和党员的监督作用。在党的基层组织监督方面，要积极履行严格党的组织生活，开展批评和自我批评，监督党员切实履行义务，保障党员权利不受侵犯的监督职责；积极履行了解党员、群众对党的工作和党的领导干部的批评和意见，定期向上级党组织反映情况，提出意见和建议的监督职责；积极履行维护和执行党的纪律，发现党员、干部违反纪律问题及时教育或者处理，问题严重的应当向上级党组织报告的监督职责。在党员监督方面要履行加强对党的领导干部的民主监督，及时向党组织反映群众意见和诉求的义务；要履行在党的会议上有根据地批评党的任何组织和任何党员，揭露和纠正工作中存在的缺点和问题的义务；要履行参加党组织开展的评议领导干部活动，勇于触及矛盾问题、指出缺点错误，对错误言行敢于较真、敢于斗争的义务；要履行向党负责地揭发、检举党的任何组织和任何党员违纪违法的事实，坚决反对一切派别活动和小集团活动，同腐败现象作坚决斗争的义务。注重党内监督和外部监督相结合，各级党委应当支持和保证同级人大、政府、监察机关、司法机关等对国家机关及公职人员依法进行监督，人民政协依章程进行民主监督，审计机关依法进行审计监督。各级党组织应当支持民主党派履行监督职能，重视民主党派和无党派人士提出的意见、批评、建议，完善知情、沟通、反馈、落实等机制。各级党组织和党的领导干部应当认真对待、自觉接受社会监督，利用互联网技术和信息化手段，推动党务公开、拓宽监督渠道，虚心接受群众批评。新闻媒体应当坚持党性和人民性相统一，坚持正确导向，加强舆论监督，对典型案例进行剖析，发挥其警示作用。

第四节　让纪律真正成为带电的"高压线"

制定纪律就是要执行的。"不以规矩，不能成方圆"，"木受绳则直，金就砺则利"，讲的就是这个道理。党的规矩，党组织和党员、干部必须遵照执行，不能搞特殊、有例外。各级党组织要敢抓敢管，使纪律真正成为带电的"高压线"。

一、党纪党规不能成为"纸老虎""稻草人"

党的十八大以来，习近平同志在论述加强党的建设，强调严明党的纪律时，多次提到影响党的制度执行力的问题，明确指出党纪党规不能成为"纸老虎""稻草人"。

习近平同志在党的群众路线教育实践活动第一批总结暨第二批部署会议上指出，执行党的纪律不能有任何含糊，不能让党纪党规成为"纸老虎""稻草人"，造成"破窗效应"。凡是违反党章和党的纪律特别是政治纪律、组织纪律、财经纪律的行为，都不能放过，更不能放纵。对存在一般性作风问题的，要立足于批评教育、促其改进；对群众意见大、不能认真查摆问题、没有明显改进的，要进行组织调整；对顶风违纪的，要严肃处理。要抓住典型案例开展警示教育，惩处一个，教育一片。对那些软弱涣散、问题比较突出的领导班子，要先进行组织整顿，再开展活动。要在解决党员队伍出口问题上探索出一些经验来，把从严治党要求落到实处。

习近平同志在参加河南省兰考县委常委班子专题民主生活会上指出："我们的制度不少，可以说基本形成，但不要让它们形同虚设，成为'稻草人'，形成'破窗效应'。很多情况没有监督，违反了也没有任何处理。这样搞，谁会把制度当回事呢？我们党的制度是从党章开始的，学习党章学了半天，最后还是视而不见、听而不闻，这不行！我们的制度有些还不够健全，已经有的铁笼子门没关上，没上锁。或者栅栏太宽了，或者栅栏是用麻秆做的，那也不行。现有制度都没执行好，再搞新的制度，可以预言也会是白搭。一分部署还要九分落实。制定制度很重要，更重要的是抓落实，九分气力要花在这上面。"[①]所以，要强化制度执行，加强监督检查，确保出台一个就执行落实好一个。要坚持执行制度没有例外，对违反制度规定踩"红线"、闯"雷区"的，要零容忍，发现一起就坚决查处一起。

二、用严明的纪律管全党治全党

让纪律真正成为带电的高压线，关键在严格执行党的纪律。习近平同志在《严明党的组织纪律，增强组织纪律性》中明确指出，遵守党的纪律是无条件的，要说到做到，有纪必执，有违必查，而不能合意的就执行，不合意的就不执行，不能把纪律作为一个软约束或是束之高阁的一纸空文。

要加强纪律教育。遵守、执行好纪律的前提是增强纪律意识，深刻认识严明党的纪律的重要性，为此加强纪律教育尤为重要。

---

① 中共中央纪律检查委员会、中共中央文献研究室编：《习近平关于严明党的纪律和规矩论述摘编》，中央文献出版社、中国方正出版社2016年版，第81页。

党的十九大报告明确指出:"加强纪律教育,强化纪律执行,让党员、干部知敬畏、存戒惧、守底线,习惯在受监督和约束的环境中工作生活。"[①]要切实加强纪律教育,把学习《中国共产党纪律处分条例》纳入党委(党组)理论学习中心组学习内容和党校(行政学院)教育课程,使铁的纪律真正转化为党员干部的日常习惯和自觉遵循。

要提高纪律的可操作性。纪律的可操作性对于纪律的执行至关重要。易于执行、便于操作的纪律有助于取得良好的执行效果。提高纪律的可操作性,就要做到紧密联系实际,根据实际问题有针对性地制定相关纪律,从具体问题抓起,进一步细化要求,获得预期的整体效果。对于哪些是禁止的或不允许的要作出清晰界定,更要明确违反规定的后果,执行中不能搞变通、做选择,不能搞"弹性执纪"。新修订的《中国共产党纪律处分条例》对违反政治纪律、组织纪律、廉洁纪律、群众纪律、工作纪律、生活纪律的行为作出了清晰的界定,并对有关违纪行为作出了明确的处分规定,具有很强的可操作性。

要加强对纪律执行情况的监督检查。习近平同志在十八届中央政治局第二十四次集体学习时强调,抓好法规制度落实,必须落实监督制度,加强日常督察和专项检查。要用监督传递压力,用压力推动落实。对违规违纪、破坏法规制度踩"红线"、越"底线"、闯"雷区"的,要坚决严肃查处,不以权势大而破规,不以问题小而姑息,不以违者众而放任,不留"暗门"、不开"天窗",坚决防止"破窗效应"。通过持续有力的监督检查,使党员干部对纪律常怀敬畏之

① 习近平:《决胜全面建成小康社会 夺取新时代中国特色社会主义伟大胜利——在中国共产党第十九次全国代表大会上的报告》,人民出版社2017年版,第66页。

心，对工程建设、招标投标、选人用人等容易出问题的重点领域和关键环节要进行重点监督检查，要加强人民群众对党员、干部遵守执行纪律情况的监督，畅通、拓宽信访、网络、电话等群众监督渠道，充分发挥舆论监督的重要作用。

建立健全纪律执行的问责机制。习近平同志强调，有权就有责，权责要对等。无论是党委还是纪委或其他相关职能部门，都要对承担的党风廉政建设责任进行签字背书，做到守土有责。出了问题，就要追究责任。坚持有责必问、问责必严，把监督检查、目标考核、责任追究有机结合起来，形成法规制度执行的强大推动力。科学确立问责的内容、对象、事项、主体、程序、方式，实现问责制度化、程序化。问责既要对事、也要对人，要问到具体人头上。要把法规制度执行情况纳入党风廉政建设责任制检查考核和党政领导干部述职述廉范围，通过严肃追究主体责任、监督责任、领导责任，让法规制度的力量在反腐倡廉中得到充分释放。纪律检查机关要加大监督检查力度，对有令不行、有禁不止的，不仅要严肃查处直接责任人，而且要严肃追究相关领导人员的责任。

三、领导干部要在执行纪律上做表率

在我们党的事业中，领导干部特别是高级干部的岗位具有特殊的重要性，是推进全面从严治党的“关键少数”。严格遵守、执行纪律，必须从领导干部做起。领导干部要在坚决执行纪律上做表率，做遵规守纪的“领头雁”。

党员领导干部要做讲政治的带头人。习近平同志在第十八届中央纪律检查委员会第五次全体会议上指出，各级领导干部特别是高级干部要牢固树立纪律和规矩意识，在守纪律、讲规矩上做表率，自觉做政治上的“明白人”。讲政治是首要纪律，也是最大纪律。党员干部执行纪律,必须把政治建设摆在首位,在讲政治方面走在前列。党员领导干部必须坚持以马克思列宁主义、毛泽东思想、邓小平理论、“三个代表”重要思想、科学发展观、习近平新时代中国特色社会主义思想为指导,坚持和加强党的全面领导,牢固树立“四个意识”,坚决维护习近平同志党中央的核心、全党的核心地位,坚决维护党中央权威和集中统一领导,坚定执行党的政治路线,严格遵守政治纪律和政治规矩,在政治立场、政治方向、政治原则、政治道路上同党中央保持高度一致。

党员领导干部要做遵守党章的带头人。各级领导干部要把学习党章作为必修课,走上新的领导岗位的同志要把学习党章作为第一课,带头遵守党章各项规定。凡是党章规定党员必须做到的,领导干部要首先做到;凡是党章规定党员不能做的,领导干部要带头不做。要严格按照党章规定的党员干部必须具备的六项基本条件要求,提高自身素质和能力,经常检查和弥补自身不足。特别是要在坚定理想信念、坚持实事求是、推动科学发展、密切联系群众、加强道德修养、严守党的纪律等方面为广大党员做出表率。要尊崇党章,严格执行党章关于党内政治生活的各项规定,敢于坚持原则,勇于开展批评和自我批评,带头弘扬正气、抵制歪风邪气,自觉抵制商品交换原则对党内生活的侵蚀,营造风清气正的良好政治生态。

党员领导干部要做讲规矩的带头人。习近平同志指出,执行民主集中制,“一把手”以身作则很关键。党员干部要带头完善和落实民主集中制的各项制度,坚持民主基础上的集中和集中指导下的民主相结合,既充分发扬民主,又善于集中统一。带头弘扬忠诚老实、公道正派、实事求是、清正廉洁等价值观,坚决防止和反对个人主义、分散主义、自由主义、本位主义、好人主义,坚决防止和反对宗派主义、圈子文化、码头文化，坚决反对搞两面派、做两面人。领导干部要加强对年轻干部的教育引导，让他们从进入干部队伍起就知道守纪律、讲规矩的重要性和严肃性，当老实人、讲老实话、做老实事。领导干部自觉按党提出的标准要求自己、磨炼自己、提高自己。职位越高，越要夙兴夜寐工作，越要毫无私心把自己的一切奉献给党和人民，越要按规则正确用权、谨慎用权、干净用权，越要像珍惜生命一样珍惜名节和操守，扎扎实实改造主观世界，诚心诚意接受监督帮助，努力使自己成为一名党和人民信赖的好干部。领导干部要牢固树立政治意识、大局意识、核心意识、看齐意识，担负起全面从严治党政治责任，抓好《中国共产党纪律处分条例》的学习宣传和贯彻落实。领导干部要认真履行党章赋予的职责，强化监督执纪问责，把执纪和执法贯通起来，坚持纪严于法、纪法协同，让制度“长牙”、纪律“带电”，做执行纪律“带头人”。

第八章　以零容忍态度惩治腐败

腐败现象是人类社会发展中具有悠久历史的现象，它是伴随着私有制、阶级分化、国家政权而出现的，它的成因是复杂的，在不同社会形态和不同国家有不同的表现形式。到目前为止，任何国家都没有彻底铲除腐败。在社会主义新中国，腐败现象也没有完全消除，在某些特殊历史阶段还比较严重。腐败现象的存在极大地损害了我们党和国家的形象，影响党的执政地位，所以全党必须以零容忍态度坚决反对腐败。

第一节　腐败是我们党面临的最大威胁

改革开放以来，我们党把党风廉政建设和反腐败斗争提到关系党和国家生死存亡的高度来认识，充分反映了我们党对腐败现象的危害性始终保持高度清醒、高度警惕。党的十九大报告指出："人民群众最痛恨腐败现象，腐败是我们党面临的最大威胁。"①

① 《中国共产党第十九次全国代表大会文件汇编》，人民出版社2017年版，第53页。

在和平建设时期，如果说有什么力量能把共产党打败的话，那就是腐败。

一、中国共产党的性质宗旨与腐败现象水火不容

中国共产党章程对党的性质的表述是："中国共产党是中国工人阶级的先锋队，同时是中国人民和中华民族的先锋队，是中国特色社会主义事业的领导核心，代表中国先进生产力的发展要求，代表中国先进文化的前进方向，代表中国最广大人民的根本利益。"①党的宗旨是全心全意为人民服务。中国共产党是中国历史上最先进的政治组织。它是由中国工人阶级、中国人民和中华民族中最先进的分子组成，它有科学的指导思想，有严密的组织体系，有强大的组织能力和社会动员能力。中国共产党是一个有科学信仰和崇高奋斗目标的政党。在新民主主义革命时期，它为中华民族的独立和解放而奋斗。新中国成立以后，它领导中国人民进行社会主义革命和建设，现在又正在领导人民为实现"两个一百年"的伟大目标而努力奋斗，它的最终目标是实现共产主义。这样一个伟大的政党怎么能够容忍腐败现象呢？

腐败是指国家公职人员利用手中掌握的公共权力谋取个人和小集团的私利从而严重违反公职人员行为规范的行为。在中华人民共和国，公职人员包括一切行使公权力的人员，它的主要组成部分是中国共产党的党员。腐败的本质是以公共权力谋取私利。腐败的手段是滥用公共权力。腐败侵害的对象是党、国家和人民的公共利益。腐败的主要表现形式是贪赃枉法、行贿受贿、权钱交易、挥霍人民财富、腐化堕落等。腐败对党和国家的危害是巨大

① 《中国共产党第十九次全国代表大会文件汇编》，人民出版社 2017 年版，第 66 页。

的，是深层次的。

腐败现象影响党的先进性和纯洁性。党的先进性是共产党区别于其它政党的特质，集中表现在代表中国先进生产力的发展要求，代表中国先进文化的前进方向，代表中国最广大人民的根本利益。如果腐败现象盛行，共产党就不能很好地做到“三个代表”，就不能始终走在时代前列，它的先进性就会大打折扣，它与资产阶级政党相比就没有什么优势。腐败现象的存在是共产党内思想不纯、政治不纯、组织不纯、作风不纯的集中表现，它反映的是共产党内存在不合格的党员，存在不合格的领导干部，存在杂质。

腐败现象破坏党群关系，动摇党的执政基础。我们党来自人民、植根于人民，本身就是人民的一部分。党代表人民群众的根本利益，党的宗旨是全心全意为人民服务。以人民为中心是我们党的核心理念，人民立场是我们党的根本政治立场。正是因为如此，经过长期努力我们才赢得了人民的支持和拥护，并与之形成了水乳交融的党群关系。但是腐败现象的产生和蔓延却损害了人民群众的利益，伤害了群众的感情，影响了群众对党的信任，因而一定程度上动摇了共产党执政的群众基础。

腐败现象削弱党的领导能力，影响国家发展。中国共产党的领导是中国特色社会主义最本质的特征，是中国特色社会主义事业能够取得胜利的根本政治保证。党的领导要依靠各级党组织和领导干部去具体实施。从十八大以来查处的大案要案来看，腐败会导致我们的领导干部政治上变质、经济上贪婪、生活上腐化。如果这样的领导干部大量存在，一定会降低我们党的政治领导力、思想引领力、群众组织力、社会号召力，最终给党和国家的事业造成重大损失，影响中华民族伟大复兴的历史进程。

腐败现象影响社会主义制度的声誉。按照科学社会主义的理论，社会主义制度是人类历史上最先进的社会制度，它相对于一切剥削阶级建立的人剥削人的社会制度具有显著的优越性。在政治、经济、文化、社会和生态文明建设方面，都能创造出比资本主义更高级的文明成果，尤其是在社会公平正义方面有更明显的优势。腐败现象的产生和蔓延与社会主义一切美好的东西格格不入，它严重破坏了社会的公平正义，严重破坏了社会主义的核心价值观，影响了社会主义制度和社会主义国家的声誉。

总之，腐败是侵入党和国家健康肌体的病毒，“如果任凭腐败问题愈演愈烈，最终必然亡党亡国”[①]。

二、反对腐败是我们党一贯坚持的鲜明政治立场

正是因为我们党的性质宗旨与腐败现象水火不容，所以，我们党从来都是旗帜鲜明反对腐败的，在反对腐败问题上从来没有动摇过，从来没有妥协过。

在新民主主义革命时期，尽管我们党内的腐败现象十分轻微，但是党中央仍然高度重视反腐败工作。在大革命处于高潮时期，一批投机分子混入党内，企图在共产党内谋取一些好处。1926 年 8 月，中共中央专门发布《坚决清洗贪污腐化分子》的通告，要求全党对腐化分子混入党内的现象保持高度警惕，强调只有坚决清除这些不良分子，才能巩固我们的党组织，才能树立党在群众中的威望。这是我们党历史上制定的第一个惩治贪污腐化分子的文件。1927 年 5 月，中国共产党第五次全国代表大会选举产生了中央监察委员会，这是我党历史上第一个纪律检查机构，它的主要职能是

① 中共中央纪律检查委员会、中共中央文献研究室编：《习近平关于党风廉政建设和反腐败斗争论述摘编》，中央文献出版社、中国方正出版社 2015 年版，第 5 页。

预防和惩治党员干部贪污腐化行为。土地革命战争时期，中央苏区针对自身存在的腐败问题，陆续制定了一套监察制度和财政经济审计制度，查处了谢步升、左祥云等典型的政府内部的贪污腐败分子。抗日战争时期，我们党领导制定了《陕甘宁边区惩治贪污条例（草案）》，查处了陕甘宁边区某税务分局局长肖玉璧滥用职权、贪污腐化案件。

新中国成立前夕，在党的七届二中全会上，毛泽东同志告诫全党一定要警惕“党内的骄傲情绪，以功臣自居的情绪，停顿起来不求进步的情绪，贪图享乐不愿再过艰苦生活的情绪”①。“务必使同志们继续地保持谦虚、谨慎、不骄、不躁的作风，务必使同志们继续地保持艰苦奋斗的作风。”②要警惕资产阶级糖衣炮弹的进攻。

新中国成立初期，我们党严肃查处了刘青山、张子善腐化堕落案件并对两人处以极刑，在国内外引起强烈反响，警醒和教育了广大干部，在全国人民当中树立了共产党人执法如山、清正廉洁的良好形象。尽管后来我们党犯了一系列“左”的错误，但是在保持党和国家机关廉洁方面一直是做得比较好的，取得了举世公认的成就。改革开放以来，由于种种复杂的历史和现实原因，不正之风和腐败现象不断发展蔓延，甚至一度达到非常严重的程度。但是，我们党始终把党风廉政建设和反腐败斗争作为重要政治任务来抓，坚定不移反对腐败的立场始终是鲜明的。特别是党的十八大以来，以习近平同志为核心的党中央坚定不移推进全面从严治党，以雷霆万钧之势开展反腐败斗争，取得了反腐败斗争压倒性胜利，彻底扭转了我们党在反腐败问题上的被动局面，赢得了全党全军和

---

① 《毛泽东选集》第4卷，人民出版社1991年版，第1438页。

② 《毛泽东选集》第4卷，人民出版社1991年版，第1438～1439页。

全国各族人民的高度赞誉。

三、我们党反腐败斗争的基本方针

早在1993年，我们党就提出反对腐败必须坚持标本兼治、综合治理、持之以恒的方针。2005年，党中央又提出坚持标本兼治、综合治理、惩防并举、注重预防的方针，建立健全与社会主义市场经济体制相适应的教育、制度、监督并重的惩治和预防腐败体系。党的十八大以后，面对管党治党“宽、松、软”，腐败存量很大的情况，一段时间内侧重治标，通过治标为治本赢得了时间，然后又转向标本兼治。不同时期的反腐败工作的侧重点可能有所不同，但是标本兼治、综合治理的核心思想没有变。党的十九大报告提出深化标本兼治，“强化不敢腐的震慑，扎牢不能腐的笼子，增强不想腐的自觉，通过不懈努力换来海晏河清、朗朗乾坤”[①]。党的十九届四中全会又提出构建一体推进形成不敢腐、不能腐、不想腐的体制机制。“一体推进不敢腐、不能腐、不想腐，不仅是反腐败斗争的基本方针，也是新时代全面从严治党的重要方略。”[②]只有一体推进不敢腐、不能腐、不想腐，用好治标的利器，夯实治本的基础，才能增强反腐败工作的主动性、系统性、时效性，走出一条中国特色反腐倡廉道路。

第二节 继续强化不敢腐的震慑

不敢腐的震慑是指对已经产生的腐败现象和已经出现的腐败

---

① 《中国共产党第十九次全国代表大会文件汇编》，人民出版社2017年版，第54页。

② 《中国共产党第十九届中央纪律检查委员会第四次全体会议公报》，2020年1月15日，http://www.xinhuanet.com//politics/leaders/2020-01/15/c_1125465012.htm。

分子严肃查处，努力提高查处率，运用党纪、国法手段进行严厉惩治，使腐败分子付出惨重代价，提高腐败成本，从而对意欲腐败者形成强大的威慑力，使他们中的大部分人在党纪国法的红线面前不敢越雷池半步。不敢腐是前提，只有严厉惩治，才能为不能腐和不想腐创造条件。在惩治腐败过程中可以发现制度漏洞，为完善制度创造条件，惩治腐败本身就是最有效的廉政教育。

一、始终保持惩治腐败的高压态势

由于反腐败斗争形势依然严峻复杂，十八大以来党中央一直强调要保持惩治腐败高压态势。党的十九大报告强调，反腐败要坚持无禁区、全覆盖、零容忍，坚持重遏制、强高压、长震慑。“无禁区”主要是指反腐败涉及党的机关、国家机关、军队、事业单位、国有企业等一切公共权力领域，不会因为某些部门是涉及党和国家机密的特殊部门，是涉及国家安全的要害部门，是掌握国家武装力量的强力部门而搞特殊，从而不受党纪国法的约束，在反腐败方面可以受到特殊照顾，比如军队、公安、国家安全部门等。“全覆盖”主要是指反腐败覆盖全国所有地区、所有公共权力部门、所有国家公职人员。不管某些地方对国家贡献有多大，在国家发展大局中有多重要；不管某些部门权力有多大，有多么要害；不论什么人，不论职务多高，都不能游离于党纪国法之外，只要触犯了党纪国法，都要受到严肃追究和严厉惩处。“零容忍”就是对所有的腐败行为，不论是大案要案还是群众身边的微腐败，都要坚决查处。对于腐败案件发现一起查处一起，发现多少查处多少，不定指标，上不封顶，有腐必反，除恶务尽。要坚决减少存量、重点遏制增量，坚决遏制腐败现象发展蔓延的势头。在反腐败舆论宣传方面也要保持强大的声势，造成对腐败分子和腐败现象人人喊打的浓厚社会氛围。要加大国际追逃追赃力度,让已经潜逃的无处藏身,让企图外逃的丢掉幻想。只要坚持这些基本原则和基本做法,就会形成惩治腐败的高压态势,产生强大的震慑效果。

二、把查办案件作为反腐败的一个工作重点

各级纪检监察机关尽最大努力查处腐败案件,给腐败分子应有的党纪政务处分,将触犯刑律的移送检察院追究刑事责任,是惩治腐败的关键。如果纪检监察机关不努力查办案件,案件查处概率很低,腐败分子得不到应有的惩罚,反腐败就是一句空话,制度建设和廉政教育的效果也会大打折扣。

要准确把握查处腐败案件的重点。惩治腐败在不同时期有不同的重点。从查处腐败案件的类型和分布领域来看,十八大到十九大这五年重点是领导机关和领导干部中滥用职权、玩忽职守、贪污贿赂、腐化堕落案件,严重损害群众利益案件;群体性事件和重大责任事故背后的腐败案件;商业贿赂案件;审批环节设租寻租、插手工程建设、资源开发、项目开发、金融信贷、大宗采购等重点领域、关键环节案件。后来逐步加大对群众身边腐败问题的查处力度,加大对领导干部违反政治纪律和组织纪律,转移赃款赃物、销毁证据,订立攻守同盟、对抗组织审查等行为的查处力度。第十八届中央纪委向党的十九大做的工作报告建议第十九届中央纪委,要“严肃查处对党不忠诚、阳奉阴违的问题;重点查处政治问题和腐败问题通过利益输送相互交织,在党内培植个人势力、结成利益集团的行为;围绕打赢脱贫攻坚战,加强基层党风廉政建设,坚决查处侵害群众利益的腐败问题,让人民群众有更多获得感”[①]。根

---

① 《中国共产党第十九次全国代表大会文件汇编》,人民出版社 2017 年版,第 155 页。

据党的十九大部署,除了继续保持对传统重点领域腐败案件的查处力度以外,对扶贫领域进行了专项治理,强力纠治扶贫领域形式主义、官僚主义和弄虚作假等突出问题,惩治在扶贫项目中贪污侵占、虚报冒领、截留挪用等违纪违法行为。自 2018 年 1 月开展扫黑除恶专项斗争以来,纪检监察机关加大力度查处涉黑涉恶腐败及黑恶势力背后"保护伞"案件。从查处的具体对象来看,重点查处党的十八大后不收敛、不收手,问题严重、群众反映强烈,现在重要岗位可能还要提拔使用的党员领导干部,把三类情况同时具备的作为重中之重。

坚持"老虎""苍蝇"一起打。2013 年 1 月习近平同志在十八届中央纪委二次全会上讲话中指出:"要坚持'老虎'、'苍蝇'一起打,既坚决查处领导干部违纪违法案件,又切实解决发生在群众身边的不正之风和腐败问题。要坚持党纪国法面前没有例外,不管涉及到谁,都要一查到底,绝不姑息。"[①]从此以后,"老虎""苍蝇"一起打就成了惩治腐败分子的一句响亮口号。"老虎"是指违纪违法的高级干部,特别是那些性质严重、影响恶劣的大腐败分子。严厉查处高级干部中的腐败分子,社会影响大,震慑效果明显。"苍蝇"是指违纪违法的基层干部,"苍蝇"虽小,危害不小,"苍蝇"成群,其害如"虎"。他们直接损害党在群众中的威信,削弱党的公信力。严厉查处发生在群众身边的微腐败,能使群众切身感受到我们党反腐败的效果,增强群众反腐败的信心。从十八大以来反腐败斗争的实践看,我们确实做到了党纪国法面前没有例外,查处的腐败分子上至中共中央原政治局常委、中央政治局委员、中央军委副主席

① 中共中央文献研究室编:《十八大以来重要文献选编》(上),中央文献出版社 2014 年版,第 135 页。

以及一大批省部级干部，中间涉及一大批厅局级、县处级干部，基层涉及一大批乡科级干部、村干部及城市社区干部。根据十八届中央纪委向党的十九大作的工作报告，十八大至十九大五年间，“经党中央批准立案审查的省军级以上党员干部及其他中管干部440人。其中，十八届中央委员、候补委员43人，中央纪委委员9人。全国纪检监察机关共接受信访举报1218.6万件(次)，处置问题线索267.4万件，立案154.5万件，处分153.7万人，其中厅局级干部8900余人，县处级干部6.3万人，涉嫌犯罪被移送司法机关处理5.8万人”①。在对基层干部的处分方面，仅2016年，全国共处分乡科级及以下干部39.4万人，其中处分村党支部书记、村委会主任7.4万人。② 党的十九大以后，我们党查处违纪违法党员干部的力度不减，仅2018年，中央纪委国家监委即立案审查调查中管干部68人，涉嫌犯罪移送司法机关15人；全国纪检监察机关共对52.6万名党员作出党纪处分，对13.5万名公职人员作出政务处分。反腐败高压态势产生了强大的震慑力，党的十九大至2019年1月全国共有5000余名党员干部主动投案。③

充分发挥查处案件的治本功能。严厉查处腐败案件是反腐败必须采取的一个重大战略举措，没有这一手，反腐败就不可能取得胜利。同时，我们也要看到，大量查处腐败案件，使我们付出了很大代价。查处腐败案件使党和国家耗费了大量的人力、物力、财力，同时对涉及腐败的个人和家庭也造成很大的影响。所以查处

① 《中国共产党第十九次全国代表大会文件汇编》，人民出版社2017年版，第137～138页。

② 参见中共中央党史和文献研究院编：《十八大以来重要文献选编》(下)，中央文献出版社2018年版，第557页。

③ 参见中共中央党史和文献研究院编：《十九大以来重要文献选编》(上)，中央文献出版社2018年版，第776～777页。

腐败分子是手段，不是目的。我们要对查处的腐败案件特别是典型案件认真研究、深入剖析，找出制度存在的漏洞，进一步完善制度，堵塞漏洞。要健全重大案件剖析制度，总结教训，举一反三，发挥反面教材的警示教育作用。

三、加大国际追逃追赃力度

惩治腐败有两个战场，一个是国内战场，一个是国外战场。党的十八大以前，我国腐败分子外逃现象比较严重，国际追逃追赃效果不佳。有的腐败分子逃到国外，利用腐败得来的不义之财，买房买车，过起了逍遥自在的生活；有的在国外经商办企业，大发其财；有的摇身一变参加竞选，进入了当地的上流社会。这种现象造成很坏的示范效应，似乎国外就是法外之地，就是腐败分子的避罪天堂。一些国内的腐败分子，为外逃做好了充分准备，一有风吹草动随时准备潜逃国外。

党的十八大以来，以习近平同志为核心的党中央高度重视国际追逃追赃工作，把追逃追赃作为遏制腐败蔓延的重要一环，提升到国家政治和外交层面，纳入反腐败工作总体部署。中央和省级反腐败协调小组设立国际追逃追赃工作办公室，建立集中统一的协调机制，落实追逃追赃责任。不管腐败分子逃到哪里，都要缉拿归案、绳之以法。2014 年开展“猎狐”行动，2015 年以来连续开展“天网”行动。我国开展追逃追赃行动综合运用了警务、检务、外交、金融等多种手段，充分运用了反腐败国际多边合作机制与双边执法合作机制，搭建了联合调查、快速遣返、资产追缴便捷通道，取得良好效果。从 2014 年至 2017 年 10 月党的十九大，共从 90 多个国家和地区追回外逃人员 3453 名、追赃 95.1 亿元。十九大以后继续加大追逃追赃力度，开展“天网 2018”行动，一年追回 1335 名外逃人员,追回赃款 35.4 亿元,向全世界宣示了我们有逃必追、一追到底的坚定决心。在国家追逃追赃行动的强大压力下,一批外逃多年的腐败分子主动回国投案自首。

在加大国际追逃追赃力度的同时采取措施筑牢防逃堤坝,坚决切断腐败分子后路。比如定期开展"裸官"清理,严格执行领导干部出入境证件集中管理和审批报备制度,开展打击利用地下钱庄和离岸公司转移赃款专项行动,有力遏制了人员外逃和赃款外流,构建起不敢逃、不能逃的有效机制。最近几年腐败分子外逃人数大幅度下降。

第三节 进一步扎牢不能腐的笼子

扎牢不能腐的笼子是指反腐倡廉方面的制度建设,包括制定系统完备科学管用的制度体系,同时加强制度执行情况的监督检查,提高制度执行力,把制度规定落到实处,真正做到用制度管权管事管人。它解决的是规范权力运行、压缩权力寻租空间、减少腐败机会的问题。

一、构建系统完备、科学规范的反腐倡廉法规制度体系

改革开放以来,随着党风廉政建设和反腐败斗争的深入开展,我们党对制度建设在反腐败斗争中的作用认识越来越深刻,对制度建设自身的规律性认识越来越深刻。在 2005 年 1 月印发的《建立健全教育、制度、监督并重的惩治和预防腐败体系实施纲要》中,党中央就对加强反腐倡廉制度建设做了一个总体设计。主要包括建立健全反腐倡廉基本制度,推进从源头上防治腐败的制度改革和创新,提高制度建设的质量和水平,严格贯彻执行反腐倡廉各项

制度。从此，党中央就按照这个总体设计不断推进反腐倡廉法规制度建设。

反腐倡廉法规制度建设有自身的规律性。一项反腐败具体制度的质量和水平，取决于这一问题在实践中暴露和展开的程度，取决于当时人们对这一问题认识的深度，也取决于当时经济社会发展的具体环境。所以，反腐倡廉法规制度建设总是随着经济社会发展、随着反腐败斗争的不断深入在实践中不断得到发展和完善。党的十八大以后，以习近平同志为核心的党中央以高度的历史责任感，以顽强的决心和意志推进反腐败斗争，积累了丰富的实践经验，对反腐败规律性的认识也在不断深化，为反腐倡廉法规制度建设创造了很好的前提条件。

由于执政的中国共产党与国家政权机关高度融合，国家公务员队伍中 80%以上是中共党员，县处级以上领导干部中有 95%以上是中共党员。所以，执政党层面的党风廉政建设和国家层面的反腐败斗争也是高度融合的，反腐倡廉党内法规制度与反腐败国家立法高度一致，二者共同构成现阶段反腐倡廉法规制度体系。我们现在推进反腐倡廉法规制度体系建设就是要把这两个方面融合起来统筹推进。习近平同志在十八届中央纪委二次全会上指出："要善于用法治思维和法治方式反对腐败，加强反腐败国家立法，加强反腐倡廉党内法规制度建设，让法律制度刚性运行。"①

经过多年努力，我国反腐倡廉法规制度体系建设已经取得很大成绩。在对权力的基本规范方面，《中国共产党地方委员会工作条例》和《中国共产党党组工作条例》对各级地方党委、党组领导班

① 中共中央文献研究室编：《十八大以来重要文献选编》(上)，中央文献出版社 2014 年版，第 135～136 页。

子职责权限做了基本界定,对领导班子的议事决策做了基本规范。各级政府施行了权力清单制度。为加强对权力的监督,制定了《中国共产党党内监督条例》《中国共产党巡视工作条例》《中国共产党党务公开条例(试行)》《中华人民共和国政府信息公开条例》《领导干部报告个人有关事项规定》。在惩戒制度建设方面,制定了《中华人民共和国刑法》《中国共产党纪律处分条例》《中国共产党问责条例》《行政机关公务员处分条例》《事业单位工作人员处分暂行规定》等等。在作风建设方面制定了《关于实行党风廉政建设责任制的规定》《中共中央政治局关于改进工作作风密切联系群众的规定》及其实施细则、《党政机关厉行节约反对浪费条例》等。在党员干部廉洁自律方面制定了《中国共产党廉洁自律准则》,提出了道德建设的高要求。

党的十九大以后,我国进行了国家监察体制改革。2018 年 3 月第十三届全国人民代表大会第一次会议通过了《中华人民共和国监察法》,成立了国家监察委员会。为了与这项重大改革相适应,进一步建立健全纪检监察机关内部运行机制,党中央制定《中国共产党纪律检查机关监督执纪工作规则》,为纪检监察机关定制度、立规矩。制定《公职人员政务处分暂行规定》《中央纪委国家监委监督检查审查调查措施使用规定(试行)》等 30 余项法规制度。配合全国人大常委会修改刑事诉讼法,实施《国家监察委员会与最高人民检察院办理职务犯罪案件工作衔接办法》等制度规定,主动对接以审判为中心的诉讼制度改革,审查调查规范化法治化水平不断提高。

二、强化反腐倡廉法规制度的执行力

习近平同志指出:"我们的制度不少,可以说基本形成,但不要让它们形同虚设，成为‘稻草人’，形成‘破窗效应’。”“制定制度很重要，更重要的是抓落实，九分气力要花在这上面。”[①]长期以来反腐倡廉法规制度不落实不落地、制度空转、执行不力的问题比较突出，影响了制度的权威性。今后，我们一定要在抓落实上下功夫。

一是要加强反腐倡廉法规制度的学习宣传教育。反腐倡廉法规制度数量众多，内容比较复杂，涉及反腐败工作的方方面面，涉及所有党的机关、国家机关、事业单位、国有企业，涉及所有行使公权力的公职人员。很多人对这些制度的内容不了解，知之甚少，这样就谈不上将之很好地贯彻落实。因此第一位的工作就是通过各种方式让广大党员干部、所有公职人员认真学习反腐倡廉法规制度，这里面要抓的重点对象是各级党员领导干部。重要的反腐倡廉法规制度要纳入干部培训教材，要进入各级党校（行政学院）的课堂。各级纪委定期组织廉政建设法律法规考试也是督促学习的一个有效方式。

二是要建立执行制度的责任制。任何工作要想做好，都必须明确责任。责任不明确，往往会在执行过程中不了了之，不会得到切实的效果。党的十八大以来，全面从严治党的一条基本经验就是明确责任。党风廉政建设和反腐败工作是党和国家的一项重要工作，必须加强党的统一领导，明确各级党委（党组）的领导责任和主体责任。2019 年 10 月 1 日起施行的《中国共产党党内法规执行责任制规定（试行）》给我们提供了一个基本思路。凡属于党内法规的反腐倡廉法规制度的贯彻落实都适用这个规定。该规定提出：“在党中央集中统一领导下，建立健全党委统一领导、党委办公

---

① 中共中央纪律检查委员会、中共中央文献研究室编：《习近平关于党风廉政建设和反腐败斗争论述摘编》，中央文献出版社、中国方正出版社 2015 年版，第 128～129 页。

厅(室)统筹协调、主管部门牵头负责、相关单位协助配合、党的纪律检查机关严格监督的执规责任制,统分结合、各司其职,一级抓一级、层层抓落实。”[①]属于国家法律层面的反腐倡廉法规制度,则由各级监察机关、公安机关、检察院、法院按照国家法律规定分别履行自己的责任。

三是要由各级纪律检查机关和监察机关对反腐倡廉法规制度执行情况进行监督检查。各级纪律检查机关和监察机关自己要带头严格执行各项法规制度,同时要对其他机关和单位执行反腐倡廉法规制度的情况进行监督检查。如果发现执行制度过程中存在不作为、乱作为,打折扣、搞变通,搞特殊、开后门,超越权限、程序执行的问题,要视情节轻重给予必要处分或组织处理。只有这样才能使反腐倡廉法规制度从书本里走出来,从墙上走下来,真正落地生根、有效约束权力运行、扎牢不能腐的笼子。

第四节 切实增强不想腐的自觉

增强不想腐的自觉是指通过加强廉政教育,加强党性修养和廉洁从政道德修养,使党员干部牢固树立廉洁光荣、腐败可耻的价值观,从内心深处产生的一种抵制腐败的强大精神动力。增强不想腐的自觉要解决的是腐败动机问题,是治理腐败的根本。只有实现精神层面的升华,才能巩固不敢腐、不能腐的成效。习近平同志指出:“一个人能否廉洁自律,最大的诱惑是自己,最难战胜的敌人是自己。一个人战胜不了自己,制度设计得再缜密,也会‘法令

① 《中国共产党党内法规执行责任制规定(试行)》,2019 年 9 月 16 日,http://legal.people.com.cn/n1/2019/0916/c42510-31353943.html。

滋彰，盗贼多有’。”[1]增强不想腐的自觉，一靠廉政教育，二靠自身修养。

一、大力加强反腐倡廉教育

反腐倡廉教育的主体是执政党各级各类党组织，教育对象是党员领导干部和所有行使公权力的公职人员，以党员领导干部为重点。教育的目的是帮助大家树立正确的世界观、人生观、价值观和正确的权力观、地位观、利益观，正确行使手中权力，增强抵御腐败的意志力，切实做到廉洁奉公。反腐倡廉教育对公职人员树立廉政价值观发挥引导、辅助和强化作用。

一是抓好政治理论教育。引导广大党员干部认真学习马克思列宁主义、毛泽东思想、邓小平理论、“三个代表”重要思想、科学发展观和习近平新时代中国特色社会主义思想，现阶段以学习习近平新时代中国特色社会主义思想为重点。理论上的清醒是政治上清醒的前提。通过理论学习深刻把握共产党执政规律、社会主义建设规律、人类社会发展规律。坚定理想信念，站稳政治立场，做马克思主义和中国特色社会主义的坚定信仰者和忠实实践者。“有了坚定的理想信念，站位就高了，眼界就宽了，心胸就开阔了，就能坚持正确政治方向，在胜利和顺境时不骄傲不急躁，在困难和逆境时不消沉不动摇，经受住各种风险和困难考验，自觉抵御各种腐朽思想的侵蚀，永葆共产党人政治本色。”[2]“现实生活中，一些党

① 中共中央纪律检查委员会、中共中央文献研究室编：《习近平关于党风廉政建设和反腐败斗争论述摘编》，中央文献出版社、中国方正出版社 2015 年版，第 145 页。

② 中共中央文献研究室编：《十八大以来重要文献选编》（上），中央文献出版社 2014 年版，第 117 页。

员、干部出这样那样的问题，说到底是信仰迷茫、精神迷失。”[①]一些人堕落成腐败分子，从根本上说是政治上蜕化变质。所以，加强政治理论学习，坚定理想信念，是共产党人安身立命的根本，也是共产党人增强拒腐防变能力的根本。

二是抓好党规党纪和国法教育。在党员干部和所有国家公职人员中进行党规党纪和国家法律教育，目的是让大家明确认识到权力的边界在哪里，自己的行为底线和红线在哪里，如何行使手中的权力才是安全的，明确哪些事可以做，那些事不能做。增强自己的纪律意识和法律意识，对党纪国法保持足够的敬畏之心。

三是抓好警示教育。在各种形式的反腐倡廉教育当中，警示教育是效果比较明显的。中央纪委汇编十八大以来被查处的严重违纪违法中管干部的忏悔录，印发给省部级干部阅读，让高级领导干部清醒认识反腐败严峻复杂的形势，深刻吸取教训。一些省区市和中央部委也汇编了违纪违法领导干部的忏悔录，作为“活”教材，开展警示教育，发挥惩处一个、教育一片的作用。中央纪委拍摄了《永远在路上》《打铁还需自身硬》《红色通缉》《国家监察》等警示教育片，在中央电视台公开播放，引起强烈反响，教育效果明显。各省区市纪委也选择一批大案要案作为典型，进行深入剖析，拍成警示教育片，在一定范围内组织领导干部观看，发挥了很好教育作用。党政机关和企事业单位组织领导干部到监狱，让曾经担任领导干部的服刑人员现身说法进行警示教育，也是一种有效的形式。

二、引导党员干部练好拒腐防变内功

反腐倡廉教育是一种组织行为，党组织对广大党员干部进行

① 中共中央文献研究室编：《十八大以来重要文献选编》(上)，中央文献出版社 2014 年版，第 80～81 页。

苦口婆心的教育，为的就是所有党员干部都能做到遵纪守法、廉洁奉公、全心全意为人民服务。但是，是不是所有党员都听进去了，都能内化于心？事实告诉我们，答案是否定的。有的党员把党组织的教育当成耳旁风，依然我行我素。有的党员当时听进去了，时间一长又淡忘了。我们查处的违纪违法的腐败分子，哪一个没有接受过党组织多次的廉政教育？对一个党员领导干部来讲，能不能增强不想腐的自觉，党组织的教育只是一个外因，外因还要通过内因而起作用，这个内因就是党员领导干部的自我修养。

通过自我修养提升自己的道德水平和人生境界是儒家学说的一个重要特点。这种学说重视正心、诚意、修身，注重对自我精神世界的情感介入、理性思考，注重通过自我反省，发现自己的不足，改正自己的缺点，完善自己的人格。我们共产党人也非常重视自身修养，在继承中华优秀传统文化的基础上提出了完整的党性修养理论。自我修养对于党员领导干部树立正确的世界观、人生观、价值观，坚守正确的职业道德，增强廉洁从政意识，增强拒腐防变能力，具有重要意义。

一是要加强党性修养。加强党性修养是共产党员的终身课题。每一个共产党员都要自觉地认真学习党的基本理论、基本路线、基本方略，在学习中思考，在思考中领悟，在领悟中深化，把马克思主义基本理论内化为自己的信仰。要彻底搞清楚共产党从哪里来、到哪里去。彻底搞清楚共产党的初心使命、性质和宗旨与腐败现象水火不容。彻底搞清楚加入共产党就要遵守党的纪律和规矩，永远站在党的立场上，站在人民的立场上，全心全意为人民服务。保持清正廉洁是共产党员的本分，是党的最低要求。如果在廉政上出问题，就丧失了做共产党员的起码资格。只有把这些问题都彻底想明白，把理想信念立起来，才能从根本上建立起不想腐的自觉,增强拒腐防变的能力。

二是要加强职业道德修养。任何职业都有自己的职业道德要求。所有国家公职人员掌握和使用的都是国家公共权力,公共权力姓“公”不姓“私”,必须用之来为社会大众服务,不能用之来为个人或小集团谋私利,而腐败的本质恰恰是利用公共权力谋取私利。因此,所有腐败行为都从根本上违背了公职人员的职业道德,这一点也是所有国家公职人员在自我修养时应该彻底想清楚的。所以,习近平同志讲,当干部就不要想发财,想发财就不要当干部。当干部担任的是公职,收入有限。想发财谋取私利,必然超越权限,滥用权力。这是两股道上跑的车,鱼和熊掌不可兼得。

一个人拒腐防变的意识和能力不是随着党龄的增长而自然增长,也不是随着职务的提升而自然提高,而是在自己成长过程中通过不间断的自我修养来提升和养成。自我修养的过程就是不断学习、实践、思考、感悟的过程,就是不断把感性认识上升为理性认识并把理性认识内化为信仰的过程。只有在这条路上不断坚持,才能走得长,走得远。

第五节　构建严密完整的监督体系

腐败的本质是滥用公共权力谋取私利,治理腐败就必须有效约束公共权力运行,使公共权力运行保持在党内法规和国家法律制度规定的范围内,始终用来为社会大众谋取公共利益,要做到这一点就必须构建严密完整的监督体系。完善党和国家监督体系,涉及各级各类监督主体、监督制度,是一项艰巨复杂的系统工程。党的十九大对此作了总体设计,党的十九届四中全会又对这一总体设计进行了提升和完善,强化了党在监督体系中的领导作用,强化了监督体系的全面覆盖和权威高效，丰富了具体监督形式。我们一定要按照党的十九大和十九届四中全会的部署，进一步完善党和国家监督体系，不断增强监督的严肃性、协同性、有效性，使它更好地发挥对腐败的制约作用。

一、发挥党内监督主导作用

中国共产党的执政地位决定了党内监督在党和国家监督体系中是最基本的、第一位的，党内监督有力有效，其他监督才能发挥作用。

党内监督要突出政治属性，加强对党的理论和路线方针政策以及重大决策部署贯彻落实情况的监督检查，推进政治监督具体化和常态化。要督促各级各类党组织加强政治建设，全面从严治党，正风肃纪反腐，进一步健全制度机制，确保党的集中统一领导更加坚强有力。要按照《中国共产党党内监督条例》的要求，充分发挥党内各类监督主体的作用，用好各种具体监督制度，综合运用各种监督手段，比如平时观察、谈心谈话、检查抽查、列席民主生活会、受理信访举报、提出纪检监察建议，把日常监督实实在在做起来，抓早抓小、防微杜渐。要全面贯彻中央巡视工作方针，充分发挥巡视在全面从严治党中的利剑作用，发现问题、形成震慑，要进一步完善巡视巡察上下联动的工作机制，做好巡视工作“后半篇”文章，建立健全巡视整改常态化机制，充分彰显巡视监督严肃性和公信力。

要按照十九届四中全会的要求，重点加强对高级干部、各级主要领导干部的监督。要进一步完善对高级干部、各级主要领导干部监督制度，完善领导班子内部监督制度，破解对“一把手”监督和同级监督难题。要加强纪委对同级党委特别是常委会委员履行职责、行使权力情况的监督，确保权力受到严格约束。

二、强化纪委监委专责监督

纪检监察机关是党内监督和国家监察专责机关，在党和国家监督体系中处于主干位置、发挥保障作用。党的十八大以来，我国统筹推进党的纪律检查体制改革、国家监察体制改革、纪检监察机构改革。通过改革领导体制工作机制、整合反腐败机构、扩大国家监察覆盖面、纪委监委合署办公等措施，实现了形的重塑，神的重铸，实现了党的纪律检查体制、国家监察体制的历史性飞跃，在党和国家监督体系现代化方面向前迈进了一大步。下一步要在更深层次更高水平上深化转职能、转方式、转作风，不断提升履职尽责水平。

在领导体制方面，要加强上级纪委监委对下级纪委监委的领导，增强纪委监委的权威性和相对独立性。坚持查办腐败案件以上级纪委监委领导为主、各级纪委书记副书记提名考察以上级纪委会同组织部门为主。同时纪委监委的权力也不是无限的，必须受到一定的监督制约。纪委还要接受同级党委的领导和监督，监委要接受同级人大的监督。总之，要进一步推进双重领导体制具体化、程序化、制度化。

在工作机制方面，要发挥纪委监委合署办公优势，健全统一决策、一体运行的机制，这一机制最大优势是提高了查办案件的工作效率。在工作过程中要坚持纪在法前、纪严于法，推动执纪执法贯通、监察委员会与人民检察院工作有效衔接，提高运用法治思维和法治方式反腐败能力。

在派驻机构管理方面，纪委监委要加强对派驻纪检监察组的直接领导和统一管理，以上级纪委为主对派驻机构履职情况进行考核。深化垂直管理单位纪检监察体制改革，推动纪检监察工作向基层延伸，增强人民群众获得感、幸福感、安全感。

在纪检监察机关自身建设方面，严格干部选拔使用，加强内部人员培训，提高工作能力。认真落实纪律检查机关监督执纪工作规则和监察机关监督执法工作规定，强化程序意识，严格工作规程，健全机关内控机制，对纪检监察干部违纪违法行为零容忍，对不适合纪检监察工作的坚决调整，把依规依纪依法体现在各方面各环节，推进纪检监察工作规范化、法治化。

三、推动各类监督有机贯通、相互协调

"随着全面深化改革向纵深推进，健全党和国家监督体系，已由前期的夯基垒台、立柱架梁，中期的全面推进、积厚成势，进入到系统集成、协同高效的新阶段。各领域各环节监督的关联性互动性明显增强，每一种监督都会对其他监督产生重要影响，也都需要其他监督协同配合，必须上下统筹、联动推进。"[①]

要按照构建党统一领导、全面覆盖、权威高效的监督体系的总要求，加强党对监督体系建设的统一领导，用党的领导统领整个监督体系。在监督工作中要努力实现对所有党员和公职人员监督全覆盖，努力实现对行使公权力的各个领域、各个方面、各个环节监督全覆盖，消除监督盲区。要用好纪检监察体制改革的成果，努力健全工作中的协作配合机制，提高监督效能。

要推进纪律监督、监察监督、派驻监督、巡视监督统筹衔接，加强纪检监察机关、派驻纪检监察组、巡视巡察机构之间的信息互

---

① 本书编写组编著：《〈中共中央关于坚持和完善中国特色社会主义制度，推进国家治理体系和治理能力现代化若干重大问题的决定〉辅导读本》，人民出版社2019版，第68～69页。

通、监督互动。要健全人大监督、民主监督、行政监督、司法监督、群众监督、舆论监督制度，发挥审计监督、统计监督职能作用。要健全信息沟通、线索移送、措施配合、成果共享等工作机制，以党内监督为主导，推动各类监督有机贯通、相互协调、形成监督合力。

第九章　坚持用制度管权管事管人

治国必先治党，治党务必从严，从严必依法度。加强党的制度建设，是全面从严治党的必然要求，是推进国家治理体系和治理能力现代化的重要保障，事关党长期执政和国家长治久安。党的十八大以来，以习近平同志为核心的党中央针对管党治党“宽、松、软”的问题，把加强党的制度建设作为全面从严治党的治本之策，扎紧制度笼子，推动党内法规制度体系建设取得历史性进展。各位阶、各领域、各层面、各环节的党内法规制度建设有序展开，形成了以党章为根本、若干配套党内法规为支撑的党内法规制度体系，有力推动了党的制度建设，为贯彻落实新时代党的建设总要求提供了可靠制度保障。

第一节　制度建设是全面从严治党的治本之策

制度是形塑人们互动关系的行为规则、组织规范及运行机制。党的制度是以党章为根本遵循，以民主集中制为基础和核心、以完善党的领导体制和执政方式，保持党的先进性和纯洁性、增强党的凝聚力和战斗力为指向的党内一整套法规制度的总称，包括党内法规和规范性文件。制度治党，其实质是用法治思维和法治方式管党治党，运用法规制度的执行力和约束力来调解党内矛盾、解决党内问题、规范党员行为。党的制度建设在目标指向上，重在规范外在言行举止；在方式方法上，采取刚性约束手段；在功能作用上，发挥着规范引导功效。

一、注重制度建设是党的优良传统

注重党的制度建设是中国共产党管党治党的优良传统。在党的六届六中全会上，毛泽东同志首次提出了“党内法规”的概念。“三大纪律八项注意”、请示报告制度等成为革命时期党的制度建设的重要表现形式。

党的十一届三中全会后，以邓小平同志为主要代表的中国共产党人，认真总结新中国成立以来正反两方面的经验教训，解放思想，实事求是，提出既要解决制约党和国家事业发展的体制机制弊端问题，又要解决事关党和国家长治久安的制度现代化问题。1980 年，邓小平同志在《党和国家领导制度的改革》的重要讲话中强调，领导制度、组织制度问题更带有根本性、全局性、稳定性和长期性，把制度建设问题提到决定党和国家前途命运的高度。马克思主义执政党制度建设理论出现了重大飞跃。党的十三大明确提出，在党的建设上走出一条不搞政治运动，而靠改革和制度建设的新路子。这一时期，我们党把制度建设摆在党的建设的重要位置，在制度建设的理论和实践方面都取得了突破性进展。

党的十三届四中全会后，以江泽民同志为主要代表的中国共产党人，按照“三个代表”重要思想的要求加强和改进党的建设，开创了党的制度建设新局面。1990 年 7 月，中共中央印发了《中国共产党党内法规制定程序暂行条例》，首次明确了“党内法规”的含义，开启了党内法规在制定工作上的规范化历程。党的十四届四中全会提出，特别要注重制度建设，以完备的制度保障党内民主，维护中央权威，保证全党在重大问题上的统一行动。党的十六大提出，要把思想建设、组织建设和作风建设有机结合起来，把制度建设贯穿其中，并纳入党的建设总体布局。这进一步丰富了党的制度建设的内涵，拓宽了党的制度建设的视野，深化了马克思主义执政党建设的理论。

党的十六大后，以胡锦涛同志为主要代表的中国共产党人，着眼加强党的执政能力建设和先进性建设，大力推进党的制度建设。胡锦涛同志指出，我们既要加强经济、政治、文化、社会等领域的制度建设和创新，不断完善各方面的体制机制，又要加强党内制度建设和创新；保持党员队伍的先进性，关键在于完善制度和机制，把党的先进性要求转化为党员自觉遵守的行为准则。党的十六届四中全会强调，以改革和完善党的领导体制和工作机制为重点，加强党的执政能力建设。党的十七大明确提出以改革创新精神全面推进党的建设新的伟大工程，强调以健全民主集中制为重点加强制度建设。这一时期，党的制度建设逐步走向科学化、规范化。

党的十八大以来，以习近平同志为核心的党中央站在战略和全局的高度，把加强党内法规制度建设作为全面从严治党的长远之策、根本之策，全方位扎紧制度笼子。习近平总书记强调，党章是党的根本大法，是全党必须遵循的总规矩，要加强顶层设计，坚持思想建党和制度治党同向发力，形成完善的党内法规体系；强调制度在于务实管用，要提高党内法规制定质量，确保每项法规制度都立得住、行得通、管得了；强调狠抓制度执行，把党的纪律和规矩挺在前面，让遵守法规制度蔚然成风；强调要强化改革精神和法治思维，坚持制度治党、依规治党与依法治国统筹推进、一体建设。这些重要论述，深化了对执政党建设规律的认识，丰富和发展了马克思主义党的学说和中国特色社会主义法治理论，为全方位推进党的制度建设提供了基本遵循。党的十八届三中全会明确提出深化党的建设制度改革，提出强化权力运行制约和监督体系。党的十八届四中全会将“形成完善的党内法规体系”纳入全面推进依法治国的总目标。党的十八届六中全会专门研究全面从严治党问题，审议通过了《关于新形势下党内政治生活的若干准则》和《中国共产党党内监督条例》。党的十九大明确提出新时代党的建设总要求，强调坚持和加强党的全面领导，全面推进党的政治建设、思想建设、组织建设、作风建设、纪律建设，把制度建设贯穿其中，深入推进反腐败斗争，不断提高党的建设质量，把党建设成为始终走在时代前列、人民衷心拥护、勇于自我革命、经得起各种风浪考验、朝气蓬勃的马克思主义执政党。此外，党中央还编制了《中央党内法规制定工作五年规划纲要（2013～2017 年）》《中央党内法规制定工作第二个五年规划（2018～2022 年）》，印发了《关于加强党内法规制度建设的意见》，通过了《深化党的建设制度改革实施方案》，推动党的制度建设进一步实现科学化、规范化。

二、新时代必须继续推进党的制度建设

中国特色社会主义进入新时代，以习近平同志为核心的党中央着眼协调推进“四个全面”战略布局，把制度治党、依规治党作为全面从严治党重要内容统筹谋划和部署，党内存在的突出矛盾和问题得到了有效解决，但一些问题解决得还不够彻底，一些问题还可能反复出现。例如，党内一个时期以来存在的“四风”问题，经过党内开展的一系列教育实践活动，享乐主义和奢靡之风得到了有

效遏制；然而，当前形式主义官僚主义又出现了一些新情况、新变化、新特征，比如，“痕迹管理”严重、考核检查过多过滥等。此外，同乱作为一样，不作为的危害十分严重。有的干部在其位不谋其政；有的奉行多一事不如少一事的原则，对存在的问题“睁一只眼闭一只眼”；等等。制度不健全、不具体，监督难、执行难是导致“四风”问题出现反复的重要因素。只有进一步加强党的制度建设，发挥制度的刚性作用，织密制度笼子，形成长效机制，才能从根本上铲除“四风”问题存在的土壤和条件。

我们党面临着长期执政考验、改革开放考验、市场经济考验、外部环境考验；要应对和解决精神懈怠危险、能力不足危险、脱离群众危险、消极腐败危险。要有效化解党面临的重大挑战和危险，很重要的一条就是要完善规范、健全制度，扎紧制度的笼子，既能让已经发生的突出矛盾和问题得到更加深入有效的解决，又有效防范新的矛盾和问题滋生蔓延、有效防范已经解决的矛盾和问题反弹复发。

第二节　实现党内法规制度体系全覆盖

党内法规制度体系，是以党章为根本，以民主集中制为核心，以准则、条例等中央党内法规为主干，由各领域各层级党内法规制度组成的有机统一整体。党内法规制度体系是党的制度建设的最主要的制度支撑，是全面从严治党的基本依循，也是全面依法治国的重要保障。加强党的制度建设，最重要的一点就是要健全完善党内法规制度体系。

一、统筹推进各位阶党内法规制度建设

2017年，中共中央印发的《关于加强党内法规制度建设的意见》提出，到建党100周年时，形成比较完善的党内法规制度体系、高效的党内法规制度实施体系、有力的党内法规制度建设保障体系，显著提高党依据党内法规管党治党的能力和水平。2018年2月，中共中央印发的《中央党内法规制定工作第二个五年规划（2018～2022）》对此后5年党内法规制度建设进行顶层设计，提出了指导思想、目标要求、重点项目和落实要求。实现上述目标，要以党章为统领，统筹推进各位阶党内法规制度建设。

目前，党内法规主要包含党章、准则、条例、规定、办法、规则、细则等七类。党章，是对党的所有重大问题，如党的性质和宗旨、路线和纲领、指导思想和奋斗目标、组织原则和组织机构、党员义务权利以及党的纪律等作出的根本规定。因此，党章是全党必须遵循的总章程，也是总规矩。准则，是对全党政治生活、组织生活和全体党员行为等作出的基本规定。例如，《关于新形势下党内政治生活的若干准则》就是对党的政治建设领域作出的系统部署。条例，是对党的某一领域重要关系或者某一方面重要工作作出全面规定。例如，《中国共产党党内监督条例》就是对有关党内监督方面作出的周密安排。规定、办法、规则、细则则侧重于对党的某一方面重要工作的要求和程序等作出具体规定，如《中国共产党党内法规和规范性文件备案审查规定》《中国共产党发展党员工作细则》等。

统筹推进党内法规制度建设，要从以下几个方面作出努力：

首先，要完善以党章为根本、民主集中制为核心的党内法规制度体系。党章是党的根本大法，是具有最高权威和最大约束力的

党内法规，是党的整体意志的体现，是全党必须共同遵守的根本的、最高的行为规范。党章体现党的性质和宗旨，体现党的理论和方针政策，规定党的制度和纪律，既为全党统一思想、统一行动提供了根本准则，又为制定党内其他规章制度提供了根据和基础。作为立党管党治党的总依据总遵循，党章是“万规之基”，整个党内法规制度体系大厦就建筑于党章这个“基石”之上；党章是“万规之首”，具有最高权威，党章与其他党内法规是“母法”与“子法”的关系，因此依规治党首先是依据党章管党治党。[①]

民主集中制是党的根本组织原则，也是党的根本组织制度和领导制度，贯穿于党的组织和活动的各个方面，体现在党的路线、方针、政策的制定和实施的全过程，是党内法规制度体系的核心。党内各项制度，包括组织制度、领导制度、生活制度、工作制度，实质上都是民主集中制原则在党的建设和党内生活中的具体体现和实际应用。只有以党章为根本，以民主集中制为核心，推进党内根本制度、基本制度、具体制度的健全与完善，才能逐步形成完整、系统、配套、协调的党内法规制度体系。

其次，要积极稳妥出台准则条例，搭建党内法规制度体系的四梁八柱。准则集中体现党章精神，地位仅次于党章，对于构建党内法规制度体系具有重要作用。党中央一直将制定准则条例作为构建党内法规制度体系的主体工程，在不同历史时期均有针对性地制定有关准则条例。2016 年，党中央制定《关于新形势下党内政治生活的若干准则》，从 12 个方面对新时代严肃党内政治生活提出明确要求、作出刚性规定，具有里程碑意义。目前，党内有 3 个准则，除了上面提到的《关于新形势下党内政治生活的若干准则》外，

① 参见宋功德：《全方位推进党内法规制度体系建设》，《人民日报》2018 年 9 月 27 日。

还有两部，其中一部是党的十一届五中全会通过的《关于党内政治生活的若干准则》，另外一部是《中国共产党廉洁自律准则》。同时，党中央制定近40部现行有效条例，为规范党组织工作活动和党员行为提供了基本遵循。

最后，要有针对性地制定相应配套法规，健全党内法规制度体系。当前，党内法规制度体系中已经形成若干个以准则条例为龙头，以配套性的规定、办法、规则、细则为细化补充的制度群。截至2019年6月底，现行有效的党内法规超过4200部，其中规定、办法、规则、细则超过4100部，对贯彻落实基础主干法规起着重要作用，增强了主干法规的针对性和可操作性。

二、统筹推进各领域党内法规制度建设

2016年12月13日，中共中央印发《关于加强党内法规制度建设的意见》，对到建党100周年党内法规制度体系建设的总体目标和构建完善的党内法规制度体系的基本框架进行部署。根据要求，要按照“规范主体、规范行为、规范监督”相统筹相协调原则，完善以“1＋4”为基本框架的党内法规制度体系，即在党章之下析分党的组织法规制度、党的领导法规制度、党的自身建设法规制度、党的监督保障法规制度4大板块。因此，党内法规制度体系建设要始终围绕党和国家工作大局，注重四大板块制度创新的衔接呼应、互联互动，实现党内法规制度建设整体推进。

要完善党的组织法规制度，全面规范党的各级各类组织的产生和职责，夯实管党治党、治国理政的组织制度基础。党的组织法规制度是规范党组织的活动和工作的党内法规制度，旨在调整中国共产党内部的党员与党组织、党组织和党组织之间的关系，尤其是调整党的下级组织与上级组织之间的纵向关系。中国共产党是

根据自己的纲领和章程，按照民主集中制组织起来的统一整体，因此完善党的组织法规制度，最重要的是健全民主集中制的具体制度，真正把民主集中制重大原则落到实处。党的十八大以来，为进一步夯实全面从严治党的组织制度基础，党中央修订了地方党委工作条例，制定了党组工作条例、党的工作机关条例等。截至目前，我们党已制定了 450 多部组织法规。同时，要进一步加大党的各级组织法规制定力度，实现对各级各类党组织全覆盖。

要完善党的领导法规制度，加强和改进党对各方面工作的领导，为党发挥总揽全局、协调各方领导核心作用提供制度保证。中国共产党的领导法规制度主要是指调整党政关系、政党关系、党社关系等的法规制度。为坚持和加强党的全面领导，我们党制定了 900 多部有关领导的法规，保证了党的领导活动在制度轨道上推进。党的十八大以来，统一战线工作条例等一批党内法规出台，各领域党的领导制度建设进一步加强。按照党中央部署，在党领导经济、改革、法治、农村、政法、国家安全、外事、军队和党的宣传、组织、群团、人才工作等方面，还要制定出台一批法规，为加强和改进党对各方面工作的领导，发挥党总揽全局、协调各方的领导核心作用提供更加有力的制度保证。

要完善党的自身建设法规制度，增强党的创造力、凝聚力、战斗力。所谓党的自身建设法规制度主要是指党的长期执政能力建设、先进性和纯洁性建设以及党的政治建设、思想建设、组织建设、作风建设、纪律建设等方面的党内法规制度。我们党始终高度重视自身建设，不断深化党的建设制度改革，出台大量加强党的自身建设的法规，着力保持党的先进性和纯洁性。这方面现行有效的法规约 1400 部。今后要更加重视制度治党、依规治党，把法规制度建设贯穿于党的建设始终，充分发挥党内法规的引领和保障作用，推动全面从严治党向纵深发展，进一步增强党的创造力、凝聚力、战斗力。

要完善党的监督保障法规制度，确保行使好党和人民赋予的权力。广义上的党的监督保障制度包括了党内监督保障制度和党对国家政权机关的监督制度等方面。这里的党的监督保障法规制度主要指党内监督保障法规制度，主要是指对党组织工作、活动和党员行为的监督、考核、奖惩、保障方面的党内法规制度。改革开放以来，经过 40 年努力，党的监督保障方面的法规制度建设成绩显著，先后制定出 1460 多部相关法规。党的十八大以来，我们党修订了《中国共产党党内监督条例》《中国共产党巡视工作条例》《中国共产党纪律处分条例》等全方位彰显制度威力的党内“铁规”，有力促进了良好政治生态的形成。今后要进一步严明党的纪律特别是政治纪律和政治规矩，巩固党的监督保障法规制度方面的成果，确保党和人民赋予的权力在阳光下运行。

三、统筹推进各层面党内法规制度建设

改革开放以来，我们党确立了统分结合、以上率下的党内法规制定体制，党的中央组织针对全党全国重大问题制定中央党内法规，中央纪委、中央各部门和省级党委在其职责范围内制定部委党内法规和地方党内法规，整个党内法规制度建设上下贯通、一体推进。

制定中央党内法规，着重规范“面”上重大问题。凡涉及全党重大事项，皆由中央党内法规规定。在党内法规制度体系中，中央党内法规居于引领地位。目前，现行有效的中央党内法规超过 220 部，发挥着创设制度、把准方向的重要作用。党的十八大以来，中央党内法规制定工作推进力度之大、质量之高前所未有，共制定修

订140多部法规，约占现行有效中央党内法规的60%。中央党内法规制定工作换挡提速，带动整个党内法规制定工作加速推进。

制定部委党内法规，着重规范“条”上重要问题。党的十八大以来，中央各部委制定部委法规的力度明显加大，覆盖范围日益拓展，呈现出全面展开的良好局面。在党中央集中统一领导下，中央纪委、中央各部门在其职责范围内，立足规范本领域本系统党的工作，制定一批部委党内法规，发挥着上承中央、下启地方的作用。截至目前，现行有效部委党内法规共约240余部。它们专司一域、量身定制，面向全党、普遍适用，是加强和规范党的各方面工作的重要遵循。

制定地方党内法规，着重规范“块”上重要问题。地方党内法规对贯彻落实党中央重大决策部署，保证全面从严治党、依规治党要求在本地区落地生根发挥着重要作用。各省级党委以上位党内法规为依据，因地制宜建章立制，出台一大批面向基层一线的地方党内法规。截至目前，现行有效地方党内法规共约3700部，约占法规总量的90%。

四、实现党内法规与国家法律的协调发展

《中共中央关于全面推进依法治国若干重大问题的决定》明确提出，要“注重党内法规同国家法律的衔接和协调，提高党内法规执行力”①。习近平同志进一步强调指出，要“完善党内法规制定体制机制，注重党内法规同国家法律的衔接和协调，构建以党章为根本、若干配套党内法规为支撑的党内法规制度体系”②。这就将党

① 《中共中央关于全面推进依法治国若干重大问题的决定》，人民出版社2014年版，第35页。

② 《习近平谈治国理政》第2卷，外文出版社2017年版，第119页。

内法规和国家法律衔接协调的命题正式纳入国家法治建设总体框架之中。中国共产党是执政党，是中国特色社会主义事业的领导核心。依据宪法和法律享有立法权的国家机关也要在党的领导下行使职权，制定法律规范性文件，因而党既“制定党内法规，调整党内关系、规范党内生活，为党组织和党员提供行为遵循；又领导人民制定宪法和法律，调整社会关系、规范社会秩序，为公民、法人和其他组织提供活动依据”[①]。建设中国特色社会主义法治体系，加强党的制度建设，必须注重党内法规同国家法律的衔接和协调，实现依法治国和依规治党的有机统一，使各项法规制度彼此衔接、环环相扣，真正发挥法规制度的整体合力。

首先，要树立依法治国和依规治党的法治理念。法治理念是人们对法律的功能、作用和法律的实施所持有的内心信念和观念，是指导一国法律制度设计和立法、执法、守法实践的思想基础和主导价值追求。法治理念根植于一定社会的经济、政治、文化、社会之中，它是法治的灵魂和动力，体现了法治的精神实质和价值追求，所要解决的是为什么实行法治以及如何实现法治的问题。依法治国是社会主义法治理念的核心内容，依规治党是社会主义法治理念的基本要素。依法治国旨在在本质上承认宪法和法律具有最高权威和最终效力，要求法律面前人人平等，尤其是党员干部，更应该带头模范地遵守宪法和法律。依法治国所体现的法律至上精神延伸至党组织和党员内部，旨在树立党内规章、制度对于党组织和党员的权威和效力，党章和党内法规面前党员人人平等，因此依规治党是依法治国的题中应有之义，是依法治国在党内的必然要求和逻辑延伸。中国共产党作为执政党，作为国家和社会的坚

① 本书编写组：《“两学一做”学习教育手册》，人民出版社2016年版，第40页。

强领导核心,其本身是依法治国的举足轻重的主体和客体。只有树立依法治国和依规治党的法治理念,将党的全部工作和一切活动都纳入社会主义法治运行的正常轨道,把党的权威纳入法律权威之中,确保法律权威,才能在全党和全国弘扬法治的核心精神和价值信念,建立体现人民意志的法律。

其次,要以三项原则协调党内法规与国家法律关系。一是党内法规不得与国家法律相抵触原则。必须严格执行《中国共产党党内法规制定条例》中关于"党必须在宪法和法律的范围内活动,不得与国家法律相抵触"规定,坚持遵循宪法和法律确立的指导思想、基本原则,保证党内法规体现党章和宪法精神要求。二是党内法规制定与国家立法相辅相成原则。党内法规在国家社会和政治生活中发挥着巨大规范和导向作用,这就要求其制定与国家立法必须相互协调、相辅相成,从而使两者有效发挥作用,共同促进国家法治建设。三是党内法规与国家法律保持连续性原则。无论是党内法规还是国家法律都不能随意中断,在新的法律法规未制定前,不应随便中止原有制度;修改、补充或制定新的法律法规时,应保持与原有制度的承继关系。

最后,要以四项机制协调党内法规与国家法律关系。一是建立党内法规制定与国家立法之间的沟通协调机制。党内法规工作部门要加强与人大法规部门、政府法制部门工作联系,通过建立定期交流、沟通、协调工作机制,研究解决党内法规制定与国家立法工作中需要双方协作和配合的重要问题,共同开展对党内法规和国家法律双重调整重大问题的立法调研和论证,明确党内法规与国家法律在调整党政机关公共权力行使、规范党政领导干部从政行为、推进党风廉政建设等方面的责任和分工。二是完善党内法规制定程序。要适应党内法规制度建设发展需要,完善党内法规制定权限制度，界定有关党组织制定党内法规权限范围，建立党内法规合法审核制度，对出台的党内法规合法性、规范性、程序性进行严格审查把关。三是健全党内法规与国家法律的执法沟通机制。2018年3月，十三届全国人大一次会议深入贯彻习近平新时代中国特色社会主义思想和党的十九大精神，表决通过《中华人民共和国宪法修正案》和《中华人民共和国监察法》，组建国家监察委员会，产生国家监察委员会领导人员，这标志着国家监察体制改革取得重大成果，监察体制改革由试点探索迈入依法履职、持续深化的新阶段。纪委监委是党内监督、国家监察专责机关，合署办公，履行纪检、监察两项职责，实行一套工作机构、两个机关名称，既执纪、又执法，承担着维护党章党内法规、维护宪法法律的重要任务和职能，在维护以习近平同志为核心的党中央权威和集中统一领导上肩负着特殊使命和重大责任。纪检监察机关既要依据党章党内法规党纪履行协助党委全面从严治党职责、又要依据宪法监察法加强监察工作，既要审查违纪问题、又要调查违法犯罪问题，既要考虑纪律要求、又要兼顾法律规定，健全统一决策、一体化运行的执纪执法运行机制，实现执纪审查和依法调查有序对接、相互贯通，执纪执法同向发力、精准发力。随着国家监察体制改革的不断推进，相关问题必将得到有效解决。四是建立党内法规与国家法律事后冲突的排查机制，避免矛盾事件的发生。要完善党内法规备案审查制度，把党内法规是否同宪法和法律相一致作为审查原则，维护中国特色社会主义法律体系的统一性、权威性、系统性、严肃性。要建立党内违章审查制度，出台党内违章审查规定及细则，设立党内法规备案审查室，负责党内法规的备案及受理涉嫌违反党章等的党内法规的条文审查工作，旨在有效审查是否存在党内法规与国家法律的冲突、党内下位法规与上位法规的冲突以及同一层级党内法规之间的冲突等问题，确保党内法规国家法律的协调统一。

第三节　把制度建设贯穿党的各项建设之中

党的十九大报告指出："全面推进党的政治建设、思想建设、组织建设、作风建设、纪律建设，把制度建设贯穿其中。"[①]党的十九大转变了制度建设的定位与要求，把制度建设作为一种贯穿党的建设总布局的方式，这体现了新时代党的建设的新要求和新思路。把党的制度建设贯穿于党的建设全过程，必须坚持以政治建设为统领推进党的制度建设，把思想建党和制度治党有机结合，搞好作风和纪律建设常态化制度化，以制度建设巩固并扩大反腐败斗争的压倒性胜利。

一、以政治建设为统领推进党的制度建设

党的十九大报告指出："党的政治建设是党的根本性建设，决定党的建设方向和效果。"[②]政治建设是决定党的建设方向与灵魂的重要建设，决定着执政党的执政方向、执政目标、执政道路、执政原则。党的建设和党内政治生活实践证明，抓住了党的政治建设，就抓住了党的建设的"魂"和"根"。以政治建设为统领推进党的制度建设，需要从以下几个方面着手：

第一，要将政治建设作为制度设计的根本前提与价值导向。

---

① 习近平：《决胜全面建成小康社会 夺取新时代中国特色社会主义伟大胜利——在中国共产党第十九次全国代表大会上的报告》，人民出版社 2017 年版，第 61 页。

② 习近平：《决胜全面建成小康社会 夺取新时代中国特色社会主义伟大胜利——在中国共产党第十九次全国代表大会上的报告》，人民出版社 2017 年版，第 62 页。

在全面从严治党的大背景下，政治取向是首要的取向。我们在推动制度设计之时，在价值取向方面必须旗帜鲜明讲政治，坚决将执行党的政治路线，严格遵守政治纪律和政治规矩，在政治立场、政治方向、政治原则、政治道路上同党中央保持高度一致作为制度设计的基本原则，将贯彻中央精神、贯彻中央决策部署作为必须坚持的首要原则加以明确。

第二，要确保党内政治生活制度化规范化。首先，要以党章为根本指导，规范党内政治生活。党章是党的总章程，是党的根本大法，集中体现了党的性质和宗旨，是全党必须共同遵守的根本行为规范。确保党内政治生活制度化规范化，就要以党章作为根本遵循，增强党内政治生活的政治性、时代性、原则性、战斗性，营造风清气正的良好政治生态。其次，要推动党内民主生活实现常态化、制度化。2016 年 12 月，中共中央印发《县以上党和国家机关党员领导干部民主生活会若干规定》，对于党员领导干部民主生活会的召开原则、议题设置、参加方式等做了制度化规定，以进一步提升党员领导干部民主生活的质量。对县处级以上党员干部，在要求进行平常性的年度民主生活会、组织生活之外，应要求针对特定政治主题、政治问题开展民主生活或组织生活会。

第三，要将政治建设作为评价制度建设绩效的重要指标。推动这项工作时，应该在制度运行过程之中加以考核，在发现问题之后加以修改。推动政治巡视与制度绩效考评相结合，在深入贯彻新修改的巡视工作条例、推动巡视工作向纵深发展之中，将对于党组织、党员的政治巡视同与党的规章制度巡视相结合，在深入推动围绕政治巡视，聚焦坚持党的领导、加强党的建设、全面从严治党，突出严肃党内政治生活之中，不仅仅对于党员、党组织进行有关问题进行查摆，更要对于制度建设的出台、执行、落实进行查摆，保证制度建设过程中不偏差、不走样。

二、把思想建党和制度治党紧密结合起来

习近平同志在党的十九大报告中指出：推进全面从严治党，必须坚持思想建党和制度治党同向发力。思想建党的根本任务，是解决好党员的理想信念和思想认识问题。注重思想建设是我们党的一大创造和独特优势。党的十八大以来，以习近平同志为核心的党中央以巨大的政治勇气和强烈的责任担当，推动党和国家事业发生历史性变革，创立了习近平新时代中国特色社会主义思想。新时代加强思想建党的根本任务，就是用习近平新时代中国特色社会主义思想武装全党，统一全党的思想。制度治党是全面从严治党的根本保证，是法治思维和法治方式在党的建设领域的体现和运用，解决的是管党治党制度化、规范化、常态化的问题。改革开放初期，以邓小平同志为核心的第二代中央领导集体在深刻总结党的建设正反两方面经验教训基础上，提出领导制度、组织制度"更带有根本性、全局性、稳定性、长期性"[①]的重要论断，积极探索依靠制度建设进行管党治党的新路子。随着中国特色社会主义进入新时代，以习近平同志为核心的党中央从转变作风入手，持续进行反腐败斗争，以制度作保障，标本兼治、固本培元，取得了丰硕的制度成果。思想建党指向内在观念，旨在使全党树立起革命的理想信念，制度治党指向外在行动，旨在以严明的纪律规范党员行为。思想建党树立起管党治党的高线，通过牢固树立共产党员的信仰和理想信念，为全面从严治党打牢基础；制度治党通过刚性制度为党员行为立规划界，有效规范党员行为，为维护党的团结统一

① 《邓小平文选》第2卷，人民出版社1994年版，第333页。

提供坚实保证。从我们管党治党的现实状况看，管理一个有着9000多万党员的大党，光靠理想和觉悟是不够的，必须要有刚性制度的约束。思想治党最终要落实到制度治党上，靠相应的制度来保证其长期、稳定地进行。思想建党和制度治党犹如鸟之双翼、车之两轮，是相辅相成、内在统一的关系。只有根据其各自的目标领域特性双管齐下，同向发力，才能在全面从严治党实践中推动实现党员思想建设与行动规范的有机统一。在新时代，必须坚持思想建党和制度治党同向发力，坚持思想自律和制度他律有机统一。通过思想建党使党员干部在思想理论上保持纯洁先进，解决党员干部的理想信念和价值追求问题；通过制度治党对党员干部的行为进行约束，解决行为规范、监督制约问题。要进一步树立法规制度观念，不断增强党员干部的党章意识、纪律意识、规矩意识，形成尊崇制度、捍卫制度的良好氛围；要健全完善制度，强化顶层设计，鼓励基层创造，构建以党章为根本、若干配套党内法规为支撑的党内法规制度体系，依靠制度管权管事管人，维护制度的权威，使制度的硬性约束成为管党治党的有力保障。要狠抓制度执行，坚持制度面前人人平等、执行制度没有例外，使制度成为硬约束。要确保党的各项思想主张和思想要求，都通过严密的组织体系和严格的组织纪律来规范，都通过严格的规矩和程序来制约，都通过严格科学的制度来体现和落实。另外，还要用制度来规范和引导党员干部的思想和行为，再通过党员干部不断提高的思想认识和工作自觉性来保证制度得以更好地执行。总之，要坚持思想建党和制度治党协同推进，做到刚柔并济、相得益彰，推动新时代全面从严治党向纵深发展。

三、实现作风建设和纪律建设的常态化制度化

我们党是靠革命理想和铁的纪律组织起来的马克思主义政党，作风优良、纪律严明是党的光荣传统和独特优势。党的作风关系执政党的形象，是执政党的性质、宗旨的具体化表现，更是增进党的凝聚力与战斗力的重要内容与手段。党的纪律简称“党纪”，特指中国共产党的纪律，是按照民主集中制的原则，根据党的性质、纲领和贯彻党的路线方针政策的需要而确立的各种党规党法的总称，是党的各级组织和全体党员必须遵守的行为规则。党的纪律主要包括政治纪律、组织纪律、廉洁纪律、群众纪律、工作纪律、生活纪律。

党的纪律建设是由马克思主义执政党的性质决定的，也是我们党在长期的革命、执政实践之中总结出来的一套比较完整的、成熟的规范体系，对于维护中央权威、保证令行禁止，维护党的团结统一起着重要作用。党的十八大以来，以习近平同志为核心的党中央紧紧围绕党的领导、党的建设、全面从严治党和反腐败斗争等众多方面，推动全面从严治党向纵深发展。但是，在现实政治生活之中，作风问题呈现隐蔽化的趋势，如变相公款旅游、公款宴请、公车私用，礼金礼品“隐身”成电子预付卡、电子礼券，公款消费通过其他形式转为会议费、差旅费等进行报销等。作风问题名目众多，种类复杂，必须通过常态化制度化建设加以整治。纪律作为约束全体党员行为，保持共产党先进性、纯洁性的重要手段，作为维护全党团结统一的首要方法，其常态化制度化建设更应得到加强。

搞好作风建设和纪律建设的常态化制度化，具体应从以下几个方面着手：第一，提升党的作风建设和纪律建设规范化程度。只有把作风建设和纪律建设的制度和要求细化为规则，才能实现对

党员干部的思想和行为的规范约束,使作风建设和纪律建设体现出权威性和严肃性。一是将作风建设中的优良传统、成功经验加以规范,上升为党的规范性文件。2012 年 12 月 4 日,中共中央政治局召开会议,审议中央政治局关于改进工作作风、密切联系群众的“八项规定”。“八项规定”的出台开启了将党的优良传统上升为制度化规范性文件的开端。在新时代推动党的作风建设、纪律建设常态化制度化更要坚持将党的优秀传统、成功经验上升为党的规范性文件、党内法规,坚持从严治党,从严治吏。二是增强纪律建设规范化程度。纪律建设要以党章的基本原则和精神为指导,合法合规,在这个基础上再作具体细化和外延拓展。要突出政治纪律和组织纪律这个重点,在已有成文纪律的基础上,将我们党在长期实践中形成的、经过实践检验、约定俗成的优良传统和工作惯例,作为党员干部必须遵守的纪律和规矩,并逐步将之规范化,确保党员干部要求自己时有规可依、守规有据。

第二,要健全教育约束机制,发挥先进典型引领示范和反面典型警示作用。要注重对比宣传,通过典型示范作用与反面警示作用,让广大党员干部明荣辱、知畏戒。首先要树立正面典型,以先进模范人物为榜样,学习他们忠于党、忠于人民的政治本色,学习他们顾全大局、甘于奉献的优良品格,学习他们清正廉洁、一心为民的高尚品质。其次要剖析反面典型,加大警示教育力度,使广大党员干部深刻反思,引以为戒,时刻保持清醒头脑,自觉筑牢拒腐防变的思想防线,实现警示性、震慑性、教育性的有机结合,达到严肃党纪、树立党员干部优良作风的目的。

第三,要坚持监督检查和执纪问责常态化制度化。要坚持监督检查常态化,深入推动作风建设常态化、坚决防止“四风”问题反弹。坚持抓常、抓细、抓长,紧紧扭住违反中央“八项规定”精神和群众身边的不正之风和腐败问题，建立群众举报制度与日常监督制度，坚持纪检检查工作关口前移，着重从日常、苗头之中发现问题、解决问题，着重推动解决作风问题。要坚持执纪问责常态化制度化，完善发展约谈函询制度，让“红脸出汗”成为常态，将违纪问题消灭在苗头之中。党的十八大以来，中央纪委立足于工作职能的转变，立足于从严治党的根本目标，立足于监督执纪的专责机关的工作定位，加强对有问题的党员进行约谈，对于党员存在的问题开诚布公地交流，对于问题的发展后果进行分析，从后果严重性、对于个人危害性上入手，对其进行教育，使其从思想上树立为民服务、清正廉洁的观念，并且对于侵害群众利益的腐败问题进行立案侦查、严肃处理，持续保持惩治腐败的高压态势。

四、以制度建设巩固反腐败斗争压倒性胜利

人民群众最痛恨腐败现象，腐败是我们党面临的最大威胁。中国特色社会主义进入新时代后，以习近平同志为核心的党中央踏石留印、抓铁有痕，交出了一份全新的反腐答卷。巩固反腐败斗争压倒性胜利，治理腐败，关键在于抓源头，而制度建设是源头治理的重要措施。制度建设能有效规范权力的运行，强化对权力的监督和制约，使腐败行为的难度和风险大大增加，同时也降低了腐败行为的高收益预期，从而有利于遏制腐败行为频发的态势。党的十九大要求深化国家监察体制改革，将试点工作在全国推开，实现对所有行使公权力的公职人员监察全覆盖。这是新时代反腐败斗争制度建设的重要组成部分，对巩固反腐败斗争的压倒性胜利发挥着重要作用，其目的在于解决反腐败力量分散、行政监察覆盖范围过窄和体制机制不畅等突出问题。改革后，纪检监察机关工作内容涉及查处违纪、职务违法、职务犯罪三个层面，依托纪检、拓

展监察、衔接司法，并在根本上统一于全面从严治党和反腐败斗争的生动实践。

第四节 切实提高党内法规制度的执行力

制度的生命力在于执行。新时代要更加强调依法治国、依规治党，坚持制度为先、执行为要，充分发挥法规制度的刚性约束作用，提高党内法规制度的执行力。

一、充分发挥领导干部带头作用

增强制度执行力，就要充分发挥领导干部带头作用。一方面，领导干部这个“关键少数”要带头。因为领导干部的言行往往具有“风向标”作用，对党员的一言一行会产生重要的示范作用。党的十八大以来，党内法规执行情况之所以会出现新气象、新局面，其中一个重要因素就是以习近平同志为核心的党中央以身作则，模范带头。因此，要督促和引导各级领导干部以身作则、以上率下，带头遵守党规党纪，使遵纪守法、依规办事的干部受到重用，违纪违法的干部受到惩戒；另一方面，党委、纪委和组织部门等重点执行机关更要以身作则，带头执行，有效发挥“一级带着一级干”的示范效应，带动各级党组织和广大党员干部提高制度执行力。

二、培育党员干部的制度意识和思维习惯

提高党内法规制度执行力的前提是培育党员干部的制度意识和思维习惯。

一是增强制度权威性意识。加强党员干部理想信念教育和政治教育，强化党员干部宪法至上、党纪国法至上的思想观念，在其

内心深处根植法治精神,培树制度信仰。二是增强制度面前人人平等意识。必须加强党员干部法治纪律教育,强化对领导干部特别是"一把手"教育管理,破除特权思想、例外心理,坚持法律面前人人平等,制度面前没有特权,制度约束没有例外。三是增强自我约束意识。各级领导干部要坚持自重、自省、自警、自励,带头尊规、学规、守规、用规。要求别人遵守的,自己首先遵守;要求别人不做的,自己首先不做。党员干部要自觉用制度管权管事管人,一切按制度程序办事,纠正钻制度漏洞、"打擦边球"等错误思想,减少权力运行的随意性。

三、健全制度执行过程的监督机制

制度的有效执行依赖完善的监督机制。一是各级党委要监督检查党内法规的执行落实情况,并将其作为党委督查的重要内容建立常态化机制,确保制度一经形成,就有人抓、有人管、有人促,使制度持久发挥效力。要有认真负责的督查态度,执行制度从一开始就要严格、扎实、较真,特别对那些能够达到警示他人效果的典型案例,在一定范围内该通报的通报,该查处的要及时查处;要有明确的督查标准,明确督查的内容是什么、怎么样才算是执行得好。二是要强化党规党纪部门特别是党的各级纪检监察部门的督查能力,树立其权威,增强其执纪能力。要传导压力,把党内重要的法规制度列入各级纪检监察机关严格履行监督职责的考核内容,重点看执行中做了什么、效果好不好,从而用考核传导压力、用压力推动落实;要防止"破窗效应",对违规违纪、敢顶风作案的党员干部要坚决处理,无论官职大小、违规轻重、违者众寡,都应该严肃彻底地按规处罚,杜绝留"暗门"、开"天窗"、走"后门"。三是构建监督主体多元联动机制。从党内监督看,既要强化上对下的监督，即上级机关结合日常调研、专题活动、专项工作等，监督检查下级执行制度情况；也要加强下对上的监督，即定期组织下级机关，对上级机关执行法规制度的情况进行民主测评，加强制度执行检查。同时要畅通群众建言献策和批评监督渠道，完善党内法规公开制度，建立健全群众、媒体和舆论“三位一体”监督制度，推动党内法规制度执行落实。四是打造无缝衔接的执行监督链条。构建起从制定实施、备案审查、执行落实、监督检查到跟踪问效的监督链条，使各个环节紧密相扣，形成闭合的执行系统，确保执行过程中不脱节、不空挡，将每一项制度都不折不扣执行到位。

四、加强责任追究，查处违纪行为

把党内法规制度落到实处，要强化监督结果的科学运用，建立制度实施后评估制度，对执行落实情况科学分析、量化考评，将实施中出现的新情况新问题及时反馈给制度制定部门，以便及时修订完善。一是要明确相关责任，要根据党章和问责条例有关规定，对于什么情形下要问责、由谁问、问什么、对谁问、怎么问等事项，做到明晰规定，保障责任追究的针对性和有效性。二是要把执行党内法规的责任分解到具体的组织和部门，落实第一责任人制度，把党内法规的执行情况纳入领导干部责任考核和述职考评范围。三要整合力量，打好组合拳，形成问责合力，党委、纪委和组织部门等相关单位建立党内法规问责执行联席会议制，以强化各级纪检监察部门问责能力为重点，坚持有责必问、问责必严，对执行不力、有禁不止等违反党规的行为，多管齐下抓问责。四是要加大责任追究和惩处力度，严肃查处违反和破坏党的制度的行为。要将执行情况与业绩考核挂钩，将制度落实责任分解细化，把党的制度的落实情况作为执行主体和相关部门的工作业绩考核、奖励惩处和选拔任用的重要依据。同时明确保障党的制度执行的惩戒性规定，定期通报党的制度执行情况和对违规行为的查处情况，以此增加执行主体的紧迫感和危机感，解决执行不力等突出问题，从而有效推动党的制度执行工作迈向新台阶。

第十章　全面落实管党治党责任

全面从严治党必须落实管党治党责任。不明确责任，不落实责任，不追究责任，从严治党就无从谈起。管党治党责任是最根本的政治责任。各级党组织要切实担负从严治党主体责任，纪委（纪检组）要承担监督责任，做到责任明确、监督到位、考核科学、问责有力，推动全面从严治党向纵深发展。

第一节　从严治党贵在落实责任

全面从严治党，贵在落实责任。只有责任到位，管党才能做到真管，治党才能做到真治。习近平同志强调："从严治党必须具体地而不是抽象地、认真地而不是敷衍地落实到位。"[1]要"切实把从严治党的要求落到实处，使我们党越来越成熟、越来越强大、越来

---

① 中共中央文献研究室编：《十八大以来重要文献选编》（中），中央文献出版社 2016 年版，第 93 页。

越有战斗力。这是全党的政治责任”[①]。这些重要论述深刻启示我们，管党治党是各级党组织和全体党员的职责所在、使命所在；推动全面从严治党向纵深发展，全党必须牢牢抓住落实责任这个关键。

一、落实责任是全面从严治党的基本经验

中国共产党在自身建设中继承和发展马克思主义从严治党的优良传统，坚持严格要求、严格管理、严格监督，在建立健全从严治党责任制的进程中积累了丰富经验。

第一，在党性原则基础上认识和重视党的建设责任制。实行党的建设责任制既是工人阶级政党的性质决定和要求的，也是保持党的工人阶级先锋队性质的根本举措。

第二，把党的建设责任制纳入党的制度体系之中共同推进和完善。党的建设责任制是党的制度建设的重要组成部分，需要与党的领导制度和其他各项制度相互配合协调，否则就难以得到坚持和实行。

第三，在建立健全党的建设责任制的过程中，把责任监督制度、责任考评制度、责任追究制度等一起考虑、一起部署、一起实施，形成党的建设责任制度体系，从而实现党的建设责任制的目标要求。

第四，把党的建设责任制同党的中心工作责任制联系起来，一起部署、一起考核、一起检查。坚持党要管党、从严治党与努力做好党在一个时期的中心工作，实现党的领导的目标要求相互统一。党的中心工作要以党的建设的扎实有效作为保证，党的建设的实

① 《习近平“七一”之际谈从严治党提四个“不能”》，2014 年 7 月 1 日，http://cpc.people.com.cn/n/2014/0701/c164113_25225371.html。

际效果也在党的中心工作的实现状况上得到了检验。通过从严治党责任制的建立和遵循，确保各级党组织和党员领导干部在党建工作上明确责任、承担责任、落实责任，从而保证从严治党取得实效。这是我党长期以来得出的基本经验。

进入新时代，习近平同志指出，从严治党是各级党组织的职责所在，“从严治党，必须增强管党治党意识，落实管党治党责任”[①]。在总结管党治党基本经验的基础上，他强调：“党的十八大后，我们紧紧盯住全面从严治党不力这个症结，坚持发扬我们党历史上行之有效的好经验好做法，深化对管党治党规律的认识、创造新的经验，全面从严治党成效卓著。成绩来之不易，经验弥足珍贵，需要我们长期坚持、不断深化。”[②]全党必须强化管党治党意识，认真落实从严治党责任，以改革创新精神全面推进党的建设新的伟大工程，推动全面从严治党不断向纵深发展。

二、落实责任是执行全面从严治党制度的可靠保证

全面从严治党必须加强制度建设，制度带有全局性、稳定性，管根本、管长远，没有规矩，不成方圆。加强制度建设，关键在于严格执行制度，依照制度办事，真正提高制度执行力，让制度成为带电的“高压线”。全面从严治党的根本在制度，在于管党治党责任的落实。习近平同志指出：“有的党组织没有把党要管党、从严治党的政治责任担当起来，党员领导干部党的观念淡薄，组织涣散、纪律松弛。一些地方长期不查办案件，一查就是窝案串案；有的领

---

① 中共中央文献研究室编：《十八大以来重要文献选编》(中)，中央文献出版社 2016 年版，第 93 页。

② 习近平：《全面贯彻落实党的十九大精神 以永远在路上的执着把从严治党引向深入》，《人民日报》2018 年 1 月 12 日。

导干部对党的政策阳奉阴违；有的地区一些基层组织处于瘫痪状态。这些问题解决不好，党的建设就会出大问题。”①“要把制度建设摆在党的建设的重要位置，以制度建设巩固思想建设、组织建设、作风建设、反腐倡廉建设成果，加强制度执行力建设，为党的长治久安提供坚强制度保障。”②党的十八大以来，党中央高度重视扎牢制度笼子，创新体制机制，总结了全面从严治党的丰富实践，为党内法规制度创新奠定了坚实基础，党内法规制度体系更加健全。先后修订并颁布了《中国共产党巡视工作条例》《中国共产党廉洁自律准则》《中国共产党纪律处分条例》《中国共产党问责条例》《党委（党组）意识形态工作责任制实施办法》《中国共产党党内监督条例》等 90 多部党内法规。这些制度，本着目标明确、务实管用的原则，围绕落实全面从严治党的政治责任谋篇布局，明确了责任主体、问责原则、问责情形和监督机制等相关内容；制定了具体的责任落实机制，确立了政治责任的基本范畴和承担主体，将党内问责的重点聚焦在党的领导、党的建设、从严治党等党的建设的各个方面；把从严治党的工作目标分解为具体的工作任务，落实到具体的部门、具体的人员、具体的工作，使党的各级组织和各级领导干部清楚各自的责任，并按照责任要求扎实有效地开展工作，从而避免在从严治党问题上出现责任不清、任务不明、互相扯皮、相互推诿的现象。事实证明，明确了从严治党责任，就能把管党治党的规章制度和具体要求落到实处。

---

① 中共中央纪律检查委员会、中共中央文献研究室编:《习近平关于严明党的纪律和规矩论述摘编》,中央文献出版社、中国方正出版社 2016 年版,第 118 页。

② 中共中央纪律检查委员会、中共中央文献研究室编:《习近平关于严明党的纪律和规矩论述摘编》,中央文献出版社、中国方正出版社 2016 年版,第 128 页。

三、落实责任是全面从严治党向纵深发展的必然要求

党的十九大报告在论述新时代党的建设的复杂环境和基本思路时指出："要深刻认识党面临的执政考验、改革开放考验、市场经济考验、外部环境考验的长期性和复杂性，深刻认识党面临的精神懈怠危险、能力不足危险、脱离群众危险、消极腐败危险的尖锐性和严峻性，坚持问题导向，保持战略定力，推动全面从严治党向纵深发展。"[①]根据党的十九大报告这一重要论述，党章明确把坚持从严管党治党作为党的建设必须实现的一项基本要求，指出："全面从严治党永远在路上。""要把严的标准、严的措施贯穿于管党治党全过程和各方面。"党的十八大以来，管党治党取得重大历史性成就，党的面貌发生了前所未有的历史性变化。但是，全面从严治党存在的一些深层次问题还没有在根本上解决，一些老问题反弹回潮的因素依然很多，此外还出现一些新的情况和新的问题需要深刻认识和把握。为此，需要在从严治党进程中继续探索。针对这一情况，习近平同志强调，有问题并不可怕，可怕的是在问题面前束手无策，解决问题虎头蛇尾。他指出："我强调一个问题，就是要全面落实党组织的责任。党的各项工作，所有党组织和领导干部都有责任，要尽心尽力做好。"[②]"新形势下推进党的建设伟大工程，必须强化管党治党责任，深刻认识增强党自我净化、自我完善、自我革新、自我提高能力的重要性和紧迫性，把加强和改进党的建设作为重大政治责任，坚持聚精会神抓党的建设，抓措施配套，抓重

① 习近平：《决胜全面建成小康社会 夺取新时代中国特色社会主义伟大胜利——在中国共产党第十九次全国代表大会上的报告》，人民出版社 2017 年版，第 61 页。

② 中共中央文献研究室编：《十八大以来重要文献选编》（上），中央文献出版社 2014 年版，第 771～772 页。

点突破，抓制度完善，把从严治党的各项措施落到实处。”[①]

各级党组织要始终做到居安思危，进一步强化落实全面从严治党主体责任的使命感和自觉性，履行管党治党责任。党委的主体责任涵盖了党的建设的方方面面。从横向上看，要求各级党组织在党的政治建设、思想建设、组织建设、作风建设、纪律建设、制度建设和反腐败斗争中全面贯彻全面从严治党要求，担负起主体责任；从纵向上看，党委的主体责任需要通过层层传导、级级落实，把责任传导给所有班子成员，压给下面的书记，确保责任履行不落空。党委的主体责任使管党治党的各项制度真正落到实处，是推进全面从严治党有序进行的内在机理，从根本上提升了全面从严治党的实效性。各级纪委要更加自觉地落实全面从严治党的监督责任，聚焦监督执纪问责，认真践行监督执纪“四种形态”，把纪律和规矩挺在前面，做深做实做细监督执纪问责工作。纪委的监督执纪是确保党员干部负责、履责的外在刚性约束，纪委的监督责任要求纪委强化对权力运行各个环节的制约与管控，从源头上防止腐败发生。推进纪委监督责任的落实，旨在保障全面从严治党的长管长严，贯彻全程。党委和纪委要切实把责任记在心上、抓在手上、扛在肩上、体现在行动上，种好“责任田”，管好“分内事”，认真做、具体抓、源头管，力求做到全面从严治党敢管敢严、真管真严、常管常严，形成落实两个责任的强大合力，使责任体系切实发挥作用，落到实处，让每一个党员、每一个党的干部、每一个党组织，都能自觉而勇敢地肩负起推动全面从严治党向纵深发展的历史责任。

---

① 中共中央文献研究室编：《习近平关于全面从严治党论述摘编》，中央文献出版社 2016 年版，第 227 页。

第二节 各级党组织要担负起全面从严治党主体责任

全面从严治党说到底是个责任问题。习近平同志强调："抓好党风廉政建设和反腐败斗争，必须全党动手。各级党委对职责范围内的党风廉政建设负有全面领导责任，党委主要负责人是第一责任人。"[①]推动全面从严治党向纵深发展，各级党委必须坚决担起肩负的主体责任，以严实作风把全面从严治党各项要求落到实处。

一、准确理解全面从严治党主体责任内涵

全面从严治党是各级党组织的职责所在，各级党组织及其负责人都是责任主体。其中，党委书记是第一责任人，各级纪委负有监督责任。"责任"既包括党委领导班子的集体责任，也包括班子主要负责人的第一责任，还包括班子其他成员落实"一岗双责"、对分管职责范围内的党风廉政建设肩负的主要领导责任。准确理解全面从严治党的主体责任，要把握好以下四个方面内涵：

第一，主体责任是政治责任，必须胸怀全局、勇于担当。党章明确指出："党政军民学，东西南北中，党是领导一切的。"各级党委加强领导，深入推进全面从严治党，这首先是政治责任。当前，一些单位在管党治党、正风肃纪方面存在问题，究其原因，主要还是主体责任不明确，他们或者认为全面从严治党是纪委的事，而没有主抓主管；或者认为是党委书记、副书记的事，而履行"一岗双责"不到位；或者认为是纪检监委、巡视部门的事，而没有担起本部门

---

① 中共中央纪律检查委员会、中共中央文献研究室编：《习近平关于党风廉政建设和反腐败斗争论述摘编》，中央文献出版社 2015 年版，第 56 页。

和自己应负的责任。各级党委一定要从事关全面从严治党成效，事关党的执政地位巩固，事关中国梦能否顺利实现的高度，来认识主体责任的政治属性，不断强化管党治党的使命感责任感，做政治上的"明白人"。

第二，主体责任是分内责任，必须主动作为、勇于开拓。《中国共产党纪律处分条例》《中国共产党党内监督条例》《中国共产党巡视工作条例》和《关于新形势下党内政治生活的若干准则》等多部党内法规，都对全面从严治党主体责任进行了明确和规定。《中国共产党问责条例》还对主体责任、监督责任和领导责任，做了专门阐述细化。党的十九大审议通过的党章，把"强化管党治党主体责任和监督责任"作为从严管党治党的主要措施。这些都凸显了各级党组织在全面从严治党中的主体地位。全面从严治党，成败系于责任、成效连于责任。各级党委班子成员尤其是书记、副书记，必须强化有权必有责、有责必担当的意识，始终把管党治党作为分内之事、应尽之责，做到守土有责、守土尽责。

第三，主体责任是全面责任，必须覆盖全域、不留死角。全面从严治党，核心是加强党的领导，基础在全面，关键在严，要害在治。从当前情况看，在全面从严治党实践中，有的抓问题处理多，抓教育管理少；有的抓具体事情多，抓建章立制少；有的抓眼前工作多，抓基础性、长远性工作少。各级党委要树牢主体责任的全域观、全时观、全员观，全面推进党的政治建设、思想建设、组织建设、作风建设、纪律建设和制度建设，管住管好各级党组织和全体党员，确保人员、时间、内容、领域的全覆盖。

第四，主体责任是终身责任，必须经受考验、勇于负责。《中国共产党问责条例》首次以党内法规的形式，明确"实行终身问责"。有权就有责，失责必问责。不追责问责，再好的制度也会成为"纸老虎”“稻草人”。推进全面从严治党，必须要有担当作为和铁面无私的问责。各级党委要用好“问责”这个“紧箍咒”和“安全锁”，确保各项决策和工作落实，经得起历史和实践的检验。

二、推动全面从严治党主体责任落到实处

加强党的建设，要根据全面从严治党的总体要求，找准着力点和突破口，强化制度机制建设，努力构建落实全面从严治党党委主体责任新常态。推进全面从严治党，始终保持党的先进性，着力提高党的执政能力和执政水平，是一项长期而艰巨的任务，不是一朝一夕就能完成的。充分发挥党委在全面从严治党中的主体责任，是落实管党治党要求的根本保证，各级党委要抓住重点，把好关口，着重从以下几个方面将全面从严治党的主体责任落实到位：

（一）强化主体责任意识，唤醒担当精神

1.强化主体意识

思想意识和理论是行动的先导，成功的行动和实践都是建立在正确的思想认识基础上的。党章总纲明确提出“坚持党要管党、从严治党”，这是党的建设的根本方针。党章第39条规定，“党组织必须严格执行和维护党的纪律”，这是对主体责任的具体要求。各级党委能否落实好主体责任，直接关系到全面从严治党的成效。履行好主体责任，关键在强化党委的主体意识。有权就有责，权责要对等。牢固树立不抓党风廉政建设就是失职的意识，各级党委要成为从严治党的全面领导者、忠实执行者、坚定推动者，做到守土有责、守土负责、守土尽责。党的十八大以来，党中央将强化主体责任意识放在突出位置，要求各级党委“在思想认识、责任担当、方法措施上贯彻全面从严治党要求，增强管党治党的使命感和紧

迫感，担负起主体责任”[①]。各级党组织把全面从严治党作为重大政治任务，不断提高政治意识，把推进党风廉政建设作为应尽之责、分内之事，有力地推动了全面从严治党向纵深发展。

2.强化担当意识

党委要扛起在全面从严治党中的主体责任，就必须增强责任担当意识。何为担当？担当就是责任。正如习近平同志所说，“如果一个地方腐败问题严重，有关责任人装糊涂、当好人，那就不是党和人民需要的好人”[②]。要做党和人民需要的好人，就必须切实履行好党委主体责任，敢抓敢管，敢于担当责任。敢于担当，就是要求各级党组织和党委主要领导干部在从严治党问题上必须敢于动真格、敢碰硬、不逃避、不推诿。敢于对错误思想、不正之风进行不留情面的批评和斗争，毫不放松抓好干部教育和监管，该提醒时及时提醒、该纠正时及时纠正、该亮剑时及时亮剑，多抓苗头性、倾向性问题，关键时刻猛击一掌，把腐败问题消灭在萌芽状态，防止小问题酿成大案件。根据主体责任的根本要求，把好选人用人关是落实各级党组织和党委主体责任的关键环节。在干部选拔工作中，各级党组织和党委主要领导干部必须发扬勇于担当的精神，既要注重选拔想干事、能干事、干成事、不出事的干部，还要敢于整治“慢作为”的干部，淘汰“不作为”的干部，处分“乱作为”的干部。善于担当，就是要求各级党组织和党委主要负责人必须从讲政治的高度，充分认识到党内职务不是政治荣誉而是政治责任，积极主动地承担党风廉政建设的主体责任。各级党委(党组)书记作为落实

① 中共中央文献研究室编:《习近平关于全面从严治党论述摘编》,中央文献出版社 2016 年版,第 232 页。

② 中共中央文献研究室编:《习近平关于全面从严治党论述摘编》,中央文献出版社 2016 年版,第 222 页。

主体责任的第一责任人，必须真抓真管真担当，把抓党建作为第一政绩，时时刻刻把从严治党工作放在心上、扛在肩上、抓在手上，主动担当从严治党的主体责任。精于担当，就是要求各级党组织和党委主要领导干部在落实主体责任中，不仅要有“想抓”的意识，更要有“善抓”的本领。制定党委主体责任的责任清单时要精细、准确，保证责任清单层层落到实处，不留空白。

（二）细化主体责任内容，明确责任清单

落实党委主体责任，必须要进一步细化主体责任内容，让党委领导班子成员搞清楚哪些是党委应负的集体责任、哪些是党委书记要负的第一责任、哪些是分管领导要承担的领导责任。让党委领导班子成员在思想上深刻认识到，全面从严治党不仅仅是党委“一把手”的事情，党委领导班子的其他成员也都是工作的“主角”。党委主体责任的责任清单主要包括以下三个方面：

1. 党委的集体责任

一是组织领导责任。党委应定期召开党风廉政建设专题会议，制定廉政工作计划和目标要求。二是思想教育责任。党委应积极推进廉政文化建设，筑牢拒腐防变的思想防线。三是对权力监督制约的责任。党委要着力健全本系统、本部门的选人用人机制，加强对干部选拔任用工作的监督，加强对权力运用的制约和监督。四是维护群众利益的责任。党委应及时研究解决群众反映突出的问题，坚决查处和纠正损害群众利益的行为。五是支持和保障纪检监察机关依纪依法查办腐败案件的责任。党委对纪检机关查办党风廉政建设方面的案件要从人力、物力、财力等方面给予大力支持。六是检查落实的责任。党委要加强对党风廉政建设责任制的检查考核工作，结合考核结果进行必要的责任追究。

2.党委书记"第一责任人"的责任

一是亲自领导的责任。党委书记作为从严治党第一责任人要做到"四个亲自",即重要工作亲自部署、重大问题亲自过问、重要环节亲自协调、重要案件亲自督办。二是推动工作落实的责任。党委书记要定期召开党委常委会(党组会议),专题研究党风廉政建设工作,协调解决同级纪委和下级党委在推动党风廉政建设工作中遇到的困难和问题。三是宣传教育责任。党委书记应通过主持中心组学习、主讲廉政党课等形式,加强对班子成员和党员干部的党性党风廉政教育。四是对下级党委的监管责任。党委书记通过巡视、约谈和廉政点评等形式,督促下级党委领导班子履行好主体责任。五是做表率的责任。党委书记应带头接受群众监督、带头公开个人事项,做好廉洁从政的表率。

3.各级党组织领导班子成员的责任

一是部署和检查责任。党委领导班子成员对自己分管范围内的党风廉政建设工作负主要领导责任,要定期研究、部署和检查分管范围内的党风廉政建设工作。二是指导责任。要指导分管部门研究制定加强党风廉政建设的具体措施,完善制度,加强风险防控。三是教育提醒责任。要加强对分管部门及其负责人的廉洁从政教育,发现苗头性和倾向性的问题要及早提醒、及早纠正,防止小问题演变成大问题。四是监管的责任。分管领导不仅要管好自己,还要管好亲属和身边的工作人员。

(三)完善主体责任制度,优化监督体系

党内监督,就是指中国共产党的各级组织和全体党员,按照党章和其他党内法规、制度的要求,对党的各级组织和党员尤其是党员领导干部的行为实施监督。通过强化党内监督的氛围,把关口、堵源头、重防范,防止和遏制腐败现象的滋生蔓延。

1.完善重要情况“双通报”制度

“双通报”就是把全面从严治党的重要情况向上级党委和纪委通报、向民主党派和无党派人士通报。各级党委及其主要负责人每年年初，要以书面形式，分别向上一级党委和纪委报告上年度履行全面从严治党主体责任的情况。上级党委还要适时听取有关党委主要负责人的工作报告。根据我国社会主义协商民主制度建设的有关要求，各级党委和纪委还应定期向民主党派和党外人士通报党风廉政建设和反腐败工作的情况，主动接受民主党派和无党派人士对党委履行主体责任情况的监督。

2.完善全委会述廉制度

领导干部述廉制度是党员领导干部接受组织和群众监督的重要举措，由党的十六大报告最早提出。其基本要求就是省、市、县党委主要负责人每年要在全委会上报告本人及领导班子廉洁从政情况，自觉接受监督。为了强化党委主要领导干部履行主体责任的责任意识，需要建立从严治党党委主体责任全委会述廉制度。党委主要负责人每年向党的委员会全体会议述廉，集中报告本人履行全面从严治党主体责任情况和个人廉洁自律等情况，全委会委员进行现场质询和测评。建立此项制度的重要作用就是督促党委主动履行好主体责任。党委主要领导干部只有做好履行主体责任的工作，才能在全委会上从容应对委员们的质询和测评，这无形中就增加了其工作压力和动力。

3.完善党委主体责任专项巡视制度

巡视是我们党加强反腐倡廉工作的重要制度，是对地方党委领导班子尤其是主要负责人进行监督的重要手段。通过巡视，可以广泛听取党内外群众的意见，及时发现一些地方和部门领导班子及其成员中存在的主要问题。近年来，巡视工作在党风廉政建设和反腐败工作中发挥了重要作用。为了进一步发挥巡视在全面从严治党中的作用,需要建立党委主体责任专项巡视制度。这项制度的特点就是,由上级党委每年定期对地方党委在履行从严治党主体责任方面的工作进行专项巡视。通过专项巡视,调查和了解党委履行主体责任的情况,督促各级党委认真履行全面从严治党主体责任。

4.完善专题民主生活会制度

民主生活会是中国共产党党内政治生活的一项重要制度。其特点是,领导干部在一定范围内的党内会议上,围绕学习、生活、思想、作风、廉洁自律、遵纪守法等问题进行对照检查,开展批评与自我批评。通过此种方式,发现领导干部身上存在的主要问题,解决领导班子存在的内部矛盾,加强党内监督。通过召开党委主体责任民主生活会,班子主要负责人在会上对自身履行主体责任情况进行专题汇报,与会人员对班子成员进行廉洁点评。通过建立党委主体责任专题民主生活会制度,不仅有利于督促党委履行主体责任,还能够及时发现领导班子成员在廉洁自律方面存在的苗头性、倾向性问题,从而有效防止不正之风和腐败现象的滋生蔓延。

5.完善主体责任约谈制度

约谈制度是把党内监督和思想教育结合起来的一种党内监督制度。通过谈话提醒,把监督关口前移,努力做到防微杜渐。完善从严治党党委主体责任约谈制度,对在党风廉政建设工作检查中发现问题较多、群众反映问题较多、民主测评满意度较低的地方和单位,由上级纪委负责同志约谈主要负责人。通过上级党委对下级党委主要负责人的不定期约谈,能够及时向党委主要领导干部传递履行主体责任的压力。

第三节 各级纪委要履行好监督责任

监督责任是各级纪委必须担负的重大政治责任。习近平同志多次指出:“各级纪委要履行好监督责任,既协助党委加强党风廉政建设和组织协调反腐败工作,又督促检查相关部门落实惩治和预防腐败工作任务,经常进行检查监督,严肃查处腐败问题。”①全面落实管党治党责任,推动全面从严治党向纵深发展,各级纪委必须明确职责定位,聚焦中心任务,健全责任体系,提高监督水平,从根本上把监督责任落实好。

一、明确纪委监督责任

十九大新修订的《中国共产党章程》第 46 条规定了党的各级纪律检查委员会的性质、任务和职责:“党的各级纪律检查委员会是党内监督专责机关,主要任务是:维护党的章程和其他党内法规,检查党的路线、方针、政策和决议的执行情况,协助党的委员会推进全面从严治党、加强党风建设和组织协调反腐败工作。党的各级纪律检查委员会的职责是监督、执纪、问责,要经常对党员进行遵守纪律的教育,作出关于维护党纪的决定;对党的组织和党员领导干部履行职责、行使权力进行监督,受理处置党员群众检举举报,开展谈话提醒、约谈函询;检查和处理党的组织和党员违反党的章程和其他党内法规的比较重要或复杂的案件,决定或取消对这些案件中的党员的处分;进行问责或提出责任追究的建议;受理

① 中共中央纪律检查委员会、中共中央文献研究室编:《习近平关于严明党的纪律和规矩论述摘编》,中央文献出版社、中国方正出版社 2016 年版,第 115 页。

党员的控告和申诉;保障党员的权利。”

协助党委加强党风廉政建设和组织协调反腐败工作,是各级纪委的首要职责。纪委要协助党委建立健全落实党风廉政建设责任制的领导体制和工作机制,把党风廉政建设与经济社会发展和业务工作同步部署、同步推进。要坚持履行监督责任必须对党委负责,围绕党委中心工作谋划和推进执纪监督工作。要协助党委健全责任分解、检查监督、倒查追责机制,全面开展党风廉政建设责任制检查考核,强化责任追究,确保党委关于党风廉政建设和反腐败工作的各项部署落实到位。

督促检查相关部门落实惩治和预防腐败工作任务,是各级纪委的重要职责。纪委要加强统筹协调,协助党委抓好任务分解,明确相关部门应担的责任,切实把惩治和预防腐败工作寓于深化改革全过程。要加强督促指导,推动各相关部门结合实际,制定贯彻落实中央关于推动全面从严治党向纵深发展的具体办法,把惩治和预防腐败各项任务落到实处。

开展执纪监督和查办腐败案件是各级纪委的专门职责。纪委要巩固深化落实中央八项规定精神成果,加大明察暗访、效能监察、通报曝光、整改落实、问责处理力度。要严明政治纪律、组织纪律、廉洁纪律、群众纪律、工作纪律和生活纪律,认真开展对纪律执行情况的监督检查,强化党员干部的组织意识和纪律观念。要坚持以零容忍态度惩治腐败,坚决查处那些不收敛不收手、群众反映强烈的领导干部,保持惩治腐败的高压态势。

纪委聚焦主业主责,致力于强化监督、执纪、问责和提升执纪力度,有利于有效落实全面从严治党的时代要求和战略部署。以强调监督主业为基础,纪委在改变以往“全程参与”的逻辑上实现了以“瘦身”促“强身”,并在“裁判员”“运动员”和“监督员”几种角色中明晰自我角色；以强调执纪主业为核心，纪委在经历“职能混沌”状态之后回归了严格执行党规党纪的本位，强化了对党员违规违纪行为的“零容忍”；以强调问责主业为突破口，纪委在坚守“严格问责”这一落实党风廉政建设责任制的重要防线基础上，以质询、追责、惩处等措施做到失责必问、问责严格，警醒党员干部营造风清气正的政治生态。

习近平同志多次指出，各级纪委要履行好监督责任，做到守土有责、守土尽责。强化自身的监督责任，有利于纪委在同级党委和上级纪委的领导下，聚焦党风廉政建设和反腐败斗争主业，促进党委主体责任的落实。作为党内执纪监督专责机关，各级纪委必须不折不扣地落实好监督责任。

二、全面落实监督责任

（一）聚焦监督主业

纪委履行监督职责，突出重点、聚焦主业是关键。要紧扣“龙头”，强化督促检查。各级纪委要紧扣党风廉政建设责任制这个“龙头”开展经常性监督检查，督促各级党委认真落实主体责任，督促党委班子成员认真落实“一岗双责”，督促相关部门认真落实惩治和预防腐败工作任务。要攥紧拳头，强化案件查办。惩治腐败是纪委的主业，也是主责。要认真落实“查办腐败案件以上级纪委领导为主”的要求，制定具体实施办法。要坚持有案必查，攥紧拳头打出去。将力量向办案倾斜，集中优势兵力打好“歼灭战”；对于腐败问题，抓大不放小，发现一起查处一起，点名道姓通报曝光，保持高压态势打好“威慑战”；持之以恒抓作风，打好“持久战”。要发挥好反腐败协调小组的职能作用，加强与公安、检察、审计等部门的协作配合，建立完善日常沟通、信息共享、案件移送、联合办案、案件反馈等工作制度，形成一体化反腐败工作机制。要完善谈话提醒教育制度，建立健全党员干部苗头性问题防范机制，对党员干部作风、纪律上的问题早发现、早提醒、早纠正，防止小问题酿成大错误。

（二）破除认知误区

1. 破除纪委只有监督责任的认识误区

纪委是党内监督专责机关，作为监督的主体，各级纪委应坚决主动地落实监督责任。然而，一些基层纪检干部在聚焦主业过程中，往往忽视了本级纪委也是一级党的组织，而作为一级党的组织，就要相应地承担着一级党组织应有的全面从严治党主体责任，因此，对本级纪委的主体责任认识不到位，落实不力。

党的十八届三中全会明确“各级党委是党风廉政建设的领导者、执行者、推动者”。各级纪委及其领导班子成员，也应该和其他单位的党委（党组）一样，按照党委关于党风廉政建设工作的总体部署，落实好本级纪委的主体责任，制定本单位的党风廉政建设责任清单，细化领导班子、第一责任人、领导班子成员的主体责任清单。各级纪委主要负责人作为所在党组织第一责任人也要认真履行职责，督促班子成员落实主体责任；领导班子成员也应认真履行“一岗双责”，加强对职责范围内党员干部的教育管理。主体责任是党章赋予各级党组织的政治责任。如果各级纪委领导班子及其班子成员对本级纪委范围内的党风廉政建设和反腐败工作不落实，发现问题不解决，敷衍塞责、不抓不管，造成不良后果和恶劣影响的，依照规定同样要被追究主体责任。

2. 破除纪委只能监督下级的认识误区

纪委都是在同级党委和上级纪委的双重领导下开展工作的，纪委的人、财、物都得依靠同级党委的支持。这样一来，纪委对同级党委、纪委书记对同级党委书记的监督就相对处于弱势。加之同级党委及其班子成员的管理权限在上级党委，而实施同级监督又缺乏程序性的硬性要求，一些基层纪委认为自己无权限、无办法对同级党委及其班子成员进行监督，因此就往往忽视对同级党委及其班子成员，特别是对一把手这个“关键少数”的监督，更多的是对下级党委(党组)和本级管理干部开展监督。这同样是一种认识误区。

在现行“双重领导”体制下，同级党委与纪委属于一种领导与被领导的关系，也是一种监督与被监督的关系。近两年，中央纪委在推动党的纪律检查工作双重领导体制具体化、程序化、制度化方面做了很多探索，不断强化上级纪委对下级纪委的领导，确立了“查办腐败案件以上级纪委领导为主，各级纪委书记、副书记的提名和考察以上级纪委会同组织部门为主”的工作机制，大大增强了纪委的独立性和权威性，展示了中央全面从严治党的坚强决心。

习近平同志明确指出：“增强权力制约和监督效果，必须保证各级纪委监督权的相对独立性和权威性。推动党的纪律检查工作双重领导体制具体化、程序化、制度化，强化上级纪委对下级纪委的领导；明确规定查办腐败案件以上级纪委领导为主，各级纪委书记、副书记的提名和考察以上级纪委会同组织部门为主。这既坚持了党对反腐败工作的领导，坚持了党管干部原则，又保证了纪委监督权的行使，有利于加大反腐败工作力度。”[①]各级纪委必须保持清醒认识和牢固定力，主动跟进，从建立健全权力运行监督和约束机制、加快改进监督方式等方面，探索对同级党委特别是一把手这

① 中共中央纪律检查委员会、中共中央文献研究室编：《习近平关于严明党的纪律和规矩论述摘编》，中央文献出版社、中国方正出版社 2016 年版，第 112～113 页。

个“关键少数”实施监督的有效方式。

(三)健全责任体系

确保纪委监督责任真正落到实处,健全责任体系是前提。一要细化责任内容。要划清纪委与党委、与相关监督部门的责任,明确责任界限,做到主体明确、层级清晰、无缝衔接。要结合纪委内设机构改革调整,理清各内设机构责任,防止责任交叉或出现责任真空地带。二要量化责任标准。整个监督过程都应尽量制定科学的量化标准,以避免随意性。要围绕每年工作重心和阶段工作重点,制定目标任务,逐项分解、量化、下达到各监督主体。要明确工作标准、完成时限、保障措施及工作成果,并通过层层签订责任书、实行签字背书等形式,推动责任主体认真履行职责。同时,要健全纪委监督检查行为规范,对纪委开展监督检查的程序、范围、要求等进行明确界定,建立“问题台账”等制度,检查结果出来后,检查组负责人要会同被检查单位负责人签字背书,以便作为之后进行责任认定和责任追究的依据。此外,还要制定上级纪委对下级纪委履行监督责任的检查考核办法,实行下级纪委向上级纪委汇报履职情况的制度。三要硬化责任追究。按照“一案双查”的要求,明确每一个违纪违法案件必须倒查党风廉政建设责任,做到有错必究,有责必问。

(四)提高监督水平

从根本上把纪委监督责任履行好,转职能、转方式、转作风是重要保证。要进一步强化主责,实现转职能。纪委要切实解决“既当裁判员又当运动员”的问题,清理调整不宜参加的议事协调机构,对确需牵头或参与的做到精简和优化,腾出更多精力抓好主业。要进一步开拓创新,实现转方式。纪委要适应纪检监察工作的新形势,就必须摒弃惯性思维,进一步改进和优化工作的方式方法，创新思路，优化流程，更加高效地履行好纪检监察工作职责。要坚持问题导向。执纪监督要做足事前功课，问题出在哪里，监督就要跟到哪里，努力做到有疑点就有监督，有问题就有追责。要进一步提升形象，实现转作风。纪委要强化队伍内部日常监督管理，进一步规范信访举报处置权、案件检查权、定性量纪权、执纪监督权的行使，严防纪检监察干部以公权办私事、徇私情、谋私利，坚决查处纪检监察干部违纪违规问题，严防“灯下黑”。

三、以法治思维履行监督责任

法治是治国理政的基本方式。落实纪委监督责任也应遵循法治原则，运用法治思维和法治方式反对腐败，促进反腐败治理体系和治理能力现代化。

要围绕“谁来监督”，做到监督主体有章可循。多年来，纪检监察机关职能淡化、角色混乱，“谁来监督”成为一个不容忽视的问题亟待正本清源，回归党章等法规的本意。纪委的监督责任是党章赋予的，这主要体现在两个方面：一是纪委的产生。党章规定纪委是党内监督执纪的专责机关，由同级党的代表大会选举产生，这就决定了纪委履行监督职责应具有相对独立性和权威性。二是纪委的职责。党章规定了纪委的三项主要任务和六项经常性工作，十八届三中全会明确提出纪委的监督责任，这就从顶层设计的高度，把纪委作为监督责任的主体在党内最高决议中予以明确。为适应党的纪律检查体制改革，纪委应进一步完善党风廉政建设制度体系，把中央要求和依法授权有机结合，强化纪委履行监督责任的法理依据，增强依法监督、依规治党的主体意识，发挥好监督机关的职能作用。

要围绕“监督什么”，做到监督事项有章可循。党章赋予纪委六项经常性工作，清楚地回答了“监督什么”的问题，但长期以来，纪委什么事都管，什么事都问，常常是出力不讨好。从法治角度来看，纪检监察机关按照法定事权开展工作就是履职尽责，超出范围开展工作就是职能泛化，不履行法定职责就是失职。在实际工作中，应该依法加强对党员干部执行党的路线、方针、政策情况的监督检查，维护中央权威，保证中央重大决策部署的贯彻落实；加强对党的纪律执行情况的监督检查，严明政治纪律、组织纪律、廉洁纪律、群众纪律、工作纪律和生活纪律，督促党员干部严守法纪，防止和纠正违纪违法行为，严肃惩治腐败；加强对改进作风情况的监督检查，督促党员干部自觉保持同人民群众的密切联系，防止和纠正“四风”；加强对权力运行的监督制约，防止权力滥用和特权行为，促进权力正确行使；加强对干部廉洁从政情况的监督检查，及时发现和纠正违规行为，促进干部廉洁自律；加强对党风廉政建设责任制落实情况的监督检查，督促党委落实主体责任，协助党委抓好责任分解和考核，强化责任追究；加强对重点对象和关键环节的监督，特别对领导班子及其主要负责人要从严监督。

围绕“怎么监督”，纪委履行监督责任在方式方法上必须严格遵从党内法规和国家法律，让“合不合法、合不合程序”成为惯性思维，确保监督主体合法、监督事项合规、监督程序正当、监督结果公正。在实施监督过程中，把事前、事中的监督职责移交给主责部门，发挥好“监督的再监督、检查的再检查”作用。既要重视纪检监察机关的监督作用，又要依法整合优化各类监督资源。改进监督方式，完善双重领导、巡视巡察、统一派驻、暗访曝光等监督机制，在健全制度体系和办案治标上狠下功夫，把握好监督的重点环节和节点节奏，善始善终抓落实，实现最佳的监督效果。

在改革开放初期，邓小平同志曾指出：“最重要的是要有专门的机构进行铁面无私的监督检查。”[①]在全面深化改革新时期，十八届三中全会作出“落实党风廉政建设责任制，党委负主体责任，纪委负监督责任”的重大决定，并在《党的纪律检查体制改革实施方案》中对“落实纪委在党风廉政建设中的监督责任”作出细化安排。纪检监察机关做好落实监督责任这篇大文章，既是改革党的纪检体制、维护党的执政安全的必然要求，也是切实提高执纪监督能力、坚决遏制腐败蔓延势头的重要保障。

第四节 健全责任分解、倒查追究的完整链条

习近平同志在第十八届中央纪律检查委员会第三次全体会议上指出：“中央纪委要抓紧完善并严格执行责任追究办法，对每一个具体问题都要分清党委负什么责任、有关部门负什么责任、纪委负什么责任，健全责任分解、检查监督、倒查追究的完整链条，有错必究，有责必问。对那些领导不力、不抓不管而导致不正之风长期滋长蔓延，或者屡屡出现重大腐败问题而不制止、不查处、不报告的，无论是党委还是纪委，不管是谁，只要有责任，都要追究责任。”[②]落实“两个责任”，健全责任分解、检查监督、倒查追究的完整链条，责任分解是前提，检查监督是保障，倒查追究是关键，三者环环相扣，缺一不可，共同形成责任制的“闭环效应”。

一、完善责任分解机制

“两个责任”有各自的主体和任务，必须建立明晰的从严治党

① 《邓小平文选》第2卷，人民出版社1994年版，第332页。

② 中共中央纪律检查委员会、中共中央文献研究室编：《习近平关于严明党的纪律和规矩论述摘编》，中央文献出版社、中国方正出版社2016年版，第116页。

责任清单，通过细化的方法把责任落到实处。

(一)细化落实主体责任

要细化党委的主体责任。党委的主体责任主要是选好用好干部，坚决纠正损害群众利益的行为，强化对权力运行的制约和监督，领导支持执纪执法机关查处违纪违法问题。党委主要负责同志要当好从严治党的表率。这既是党委落实主体责任的总任务，也是党委从严治党责任内容的分解。各级党委应结合本单位本部门的实际来进行细化并制定权力清单和责任清单。从严治党的主体责任可细化分解为党委领导班子责任、党委主要负责人责任、党委其他班子成员责任三个层级，对这三个层级的主体责任均需作出明确规定。

1.要认真落实党委领导班子责任

在从严治党向纵深发展的大背景下，党委领导班子必须强化对从严治党的统一领导，积极落实本单位的党风廉政建设、优化作风建设，认真落实中央八项规定精神，大力纠正“四风”；严厉惩治腐败，坚持老虎、苍蝇一起打，坚持把权力关进制度的笼子里，始终保持惩治腐败的高压态势；强化权力监督和制约，合理配置权力，防止权力失控，让权力在阳光下运行。

2.要认真落实党委主要负责人责任

党委主要负责人作为第一负责人，必须有敢于担当、敢于负责的勇气，始终把党风廉政建设放到突出位置。党委主要负责人要强化个人具体责任，从自身单位的具体情况出发，强化协调部署，主动向上级党委汇报，保证工作的优化落实；带好部门队伍，做好监督管理工作，及时发现问题并解决；发挥表率作用，带头遵守廉洁自律各项规定，严格按照党内政治生活准则执行民主集中制，给其他成员树立良好的廉洁从政形象。

3.要认真落实党委其他班子成员责任

在以前的责任制体系中，对班子成员在党风廉政建设中究竟负有哪些责任，并没有加以细化，因而显得不够明确。因此，应当明确责任到人，把班子成员在从严治党中应承担的责任结合其分管工作，一项一项地加以细化，让他们明白自己在落实从严治党的责任中，应该做什么，应该怎么做。

(二)细化落实监督责任

切实履行纪委监督责任是推动从严治党向纵深发展的重中之重。要细化和全面落实监督责任，保证全面从严治党扎实有效推进。

1.要加快推进“三转”

转职能、转方式、转作风，是中纪委围绕纪检监察机关履行监督责任提出的要求。各级纪检监察机关要深刻认识“三转”的重大意义，强化“转”的意识，落实“转”的要求，聚焦中心任务不动摇。要不断改进执纪监督的思路和方式方法，牢牢抓住执纪监督的重点对象、关键环节、重要节点，把握特点，探索规律，实现由按部就班工作向积极主动出击转变，提升监督的针对性、实效性。

2.要强化组织协调

纪委履行组织协调职能时，既要善于组织，又要勤于协调，必须兼顾组织和协调两个方面，首先组织要有力，要讲求组织聚合度，构建最适当的组织规模，其次协调要有方，充分协商，集思广益，目的主要在于调集各有关力量，形成一个整体来加大从严治党力度。在实际工作中，要特别注意把握发挥整体优化的原则，努力使各种职能和手段优势互补，做到既各司其职，又服从整体；既不越权，又不失职；既不替代，又不推诿，步调一致，整体运作。要坚持定期向党委汇报工作，向党委提供关于从严治党的意见和建议。

要坚持围绕中心任务，主动谋划纪委工作。纪检机关应发挥反腐败斗争的牵头作用，强化与执法机关的有机配合，群策群力，形成反腐败斗争的强大合力，保证反腐败工作的有效落实。要加强对决策部署的监督检查，主动推进责任落实。同时注重监督成果转化和应用，实行审计、财务、纪检监察一体化运作。要善于将监督检查发现的违纪违规问题，转化为案件线索，实行“一案双查”，既追究当事人的责任，更要追究单位领导责任。

3.要优化纪律监督

纪律监督非常重要，在保证纪委监督的过程中，一定要坚决维护党内法规，严格遵守党的纪律，对于一些违纪行为要严肃查处，保证工作的顺利开展。要严明纪委的组织纪律，克服各种松垮的现象和行为，确保各种政策政令通畅。

二、健全监督检查机制

在党的十九大上，习近平同志作出“推动全面从严治党向纵深发展”的战略部署，要求“健全党和国家监督体系”，“加强对权力运行的制约和监督”，“让党员、干部知敬畏、存戒惧、守底线，习惯在受监督和约束的环境中工作生活”，从而为新时期加强党内监督，深入推进全面从严治党指明了方向。

（一）健全权力运行监督制约机制

党内监督是全面从严治党的重要保障。党要管党首先是管好干部，从严治党关键是从严治吏。党内不允许有不受约束的权力，也不允许有不受监督的特殊党员。《中共中央关于全面深化改革若干重大问题的决定》指出：“坚持用制度管权管事管人，让人民监督权力，让权力在阳光下运行，是把权力关进制度笼子的根本之策。必须构建决策科学、执行坚决、监督有力的权力运行体系，健全惩治和预防腐败体系，建设廉洁政治，努力实现干部清正、政府清廉、政治清明。”[①]健全监督制约机制，首先要抓好事前监督。把住干部任用的“入口关”。选拔什么样的人进入我们的干部队伍和各级领导班子，是决定干部队伍素质的基础，是保证干部队伍纯洁健康的第一道关口。在选拔任用干部时，建立健全选人用人责任制，严格按照民主推荐、民主测评、民主考察、党委集体讨论及任前公示等一系列规定和程序，真正把政治素质高、业务能力强、政绩突出、清正廉洁、群众公认的优秀干部选拔到领导岗位上来。其次要抓好事中监督，把住干部日常“行为关”。对各级领导干部的日常行为进行有效的监督，是保证他们正确运用权力，自觉廉洁勤政的重要方面。在建立权力制约机制上，除要认真贯彻落实已有的领导工作制度外，还要建立一套科学的、合理的严格限制权力行使的相关制度，形成对权力制衡的机制，严格限定权力范围，防止权力失控。要以健全民主集中制为核心，严格程序，规范议事规则，加强对“三重一大”决策的监督，杜绝个人或少数人决定重大事项，使决策程序更加严格，提高决策的民主化、科学化水平。要坚持不懈地抓好党员领导干部的廉政教育和纪律教育，不断增强领导班子成员的纪律观念和廉洁从政意识，规范其从政行为，防止其行为失范。其后要抓好事后监督，把住干部的“惩戒关”。对贪污腐败惩治不严，对违法违纪追究不力，就难以发挥出监督制约的应有效能。在对党员领导干部的监督和考核中，好的要提拔任用，对有轻微问题又构不成违纪的党员干部，采取个别谈话、提醒告诫和批评教育等形式及时指出其存在的问题，督促其整改；对于极少数敢于违法违纪的干部，必须给予党纪政纪的制裁，不允许任何人干扰纪

① 《中共中央关于全面深化改革若干重大问题的决定》，人民出版社 2013 年版，第 43 页。

律的执行，不允许任何人逍遥于党纪政纪之外，在坚持纪律面前人人平等的原则上毫不含糊，在惩处上决不手软，以维护纪律的严肃性。

（二）扎实开展巡视巡察工作

加强对从严治党责任的监督检查，要创新和完善巡视制度，做到对地方、部门、企事业单位全覆盖，使巡视工作真正做到客观、公正、廉洁、高效。一要明确巡视定位，聚焦发现问题。巡视是给党的肌体做体检，是解决自身问题的有力武器，必须聚焦聚焦再聚焦，紧紧围绕中心任务，发现是否存在党的领导弱化、主体责任缺失、从严治党不力问题，把党的领导核心作用凸显出来。要紧盯重点人，专注重点事和重点问题，当好党中央和省区市党委的“千里眼”“顺风耳”，找出“老虎”和“苍蝇”，让利剑高悬、震慑常在。二要突出巡视重点，把纪律挺在前沿。巡视是发现问题的前哨，要紧盯问题不放，早发现早报告，并由派出巡视组的党组织提出整改要求，更加注重抓早抓小、标本兼治，惩前毖后、治病救人，充分发挥巡视发现问题、形成震慑的警示作用。三要创新方式方法，实现巡视全覆盖。坚持常规巡视和专项巡视相结合。提高发现问题的能力，既见树木又见森林，研究被巡视对象的历史文化和干部队伍状况，见微知著、由表及里，发现共性问题，这样才能使重点更加突出、震慑力更强。四要善用成果，整改落实，做到件件有着落。巡视监督的作用能否得到充分发挥，关键在成果运用。纪检监察机构对巡视移交的问题线索要及时处置，严肃查处违纪问题；被巡视党组织要担负起主体责任，对反馈的问题要制定整改方案，落实整改措施。巡视的震慑效果强不强，关键看整改。整改情况要向社会公开发布，接受党内和人民群众的监督。对责任不落实，整改不及时、不到位的，要抓住典型、严肃问责。

(三)积极创新监督检查方式

创新工作方式,实现监督检查工作新突破。第一,将监督检查关口前移,通过提醒告诫,有效防范违法行为发生。充分发挥效能监察、查办案件、专项检查治理等有效监督方法,做到打防结合,以惩治和防范各种违法违纪行为。在方法上应减少一般性检查,对专项工作,应实行融入日常管理和日常业务中的监督方法。对重点单位或重点项目,应采用派驻纪检监察特派员的方式进行监督。第二,监督检查与调研相结合,借助监督检查成果改进管理方式方法。定期到单位进行工作回访,了解党员领导干部和重点岗位人员落实廉洁自律情况和服务质量状况,广泛听取各方面的意见和建议,积极采取措施,规范工作程序,促进广大党员干部廉洁从政。第三,借助现代科技手段提高监督检查工作效率。把预防和治理腐败的"关口"融入日常工作流程之中,强化过程控制,提高工作透明度,形成管理部门之间、业务部门之间、上下级之间的相互监督和制衡。

要创新工作机制,为监督检查工作注入新活力。第一,构建监督检查责任机制。探索建立日常检查与专项督查、重点督查相结合的常态化检查考核机制。修改完善责任考核办法,建立定性与定量相结合的考核指标体系。增加日常监督检查、干部群众评议、领导班子评价等权重,使检查考核工作不仅有总体判断,更有细节评价和量化标准,让指标体系成为落实主体责任的"指挥棒"。第二,构建业绩考核和激励机制,引导、激发党员干部参与监督管理的积极性,促进源头治理工作。认真研究确定考核等次,及时召开考核结果通报会,对考核基本合格和不合格的责任单位领导进行组织处理、诫勉谈话,并限期整改。要将考核结果作为被考核单位领导班子业绩评定和领导干部奖励惩处、选拔任用的重要依据,形成重视落实主体责任的工作导向，力求使考核的结果得到上下一致认可。在考核的基础上做到奖惩分明，既严肃查处严重失职渎职的领导干部，又发现和表彰党性强、工作扎实且成效明显的优秀领导干部，使群众切身感受到实施责任制带来的实际效果。

三、硬化责任倒查追究机制

严格的责任追究，是贯彻落实从严治党方针的重要保障，是从严治党取得实效的关键。习近平同志在第十八届中央纪律检查委员会第六次全体会议上强调："我们要求各级党委扛起全面从严治党的政治责任，以严肃问责推动责任落实，层层传导压力，强化党员日常管理监督，拧紧管党治党的螺丝。……整合问责制度，健全问责机制，坚持有责必问、问责必严，把监督检查、目标考核、责任追究有机结合起来，实现问责内容、对象、事项、主体、程序、方式的制度化、程序化。"①

要明确界定责任追究的主体、适用范围、组织实施部门、责任追究情形、责任追究方式、责任追究程序以及量纪幅度等内容，以便于实际操作。"问责既要对事、也要对人，要问到具体人头上。要把法规制度执行情况纳入党风廉政建设责任制检查考核和党政领导干部述职述廉范围，通过严肃追究主体责任、监督责任、领导责任，让法规制度的力量在反腐倡廉建设中得到充分释放。纪律检查机关要加大监督检查力度，对有令不行、有禁不止的，不仅要严肃查处直接责任人，而且要严肃追究相关领导人员的责任。"②

---

① 《习近平在第十八届中央纪律检查委员会第六次全体会议上的讲话》，《人民日报》2016年1月12日。

② 中共中央纪律检查委员会、中共中央文献研究室编：《习近平关于严明党的纪律和规矩论述摘编》，中央文献出版社、中国方正出版社2016年版，第125页。

要制定责任追究实施办法，明确启动责任追究的具体情形，准确区分党委主体责任与纪委监督责任、个人责任与集体责任、直接责任与领导责任，形成有错必纠、有责必问的责任追究制度。要严格实行倒逼式追责，对领导不力、不抓不管而导致不正之风长期滋生蔓延，或者屡屡出现重大腐败问题而不制止、不查处、不报告的，要严肃追究责任。要实行“一案双查”制度。研究落实“一案双查”规定的具体措施，细化相关要求和具体内容。对发生重大腐败案件和不正之风长期滋生蔓延的地方、部门和单位，既要追究当事人责任，又要追究相关领导责任。既追究相关党委（党组）及部门责任，也要对协助党委（党组）加强党风建设和组织协调反腐败工作不力的纪委（纪检组）追究责任，确保执纪监督职能作用得到最大限度的发挥。要对焦问责、精准问责、终身问责，对典型问题要坚决通报曝光，强化震慑，推动形成一级抓一级、层层传导压力的局面，把从严治党责任落到实处。要完善和规范责任追究工作，建立健全责任追究典型问题通报制度，把问责同其他监督方式结合起来，以问责常态化促进履职到位，促进党的纪律执行到位。要建立终身责任追究制。无论领导干部工作岗位或者职务有什么样的变动，该追究责任的都要追究。同时，要坚决防止以问责代替法纪追究。

后　记

为了帮助党员干部加深对习近平关于党的建设的重要论述的理解，我们结合新时代党的建设的特点和要求，编写了《党的建设基本知识》一书。本书由张洪修同志负责总体设计。各章编写分工如下：第一章“全面从严治党永远在路上”由王政堂编写，第二章“党的政治建设应摆在首位”由张梅编写，第三章“抓好思想建设这个基础”由董业东编写，第四章“培养和选拔党和人民需要的好干部”由朱保锋编写，第五章“具体化精准化抓好基层党组织建设”由张书林编写，第六章“驰而不息抓作风建设”由许圣元编写，第七章“用铁的纪律维护党的团结统一”由牛月永编写，第八章“以零容忍态度惩治腐败”由刘贵丰编写，第九章“坚持用制度管权管事管人”由季冬晓编写，第十章“全面落实管党治党责任”由张洪彬编写。全书最后由张洪修、刘贵丰同志统稿。

中共山东省委党校（山东行政学院）教务处在本书的编写过程中曾给予大力支持及具体指导，在此一并致谢！

编　者

2020 年 2 月